本书是国家社科基金年度项目"西部地区传统制造业转型升级能力评测及路径优化研究"（项目编号：14BJL098）阶段性成果

本书出版受到"陕西人文社会科学文库"资助

# 全面创新战略导向下
# 产业升级模式研究

吴　刚◆著

Industrial Upgrading Model Research Based On
Comprehensive Innovation Strategy

中国社会科学出版社

# 图书在版编目（CIP）数据

全面创新战略导向下产业升级模式研究/吴刚著．—北京：
中国社会科学出版社，2015.10
ISBN 978 - 7 - 5161 - 6939 - 1

Ⅰ.①全… Ⅱ.①吴… Ⅲ.①产业结构升级—研究—中国
Ⅳ.①F121.3

中国版本图书馆 CIP 数据核字（2015）第 229836 号

| | | |
|---|---|---|
| 出 版 人 | 赵剑英 | |
| 责任编辑 | 侯苗苗 | |
| 责任校对 | 石书贤 | |
| 责任印制 | 王　超 | |

| | | |
|---|---|---|
| 出　　　版 | 中国社会科学出版社 | |
| 社　　　址 | 北京鼓楼西大街甲 158 号 | |
| 邮　　　编 | 100720 | |
| 网　　　址 | http://www.csspw.cn | |
| 发 行 部 | 010 - 84083685 | |
| 门 市 部 | 010 - 84029450 | |
| 经　　　销 | 新华书店及其他书店 | |

| | | |
|---|---|---|
| 印　　　刷 | 北京市大兴区新魏印刷厂 | |
| 装　　　订 | 廊坊市广阳区广增装订厂 | |
| 版　　　次 | 2015 年 10 月第 1 版 | |
| 印　　　次 | 2015 年 10 月第 1 次印刷 | |

| | | |
|---|---|---|
| 开　　　本 | 710×1000　1/16 | |
| 印　　　张 | 19.5 | |
| 插　　　页 | 2 | |
| 字　　　数 | 350 千字 | |
| 定　　　价 | 69.00 元 | |

# 前　言

在"大众创业、万众创新"的时代背景下，经济、社会和科技领域的创新日益依赖于万众"创客"智慧的迸发、释放和应用。全要素、民主化创新浪潮正在袭来。从本质上看，创新的价值实现是一个复杂的过程，涉及多个层次和多个环节、多个行为主体，创新的价值效果是相关命运共同体相互作用、共同参与的结果。随着互联网经济快速发展，传统的技术创新理论正在被打破，创新的研究视角及范式正在转型。生产方式、组织模式、商业模式、管理方式等非技术要素创新能力的发挥同技术创新能力发挥同等重要。从长远看，技术与非技术要素创新能力共同发挥才是驱动产业持续升级的战略路径选择。

产业升级是一个系统工程，既是一场攻坚战，也是一场持久战。新常态下产业升级的国际国内大环境发生了深刻的变化，理论和实践尚待持续创新。本书将从理论和案例分析层面深入探析全面创新战略导向下产业升级路径模式，对进一步丰富和创新产业升级理论，指导实际工作提供新的视点。

本书研究遵循的技术路线为：产业升级及全面创新理论内涵机理探析—全面创新战略导向下产业升级模式选择—全面创新改革试验区及创新平台建设。首先，从理论层面分析研究产业升级的内涵机理、理论演进趋势。其次，深度解析全面创新理论内涵、创新的表现形态。再次，全面创新战略导向下产业升级模式选择。研究论述技术创新、生产模式创新、商业模式创新、组织模式创新、管理变革、业态创新导向下产业升级不同模式。最后，全面创新改革试验区及载体平台建设。提出支撑全面创新战略实施的试验区、孵化器、创客空间等创新平台建设思路目标。具体研究内容框架如下：

第一章，产业升级及创新驱动。理论探析产业升级理论演进、产业升级内涵及创新驱动产业升级机理。第二章，全面创新理论的产生及内涵探析。梳理创新理论缘起和演进，探析全面创新理论产生背景、理论内涵及创新形态表现。第三章，技术创新导向下的产业升级。研究分析技术创新的内涵特征，梳理技术创新支撑产业升级的典型类型。第四章，生产模式创新导向下的产业升级。研究分析生产模式内涵及演进趋势，梳理先进生产模式支撑产业升级的典型类型。第五章，商业模式创新导向下的产业升级。研究分析商业模式内涵、演进趋势，梳理新兴商业模式支撑产业升级的典型类型。第六章，产业组织模式创新导向下的产业升级。研究分析产业组织模式内涵、演进趋势，梳理新兴产业组织模式支撑产业升级的典型类型。第七章，管理创新导向下的产业升级。研究分析管理创新的内涵、演进的趋势，梳理新兴管理方法支撑产业升级的典型类型。第八章，业态创新导向下的产业升级。研究分析业态创新的内涵、动因，梳理新兴业态支撑产业升级的典型类型。第九章，全面创新改革试验区及创新平台建设。研究分析支撑全面创新战略实施的创新改革试验区、孵化器、创客空间等载体平台建设思路方向。

　　本书是笔者主持的国家社科基金年度项目"西部地区传统制造业转型升级能力评测及路径优化研究"（项目编号：14BJL098）阶段性成果之一，希望本书的出版能对从事产业升级理论研究者和实际工作者有所帮助。

# 目　　录

# 第一章　产业升级及创新驱动

## 第一节　产业升级的理论演进

产业既是国民经济的组成部分，又是同类企业的集合。产业和产业之间存在极其复杂的直接或间接的经济联系，形成自变与应变之间的函数关系，使全部产业成为一个有机的系统。一个产业的存在，会成为其他产业出现和发展的条件，一个产业内部结构的变化会直接或间接引起其他产业的变化。

产业升级是决定一个产业能否实现可持续发展以及区域综合竞争力提升的大问题，历来受到国内外专家学者普遍关注。梳理国内外专家学者关于产业升级理论的研究主要集中在产业结构升级、产业价值链升级及产业价值网升级等几个方面。

### 一　产业结构升级理论

（一）关于产业结构的内涵

"结构"一词的含义是指某个整体的各个组成部分的搭配和排列状态。它较早地被应用于自然科学中。在经济领域，产业结构这个概念始于20世纪40年代。产业结构是指在社会再生产过程中，一个国家或地区的产业组成即资源在产业间配置状态，产业发展水平即各产业所占比重，以及产业间的技术经济联系即产业间相互依存、相互作用的方式。产业结构可以从两个角度来考察：一是从"质"的角度动态地揭示产业间技术经济联系与联系方式不断发生变化的趋势，揭示经济发展过程的国民经济各部门中，起主导或支柱地位的产业部门的不断替代的规律及其相应的"结构"效益，从而形成狭义的产业结构理论；二是从"量"的角度静态地研究和分析一定时期内产业间联系与联系方式的技术经济数量比例关系，即产业间"投入"与"产出"的量的比例关系，从而形成产业关联理论。

产业结构升级理论思想源于"结构理论"。17 世纪时，威廉·配第对当时英国经济发展的实际情况进行研究，发现世界各国国民收入水平的差异和经济发展的不同阶段的关键原因是产业结构的不同。1672 年，威廉·配第提出：工业比农业收入多，商业又比工业收入多，即工业比农业、商业比工业附加值高。1758 年，弗朗斯瓦·魁奈根据自己创立的"纯产品"学说，提出了关于社会阶级结构的划分。1776 年，亚当·斯密论述了产业部门、产业发展及资本投入应遵循农工批零商业的顺序。①

（二）国外关于产业结构升级理论的研究

1. 产业结构理论的形成

20 世纪 30 年代大危机爆发，费夏、克拉克、赤松要、里昂惕夫和库兹涅茨等人相继对产业结构升级理论做了开创性研究。1930 年，新西兰经济学家费夏通过分析大危机爆发后相关统计数据，首次提出了三次产业划分方法，产业结构升级理论开始初具雏形。②

1932 年，日本经济学家赤松要提出了产业发展的"雁形形态论"。该理论主张，本国产业发展要与国际市场紧密地结合起来，使产业结构国际化；后起的国家可以通过四个阶段来加快本国工业化进程；产业发展政策要根据"雁形形态论"的特点制定。赤松要认为，产业通常经历了"进口→当地生产→开拓出口→出口增长"四个阶段并呈周期性循环。某一产业随着进口的不断增加，国内生产和出口的形成，其图形就如三只大雁展翅翱翔。人们常以此表述后进国家工业化、重工业化和高加工度发展过程，并称为"雁行产业发展形态"。③

在吸收并继承了配第、费夏等人的观点的基础上，克拉克建立起了完整、系统的理论分析框架。1940 年，克拉克通过对 40 多个国家和地区不同时期三次产业劳动总投入和总产出的资料的整理和比较，总结了劳动力在三次产业中的结构变化与人均国民的提高存在一定的规律性：劳动人口从农业向制造业，进而从制造业向商业及服务业的移动，即所谓克拉克法则。其理论前提是，以若干经济在时间推移中的变化为依据。这种时间系

① 张平、王树华编：《产业结构理论与政策》，武汉大学出版社 2009 年版，第 30—31 页。
② 苏东水：《产业经济学》，高等教育出版社 2005 年版，第 101 页。
③ 车维汉：《雁行形态理论研究评述》，《世界经济与政治论坛》2004 年第 3 期。

列意味着经济发展，而经济发展在此是指不断提高的国民收入。① 1941
年，库兹涅茨阐述了国民收入与产业结构间的重要联系。他通过对大量历
史经济资料的研究得出重要结论，即库兹涅茨产业结构论：产业结构和劳
动力的部门结构将趋于下降；政府消费在国民生产总值中的比重趋于上
升，个人消费比重趋于下降。② 在理论前提下，他把克拉克单纯的"时间
序列"转变为直接的"经济增长"概念，即"在不存在人均产品的明显
减少即人均产品一定或增加的情况下产生的人口的持续增加"。同时，
"人口与人均产品双方的增加缺一不可"，而"所谓持续增加，指不会因
短期的变动而消失的大幅度提高"。而后，他将产业结构重新划分为"农
业部门"、"工业部门"和"服务部门"，并使用了产业的相对国民收入这
一概念来进一步分析产业结构。由此，克拉克法则在现代经济社会确立了
较为稳固的地位。

2. 产业结构理论的发展

产业结构理论在20世纪五六十年代得到了较快的发展。此时期对产
业结构理论研究作出突出贡献的代表人物包括里昂惕夫、库兹涅茨、刘易
斯、赫希曼、罗斯托、钱纳里、霍夫曼、希金斯及一批日本学者等。

里昂惕夫、库兹涅茨、霍夫曼和丁伯根等学者主要以主流经济学经济
增长理论为研究内核，分析了经济增长中的产业结构升级问题。里昂惕夫
于1953年建立了投入产出分析体系，他利用这一分析经济体系的结构与
各部门在生产中的关系，分析国内各地区间的经济关系以及各种经济政策
所产生的影响，揭示了经济增长与产业结构关系问题。③ 1960年，丁伯根
提出的"丁伯根法则"认为，经济结构调整要通过国家经济政策调节，
其中产业结构升级是重要的手段之一。④

刘易斯、赫希曼、罗斯托、钱纳里、希金斯等学者以发展经济学理论
为研究内核对产业结构升级理论进行有益的创新和发展。1954年，刘易
斯提出了刘易斯二元经济结构模型。后来，拉—费模型、乔根森模型、哈

---

① ［英］劳杰·克拉克：《工业经济学》，原毅军译，经济管理出版社1990年版，第201—
202页。

② ［美］西蒙·库兹涅茨：《各国的经济增长》，常勋等译，商务印书馆1985年版，第110
页。

③ 马建堂、贺晓东、杨开忠：《经济结构的理论、应用与政策》，中国社会科学出版社
1991年版，第123—124页。

④ 周叔莲等编：《产业政策问题探索》，经济管理出版社1987年版，第87页。

里斯—托达罗模型、缪尔达尔模型对这一理论赋予了新的内容，使其更加充实和完善。1958 年，赫希曼提出了一个不平衡增长模型，突出了早期发展经济学家限于直接生产部门和基础设施部门发展次序的狭义讨论。其中关联效应理论和最有效次序理论，已经成为发展经济学中的重要分析工具。[1] 1958 年，罗斯托提出了主导产业扩散效应理论和经济成长阶段理论。该理论认为，产业结构的变化对经济增长具有重大的影响；在经济发展中重视发挥主导产业的扩散效应。[2] 1960 年，钱纳里提出了钱纳里工业阶段模型。该理论提出工业经济整个变化过程可划分为三个阶段六个时期，产业结构升级是推进任何一个发展阶段向更高一个阶段跃进的主要动力。[3]

1936 年，赤松要通过分析研究战前日本棉纺工业史后提出"雁形形态论"最初的基本模型，1957 年，他又同小岛清等进一步拓展和深化了该理论假说，并用三个相联系的模型阐明其完整内容。[4] 1993 年，关满博提出产业的"技术群体结构"概念并构建了一个三角形模型，运用该模型分别对日本与东亚各国产业技术结构做了比较研究。该理论认为，日本应放弃从明治维新后经百余年奋斗形成的"齐全型产业结构"，必须促使东亚形成网络型国际分工，而日本只有在参与东亚国际分工和国际合作中对其产业进行调整才能保持领先地位。

（三）国内关于产业结构升级理论的研究

改革开放后，随着我国发展重心逐步转移到经济建设中来，国内一些专家学者开始对产业结构理论进行研究。

1. 马洪、孙尚清共同开创了国内结构调整理论的研究

20 世纪 70 年代末期，由于十年"文化大革命"及其随后两年的"大跃进"，国民经济的重大比例关系处于严重的不协调状态，1979 年，我国决定对国民经济进行调整，需要翔实的资料和理论准备。按照党中央和国务院的部署，马洪和孙尚清组织 600 多名理论和实际工作者，分别到十几

---

① ［美］赫希曼：《经济发展战略》，曹征海、潘照东译，经济科学出版社 1991 年版，第 35—36 页。

② ［美］罗斯托：《经济增长的阶段》，郭熙保、王松茂译，中国社会科学出版社 2010 年版，第 28—29 页。

③ ［美］钱纳里等：《工业化和经济增长的比较研究》，吴奇译，上海三联书店 1989 年版，第 120 页。

④ 吴建伟：《国际贸易比较优势的定量分析》，上海人民出版社 1997 年版，第 208 页。

个省市，对经济结构问题进行了比较系统、深入的调查研究，历时 10 个月，取得了大量的一手资料，出版了《中国经济结构问题研究》、《论经济结构对策》等成果。

该项研究较早地对我国经济结构的现状、历史演变进行了现实批判性的研究，对存在的问题及其原因和解决问题的思路及政策建议进行了系统深入的讨论。这些研究成果为当时的经济结构调整提供了关键性的决策依据。该项研究认为，我国当时的经济结构问题是部分重工业部门过分突出，农业、轻工业、能源工业、交通运输业、商业服务业相对落后，地区搞自给自足的经济体系，部门、企业又搞大而全、小而全的生产系统，这种经济结构，具有比例失调、构造松散、机制失灵、效率低下、浪费严重等缺陷。针对以上问题，马洪、孙尚清等提出了经济结构调整的政策建议：全面发展农业、加快发展轻工业、调整重工业结构、促进建筑业发展、适当降低积累率、调整外贸结构、做好经济区划、优先发展运输业、改革经济管理体制。

马洪和孙尚清共同开创了国内结构调整理论研究，提出了经济结构的基本研究内容和主要比例关系、检验经济结构合理与否的客观标准、实现经济发展战略目标的经济结构对策体系等，这些研究对我国产业结构理论研究具有开创性和奠基性意义，而且由于其鲜明的理论联系实际的风格，对后来的研究产生了深远的影响。

2. 马建堂、杨开忠、贺晓东等对结构调整理论的创新与发展

马建堂等对马洪、孙尚清开创的结构调整理论从不同方面进行了创新和发展。孙尚清和马建堂（1988）首次全面系统地研究了我国产业结构演变的历史、产业结构演进的机制和规律、国内产业结构的调整等问题。马建堂（1988）从产业层面研究了经济周期波动，分析了各类经济周期中产业结构变动的一般规律以及在我国的表现形式，以及周期波动引致结构的内在机制，实现了总量理论与结构理论、宏观理论与中观理论的有机结合。马建堂（1993）从企业行为角度研究了经济结构的变动机制，提出了一个比较系统的研究企业行为的理论框架，考察了影响企业行为因素，分析了产权结构、企业规模、所在行业的差别对企业行为的影响；分析了企业行为特别是国有企业行为的目标，并依次考察了我国企业的广告行为、定价行为、企业合并行为等。杨开忠（1988）分析了决定区域间结构联系的一般因素和这些因素在我国的表现形式，初步建立起与产业结

构理论相对应的区域结构理论，这既是区域发展理论的探索，也是结构理论的创新。贺晓东（1988）运用现代科学方法对广义的经济结构进行了全面的理论分析，就产业结构的生成、组织、协调和演进提供了一个系统的说明。

3. 周叔莲、杨沐、谢伏瞻等对结构调整理论的发展

周叔莲、杨沐（1988、1989）认为产业政策应该在我国产业结构调整中发挥重要作用，特别是重点介绍了有关日本的产业政策，将日本战后经济的调整、增长和产业结构的升级与产业政策联系在一起，引起我国学术界和决策层的关注。李泊溪、谢伏瞻、李培育等（1988、1990）通过对国内产业结构调整战略选择研究提出，"瓶颈"产业是我国经济发展中存在的最主要的约束条件，因此应该优先发展基础产业，包括农业、能源、钢铁、化工原料、交通运输与通信、交通设备制造业、纺织业、电子工业等。

李江帆（1990）认为，当经济发展达到一定水平时，就不能只考虑农业轻重的比例关系，还要考虑物质生产部门与服务消费品部门之间的比例关系。杨治（1985）在出版的《产业经济学导论》一书中，扼要介绍了西方产业结构理论和产业组织理论，介绍了代表学者和代表文献，在我国研究产业问题的学者中产生了较大影响，对研究范式的转换起了重要的推动作用。钟契夫、陈锡康、刘起运（1985）在《投入产出分析》一书中，引进和发展了里昂惕夫、钱纳里等创立的投入产出技术，推动了我国产业结构核算和国民经济核算工作，很大程度上推动了经济结构理论的规范分析。国内学者开始将一定的产业结构状况同一定的经济发展阶段联系在一起，并开始将我国产业结构问题置于国际经验和工业化一般规律的背景下考察，分析国际上工业化和经济增长的一般经验，以及中国工业化的道路和模式，这些研究为我国发展战略制定和中长期发展规划作出了重要贡献。

郭克莎（1993）对改革开放初到20世纪80年代末期的产业结构变化做了较为全面的分析，既分析产出结构的变化，也分析投入结构的变化，并将这些变化与经济增长方式的变化联系在一起，开始借鉴使用西方的产业分类方法和分析框架进行研究。江小涓（1993）对我国推行产业政策中的公共选择问题分析，采用西方公共理论的研究思路，从公共利益的显示与判断、决策者的能力和利益取向、行政系统的效率和运作成本等方

面，分析政府在产业结构调整中的作用、在产业政策制定和执行中的行为等，对我国以往以政府干预为主进行调整产业结构的思路进行检讨，研究表明，制定和执行产业政策的决策层和行政系统判断结构问题和制定相应政策的能力和动力都不足，改革开放以来，我国产业结构变动实际上更多的是市场机制引导的结果。江小涓（1999）出版的《体制转轨时期的增长、绩效与产业组织的变化：对中国若干行业的实证研究》一书认为，20世纪90年代中期，生产能力明显过剩的行业不断增加，相当一部分企业处境困难，甚至有些行业全行业处于无利或亏损的困境。出现这种状况的原因并不主要是有关行业发展战略和政策的失误，而是产业结构调整的必然表现；认为随着收入水平的提高和消费结构的变化，有些行业相对地位下降、面临退出和调整是必然的，并给出了具体的产业政策选择。

周振华（1991）在《产业政策的经济理论系统分析》中提出，产业结构调整主要涉及产业结构的高度化和合理化。产业结构从第一产业向第二、三产业发展的过程，可以用第二、三产业比重、技术与资金密集型产业比重以及中间与最终产业比重来衡量一国经济发展水平的高低、发展阶段以及发展方向；提高产业之间有机联系的聚合质量，可以用产业之间的均衡程度和关联作用程度来表示。[1] 周振华、张圣祖、关爱萍等（1989、2001、2002）就产业结构优化调整中主导产业选择提出了"增长后劲基准"、"收入弹性基准"、"技术进步基准"等学术观点；[2] 林毅夫等（1999）认为，比较优势的要素禀赋是实现产业结构优化调整的关键；[3] 刘国光（2006）认为，产业结构的优化升级遵循粗放型升级到集约型升级路线；[4] 李博、胡进（2008）通过建立基于静态投入产出模型对产业结构优化升级测度；[5] 程艳霞、彭王城（2010）运用模糊评价模型对湖北产业升级能力评测；[6] 谭晶荣、颜敏霞（2012）在研究分析产业结构超前系

---

① 周振华：《产业政策的经济理论系统分析》，中国人民大学出版社1991年版，第112—123页。

② 关爱萍、王瑜：《区域主导产业的选择基准研究》，《统计研究》2002年第12期。

③ 林毅夫、蔡昉等：《比较优势与发展战略：对"东亚奇迹"的再解释》，《中国社会科学》1999年第5期。

④ 林毅夫、苏剑：《论我国经济增长方式的转换》，《管理世界月刊》2007年第1期。

⑤ 李博、胡进：《中国产业结构优化升级的测度和比较研究》，《管理科学》2008年第1卷第2期。

⑥ 同上。

数的基础上，提出构建 shift—share 模型对产业转型升级水平测度。

（四）产业结构升级理论主要观点

1. 关于产业结构升级内涵

产业结构升级是产业结构向着具有较高生产率、较快需求增长以更高级技术为基础的方向转移，最终表现为经济良性发展、国际贸易条件的改善。产业结构升级的核心是生产率的不断提高。简单地说，产业结构升级就是从目前的产业结构转变为利润更大、赚钱更快的产业结构。比如从传统的产业发展为高新技术产业等。

2. 产业结构演变与经济增长具有内在联系

经济增长是结构转变的一个方面，生产结构的变化应适应需求结构的变化，资本和劳动从生产率较低的部门向生产力较高的部门转移能够加速经济增长。产业结构的高变换率会导致经济总量的高增长率，而经济总量的高增长率会导致产业结构的高变换率。随着技术水平的进一步提高，这两者间的内在联系日益明显，社会分工越来越细，产业部门增多，部门与部门间的资本流动、劳动力流动、商品流动等联系也越来越复杂。大量的资本积累和劳动投入虽然是经济增长的必要条件，但并非充分条件，因为大量资本和劳动所产生的效益在很大程度上还取决于部门之间的技术转换水平和结构状态，不同产业部门对技术的消化、吸收能力往往有很大不同，这在很大程度上决定了部门之间投入结构、产出结构的不同。

3. 产业结构演变遵循一般规律

首先，产业结构的演变与工业化发展阶段相关。在前工业化初期，第一产业产值在国民经济中的比重逐渐缩小，其地位不断下降；第二产业有较大发展，工业重心从轻工业主导型逐渐转向基础工业主导型，第二产业占主导地位；第三产业也有一定发展，但在国民经济中的比重比还较小。在工业化中期，工业重心由基础工业向高加工度工业转变，第二产业仍居第一位，第三产业逐渐上升。在工业化后期，第二产业比重在三次产业中占有支配地位，甚至占有绝对支配地位。在后工业化阶段，产业知识化成为主要特征。产业结构的发展就是沿着这样的一个发展进程由低级向高级最终走向高度化。其次，主导产业的转换过程具有顺序性。产业结构的演进有以农业为主导、轻纺工业为主导、原料工业和燃料动力工业等基础工业为重心的重化工业为主导、低度加工型的工业为主导、高度加工组装型工业为主导、第三产业为主导、信息产业为主导等几个阶段。再次，三次产业具有依次替代的性质。产业结构的演进沿着以第一产业为主导到以第二产业为主导，再到以第三产业为主导的方向发展。最后，产业结构演进的阶段区间具有可塑性。产业结构由低级向高级发展的各个阶段是难以逾越的，但各个阶段的发展过程可以缩短。从演进角度看，后一阶段产业的发展是以前一阶段产业充分发展为基础。只有第一产业的劳动生产率得到充分的发展，第二产业的轻纺产业才能得到应有的发展，第二产业的发展是建立在第一产业劳动生产率大大提高的基础上，其中加工组装型重化工业的发展又是建立在原料、燃料、动力等基础工业的发展基础上。同样，只有第二产业的快速发展，第三产业的发展才具有成熟的条件和坚实的基础。产业结构的超前发展会加速一国经济的发展，但有时也会带来一定的后遗症。

4. 产业结构升级受其相关动力支配

钱纳里等提出需求和技术进步决定着产业结构的升级；罗斯托强调主导部门和支柱产业的成长及更替是产业结构升级的主导动力。林毅夫等（2003）认为"比较优势的要素禀赋、制度安排"是实现产业结构升级的关键。郑新立（1999）研究提出制约我国产业升级的主要因素为产业技术进步滞后以及企业创新乏力。

二 产业价值链升级理论

（一）国外关于产业价值链升级研究

价值链的思想源于亚当·斯密关于分工的卓越论断。早期的观点认为产业链是制造企业的内部活动，它是把外部采购的原材料和零部件通过生产和销售活动，传递给零售商和用户的过程。哈佛商学院的迈克尔·波特（Michael E. Porter）于1985年在其所著的《竞争优势》一书中首次提出"价值链"的概念。波特认为，"企业的价值创造过程主要通过基本活动（含生产、营销、运输和售后服务等）和支持性活动（含原材料供应、技术、人力资源和财务等）两部分来完成。这些活动在公司价值创造中是相互联系的，由此构成公司价值创造的行为链条，称为价值链"。Gereffi和Tam（1998）将产业价值链升级界定为企业从低利润或劳动密集型实体向高利润或资本与技术密集型实体发展的过程，以及这一过程中企业在贸易与产品网络中地位发生改变。Gereffi和Tam（1999）从价值链的角度对产业升级的动因进行了剖析：产业升级的基础是通过企业附加价值创造实现产业竞争力的提升。而实现企业附加价值创造的途径包括通过技术创新提升产品独创性、创造自有品牌、专业化精细生产、从低成本向高附加价值转变等增值过程。格里芬、斯特恩等（2001）从全球价值链的角度研究产业升级，指出价值链之中或尚未嵌入的企业通过嵌入价值链获取技术进步和市场联系，从而提高竞争力，进入到增加值更高的活动中。

产业升级过程包括各个价值环节内在属性和外在组合两个方面的变动，这两方面都连接在同一链条之中或不同链条之间。由于一个国家或地区在全球价值链中所处的功能环节直接决定了其在该产业获得的附加价值，因此要想改变在价值链中的被动局面，发展中国家的产业必须进行升级。联合国工业发展组织在2002—2003年度工业发展报告《通过创新和学习来参与竞争》中指出："全球价值链是指在全球范围内为实现商品或服务价值而连接生产、销售、回收处理等过程的全球性跨企业网络组织，涉及从原料采集和运输、半成品和成品的生产和分销直至最终消费和回收处理的过程。它包括所有参与者和生产销售等活动的组织及其价值利润分配，并且通过自动化的业务流程和供应商、合作伙伴以及客户的链接，以支持机构的能力和效率。"该定义强调了全球价值链不仅由大量互补的企业组成，而且是通过各种经济活动联结在一起的企业网络的组织集，关注的焦点不只是企业，也关注契约关系和不断变化的联结方式。英国Sussex大学创新研究小组的学者们（2000）提出了全球价值链中的产业升级的四种模式：工艺流程升级（process upgrading）、产品升级（product upgrading）、功能升级（functional upgrading）和链条升级（chain upgrading）。各种升级模式的实践形式如表1-1所示。

表1-1　　　　　　　　全球价值链升级模式的实践形式

| 升级模式 | 实践形式 |
| --- | --- |
| 工艺流程升级 | 通过重构生产系统或引进先进技术，提高价值链中加工流程的效率 |
| 产品升级 | 通过引进新产品或改进已有产品生产线，提升产品竞争力 |
| 功能升级 | 重新组合价值链中的环节，以提高经济活动的附加值。获得新的功能或放弃已有的功能，增加经济活动的技术含量。例如，从生产环节向设计环节和营销等利润丰厚的环节跨越，改变企业自身在价值链中所处的位置 |
| 链条升级 | 从一条价值链跨越到一条新的、价值量高的相关产业的价值链，企业把在一产业获得的能力应用到另一个新的产业，或转向一个新的全球价值链中 |

资料来源：Humphrey, J. and Schmitz H. , *Governance and Upgrading: Linking Industrial Cluster and Global Value Chain*, IDS Working Paper 120, Brighton：2000.

（二）国内关于产业价值链升级的研究

潘悦（2002）研究了由跨国公司直接投资带动的加工贸易对产业升级的影响，认为价值链升级"呈现出阶梯状演进：最终产品的加工、组装生产和出口——零部件的分包生产和出口——中间产品的生产和出口——国外品牌产品的生产和出口——自创品牌的生产和出口"。王辑慈（2004）通过对地方产业集群与全球价值链关系研究指出，地方产业集群的发展路径应该沿着全球价值链向上攀登。刘志彪（2005）分析了作为"国际代工者"的本土企业从 OEM（贴牌加工）到 ODM（原始设计商）各阶段的升级模式，提出了转向自有国际品牌的国际战略；于明超等（2006）以中国台湾笔记本电脑在大陆的封闭式生产网络为例研究本土企业在全球价值链中面临技术能力弱、生产规模小等原因被边缘化，从而限制了升级潜力的问题；江静等（2007）在"经济租"视角下分析了全球价值链价值分配的决定因素，并以分解 iPod 产品价值链的方式讨论了价值链管理中的收益不均问题，提出了学习能力提高、技术扩散以及自主创新等产业价值链升级对策。

（三）产业价值链升级理论主要观点

1. 产业价值链可分不同环节

一是技术环节，包括研发、创意设计、提高生产加工技术、技术培训等环节；二是生产环节，包括采购、系统生产、终端加工、测试、质量控制、包装和库存管理等分工环节；三是营销环节，包括销售后勤，批发及零售，品牌推广及售后服务等分工环节。当国际分工深化为增值过程在各国间的分工后，传统产业结构的国际梯度转移也因此演变为增值环节的梯度转移。就增值能力而言，以上三个环节呈现由高向低再转向高的 U 形形状，或曰"微笑曲线"形状（如图 1 - 1 所示）。价值链不同环节所创造的附加值是不同的，获得的经济租多少也是不一样的。靠近 U 形曲线中间的环节，如零部件、加工制造、装配等环节在价值链中创造出较低的附加值，因而获得较低的经济租；靠近 U 形曲线两端的环节，如研发、设计、市场营销、品牌等在价值链中创造出较高的附加值，因而获得更多的经济租。

2. 产业价值链升级受相应的驱动力支配

Gereffi 等（1994）认为全球价值链的驱动力基本来自生产者和采购者两方面。换句话说，就是全球价值链各个环节在空间上的分离、重组和

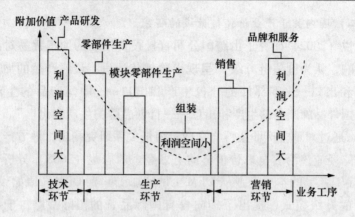

图1-1　价值链增值微笑曲线示意图

正常运行等是在生产者或者采购者的推动下完成的。Henderson（1998）在此基础上对全球价值链的驱动力进行了更加深入的研究，指出，生产者驱动通过投资来推动市场需求，形成全球生产供应链的垂直分工体系。投资者既可以是拥有技术优势、谋求市场扩张的跨国公司，也可以是力图推动地方经济发展、建立自主工业体系的本国政府。在生产者驱动的全球价值链中，跨国公司通过全球市场网络来组织商品或服务的销售、外包和海外投资等产业前后向联系，最终形成生产者主导的全球生产网络体系。一般资本和技术密集型产业的价值链，如汽车、飞机制造、计算机、半导体和装备制造等，大多属于生产者驱动型价值链。在这类全球价值链中，大型跨国制造企业（如波音、GM 等）发挥着主导作用（如图 1-2 所示）。采购者驱动，指拥有强大品牌优势和国内销售渠道的经济体通过全球采购和贴牌加工（OEM）等生产方式组织的跨国商品流通网络，能够形成强大的市场需求，拉动那些奉行出口导向战略的发展中国家的工业化。传统的劳动密集型产业，如服装、鞋类、玩具、自行车、农产品、家具、食品、陶瓷等大多属于这种价值链，发展中国家企业大多参与这种类型的价值链。

采购者驱动（Buyer-driven）型价值链存在三方面的不平衡性：一是高等要素（Advanced Factors）在价值链环节间的配置极不平衡。海外采购者作为全球价值链的主导企业（Leading Firms），采取俘获型（Captive）治理模式（Governance of Global Value Chain），对研发设计、市场信息、品牌渠道等高等要素实施严格控制；发展中国家制造商往往只拥有自然

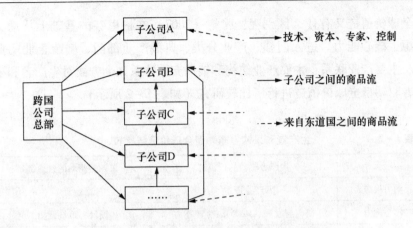

**图1-2 生产者驱动型全球价值链示意图**

资料来源：Henderson, J., *Danger and Opportunity in the Asia - Pacific*, In: Thompson, G (eds.), *Economic Dynamism in the Asia Pacific*, London: Routledge, 1998, pp. 356-384.

资源、劳动力等基本要素，作为被治理者，仅能发展有形生产能力，普遍缺乏无形竞争能力。二是附加值在价值链环节间的分布极不平衡。价值链的驱动力主要来自商业资本而非产业资本，附加值主要由控制了设计、品牌及流通环节的海外采购商创造，中游制造环节产生的附加值极为有限。三是分工利益在价值链环节间分配极不平衡。处于商业流通领域的海外采购者，凭借对市场的绝对控制获得了价值链中的主要分工利益，而处于从属地位的生产商只能接受不公平的利益分配格局（如图1-3所示）。

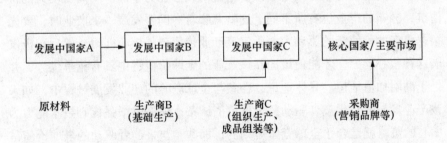

**图1-3 采购者驱动型全球价值链示意图**

资料来源：Henderson, J., "Danger and Opportunity in the Asia - Pacific", In: Thompson, G (eds.), *Economic Dynamism in the Asia Pacific*, London: Routledge, 1998, pp. 356-384.

既然全球价值链从驱动力上主要分为生产者和采购者，那么两者驱动的全球价值链又有什么区别呢？张辉（2007）在格里芬的基础上从动力根源、核心能力、进入门槛、产业分类、典型产业部门、制造企业的业主、主要产业联系、主要产业结构和辅助支撑体系九个方面对生产者和采购者驱动型全球价值链进行了比较研究（如表1-2所示）。

表1-2 生产者和采购者驱动型全球价值链比较

| 项目 | 生产者驱动的价值链 | 采购者驱动的价值链 |
|---|---|---|
| 动力根源 | 产业资本 | 商业资本 |
| 核心能力 | 研究与发展（R&D）、生产能力 | 设计、市场营销 |
| 进入门槛 | 规模经济 | 范围经济 |
| 产业分类 | 耐用消费品、中间品、资本品等 | 非耐用消费品 |
| 典型产业部门 | 汽车、计算机、航空器等 | 服装、鞋类、玩具等 |
| 制造企业的业主 | 跨国企业 | 地方企业 |
| 主要产业联系 | 以投资为主线 | 以贸易为主线 |
| 主要产业结构 | 垂直一体化 | 水平一体化 |
| 辅助支撑体系 | 重硬件，轻软件 | 重软件，轻硬件 |
| 典型案例 | 英特尔、波音、丰田、海尔、格兰仕等 | 沃尔玛、国美、耐克、戴尔等 |

从表1-2中可以看出，全球价值链的驱动力不同，导致其动力根源不同，不同的动力根源决定了该价值链的核心能力不同。不同驱动力的价值链，分布的产业也有所不同。这就意味着一国要发展一个产业时，要先根据该产业价值链的驱动力去确定该产业价值链的核心能力，然后积极发展这种核心能力，才能使该国在该产业的全球价值链中具有竞争优势，并处于高附加值地位。具体地说，在参与全球竞争的产业发展过程中，如果该产业参与的是生产者驱动的全球价值链条，那么以增强核心技术能力为中心的策略就是合乎全球竞争规则的；那些参与采购者驱动的全球价值链的产业，就更应强调设计和市场营销环节，来获取范围经济等方面的竞争优势。

3. 产业价值链升级遵循固定的模式

Gereffi 和 Tam（1999）在揭示产业升级驱动因子的基础上还从产品层面、经济活动层面、产业层面、产业间层面四个层面总结了产业升级的表现形式，为更多的研究者提供了依据（如图1-4所示）。

| |
|---|
| 产业间层面：企业从生产劳动密集型产品向资本技术密集型产品升级转型 |

| |
|---|
| 产业层面：产品与服务高附加值化，产业价值链前后向联系加强 |

| |
|---|
| 经济活动层面：产业向设计研发、营销等高附加值环节发展 |

| |
|---|
| 产品层面：简单产品向复杂产品转变 |

**图1-4　Gereffi 和 Tam 提出产业升级不同层面的表现示意图**

### 三　产业价值网升级理论

产业价值链理论认为产业间是一种供应链的关系，即认为，商品到达消费者手中之前各相关主体或业务的连接，是通过对信息流、物流、资金流的控制，从采购原材料开始，制成中间产品以及最终产品，最后由销售网络把产品送到消费者手中。这样会导致生产者过分依赖历史同期产品的销量、产品替代品以及客户购买力等方面的情况，来预测产品的生产量。结果常常是：一来企业可能因为预测市场状况时选择的变量或是标准不当使得预测出现偏差；二来因为市场的需求是随时变化的，企业预测仅仅是基于当前的需求产生，所以当产品生产出来以后，已经"过时"。传统供应链的这些缺陷，使得价值不断流失，究其原因，正是没能及时地对市场变化作出反应。要做到及时、有效地对市场需求作出反应，仅靠单一的企业是无力完成的，所以一些对企业来说成本较高或不具备完成能力的任务，就要交给其他合作企业来完成了。正是在这种情况下，以互联网和不断发展的信息技术为支撑，出现了产业价值网升级理论。

（一）产业价值网内涵（Industry Value Network）

该理论研究视角由单个产业价值链延伸至所有相关产业的价值链集合。Dichen、Kelly 和 Olds（2001）认为在区域经济中，由于信息技术与金融业的发展，各个产业彼此相连，共同形成了产业网，相应的产业价值链也形成了产业价值网。Mercer 顾问公司著名顾问 Adrian Slywotzky 于1998 年在《利润区》一书中首次提出了价值网络的概念。书中指出，随着互联网和信息技术的发展，激烈的市场竞争使得企业将传统的供应链转变为价值网，来满足顾客不断增长的需求。古拉提等（2000）认为，越来越多的企业处于顾客、供应商和竞争对手组成的战略网络中，其本质是在专业化分工的生产服务模式和相应的网络治理框架下，通过一定的价值传递机制，使处于价值链不同阶段和具有某种专用资产的相对固化的企业及利益相关者彼此组合在一起，共同为顾客创造价值，这就形成了某种关系和结构。① 可见，企业必须聚焦于创造价值的系统本身，系统内的不同利益主体，包括供应商、战略联盟者和顾客一起共同创造价值。显然，寻找企业价值创造系统的任务首先在于构建一个价值创造网络，而这个网络也必须有一个主体，也就是企业本身，企业通过商业模式的创新将网络成员紧密地联系在一起，共同创造价值。汤姆·邓肯等（1997）认为，传统的直线式价值链无法反映员工、团队、顾客、利益相关者对组织的认知度、信任感和所有利益相关者的价值，必须用"价值范畴"（Value Category）来代替。② 吴华清等（2009）研究了产业价值网的形成与发展过程中升级方式的多样化带来产业价值网治理的复杂化，以及由此可能对产业或区域经济造成的影响等问题。

（二）价值网络是一种新的业务模式

价值网络是建立在信任和合作基础上的产业核心能力和异质资源整合、调整和保护的平台。不同的企业把它们各自核心能力要素结合在一起，通过紧密合作与其他企业的价值链展开竞争，而且价值网络的成员根据需要可以不断地进行调整和优化组合。价值网络使组织间的联系具有交互、进化、扩展和环境依赖的生态化特性，扩大了企业的动态发展空间，从而促进价值创造，改进价值识别体系，扩大资源的价值影响。首先，价值网络可以实现规模经济和范围经济的共舞。在传统的生产方式中，规模经济通过扩大生产规模来降低长期平均成本，范围经济则是通过扩大产品组合来降低费用。过去企业生产要么就是大规模生产同质化产品，要么就是小批量生产多种类产品，二者无法兼顾。而价值网络通过企业间核心能力的相互渗透，在企业对自身核心能力进行分析的基础上将业务分解成许多能力模块，然后对这些能力模块进行整合，就可以实现能力的扩张，价值网络潜在地为企业提供信息、资源、市场和技术，并通过模块之间灵

---

① Gulati Ranjay, Nitin Nohria, "Akbar Zaheer, Strategic Networks", *Strategic Management Journal*, 2000, 21 (3), p. 56.

② Tom Duncan, Sandra Moriarty, *Driving Brand Value: Using Integrated Marketing to Manage Profitable Stakeholder Relationship*, New York: McGrawHill, 1997, pp. 203 – 215.

活、敏捷的组合就可以实现规模经济和范围经济的相融，从而诞生了一种新的生产方式，即大规模多样化生产。其次，价值网络可以通过成员的协同效应为顾客创造价值。价值网络将相关企业聚集在一起，以顾客为核心，充分运用网络成员的各种能力来满足顾客的需求。网络中的每一个成员只需关注自己专、精、特的价值活动，而不必在其他方面浪费过多的资源和精力，这种内部分工合作可以有效地提高效率和降低生产成本。再次，网络中的所有成员是一种合作的关系，当顾客出现新的价值需求时，网络成员可以联合起来针对其进行共同研发，这样就可以迅速地满足顾客。价值网络通过整合网络成员的能力可以实现单个成员的价值影响提升，网络中的成员越多，价值网络所产生的效应就会越突出，企业只要把整体拥有网络成员的所有资源充分整合，就可以更好地为顾客提供个性化的价值。价值网络还可以提高企业防范风险的能力。价值网络将多个合作伙伴团结在一起，形成了一个虚拟的组织，从理论上讲，这个新形成的组织得到了极大的增强，并且，价值网络不仅仅反映了组织间物质活动的联系，而且还有效用联系、信息联系等，通过网络的知识积累和研发能力，企业可以提高其防范风险和应对环境不确定性的能力。所以当市场环境出现急剧变化时，价值网络灵活的结构就能使其对市场作出快速反应，同时，通过所有合作伙伴的努力可以使企业重新适应市场，保证顾客能够获得企业提供的稳定的价值。最后，价值网络还能够更快、更及时地为顾客提供更全面的价值需求。价值网络在知识传播和知识管理上具有独特的优势，能够产生速度效应。不同于传统价值链上各环节的先后关系，价值网络可以使原先在时间和流程上处于先后关系的职能和运营环节得以同时进行。这些环节在空间上是分散的，在时间上是并行的，从而大大地提高了整体运行速度，缩短了客户需求反馈的周期。并且，价值网络内部构建有信息平台，一个成员获得的市场信息能够快速地传递给其他相关成员，可以对市场产生的新需求做到快速响应，从这个意义上讲，价值网络具备了弹性的价值创造能力。

（三）价值网络内部的构成

一个基本的价值网络内部构造由三个要素、一个价值逻辑和一个关系机制组成。具体而言，一个价值网络包括三个核心要素，即顾客、主体企业和关联协作组织。当企业组建自己的价值网络时，扮演着"带头大哥"的角色企业，它就是这个价值网络的主体企业或者是核心企业，它承担着价值网络的运营和管理。当企业在价值网络中组织经营或开发新的价值时，需要与供应链上的各方主体协同合作，除此之外，其他利益相关者包括股东等为主体企业提供必要的资源保障，它们构成了关联协作组织。供应链的关联方为主体企业实现价值传递和增值提供所有外部业务服务，这些关联协作体系与企业共同构成价值网络的实体部分。而价值网络最终是面向顾客的，网络组织最大的特点就是快速灵活地满足顾客的个性需求，顾客是建立价值网络的基础，也是价值网络中不可替代的最重要角色。

价值网络中主体企业和关联协作组织处于一个非线性的价值体系中，而吸引这些要素构成价值网络，就必须拥有一个富有竞争力的价值创造方式，价值网络中的价值生产量只有足以对顾客、供应伙伴、股东及利益相关者构成强烈的吸引，才能保持良好持久的合作关系。价值创造方式的基础是核心价值逻辑，这也是价值网络最难以复制的部分。很多企业往往都能形成自己广泛的合作关系，并且合作伙伴众多，但是合作关系都很难长久，其原因在于合作企业之间都在考虑"如何从彼此的利润空间中，寻找到可以迫使对方出让给自己更多的利润"。而价值网络的核心价值逻辑正是让企业用合作代替竞争，把原来从关系中寻找利润的视角放宽到利用价值网络寻找更广泛的利润空间上。事实上，价值网络的形成，能够为企业长久提供超越传统契约合作方式的巨额利润增长。简单来说，核心价值逻辑就是要让价值网络的关联方知道收益、共同价值主张、盈利模式等。

价值网络中各关联体之间进行合作，是一种基于价值的合作方式，这与传统的企业合作方式具有极大的差别，如果说以前企业之间是点与点的接触或是面与面的接触，而现在则是通过一定的机制进行接触，我们把价值网络中各组织成员之间的价值交换活动的流程和制度称为"界面机制"，它规定了价值网络各方的合作方式和价值交换模式。这种动态的、非点面关系的"界面"将主体企业、关联协作组织和顾客很好地链接起来，形成基于核心价值逻辑和价值实现方式的完整的价值网络。"界面"最早是一个工程技术名词，主要用来描述各种仪器、设备以及其他组件之间的接口，界面是各类链接的结合部分。界面被应用到管理学后，其内涵和外延得到了极大的扩展，常常用来表达那些无形地使人难以认识和把握的关联方式。价值网络中的关联方式就是这样一种界面关系，它揭示了网络系统内各组织相互支持、相互依赖、相互链接时的接触方式和合作机制，网络中各节点的关系及其协调方式，以及价值网络中不同要素之间的关联方式。

(四) 价值网络建构模式

如果一个企业试图扮演主体企业的角色，那么，它可以通过定义模块、制定规则和协调模块三大步骤来构建价值网络。首先，定义模块就是通过将产品体系中的业务能力要素（产品设计、开发、制造、配送、市场网络管理等）独立出来，形成具有核心竞争力和自组织特性的价值模块，这些模块将成为企业价值网络中可以为企业带来特定产出的一组能力要素集合，是构成价值网络的价值元素。这些价值元素之所以可以独立出来是基于自身一定的资源基础，如知识、资产或流程。其次，制定规则就是明确各个子模块之间的界面机制，确保模块之间相互兼容，符合统一的制式或技术标准。这个标准一般是由企业价值网络中的核心组织来制定的，然后各成员组织严格遵守。最后，协调模块。主要是维护和修改界面联系规则，保证最终产品具有统一性，兼容性以及相对于其他替代产品的竞争优势，主体企业协调各子模块的关系，调配资源在它们之间的流动，并且在网络内部营造一种和谐竞争的氛围，最终达到顾客价值和企业价值的双重实现。

**四 理论评析**

应该说，上述产业升级理论从产业升级动力、路径、形式等不同层面反映产业升级发展机理，各有其解释力，但是这些观点各有利弊，主要表现在下述几个方面。

(一) 产业升级就是产业结构升级的观点

产业结构升级不仅包括产业结构的升级，也包括产业的结构升级。产业结构的升级是指国民经济不同产业间的结构升级，如国民经济从以轻工业占主导，发展到以重化工业占主导。而产业的结构升级则是指某个具体产业内部的结构升级，如产品结构升级，如钢铁产业的高附加值产品——板材比重的扩大等。两个概念的内涵是不同的。产业升级就是产业结构升级的逻辑缺陷，常易引起产业升级研究时内涵指向模糊，引起研究的误解，这也是目前大量产业升级问题的研究内容都致力于产业结构方面的原因。这种观点在产业升级实践中容易引起产业升级就是发展第三产业的误解。因为按照克拉克准则产业结构变迁的基本规律是产业重心从第一产业向第二产业，再向第三产业转移。这一理论引导人们注重发展第三产业，以为发展第三产业就是产业结构升级的目标，一味地强调产业升级的高级化，容易产生产业越高级就越把经济增长搞上去的盲动性，其结果脱离实际的产业升级经常导致事与愿违的结果。

（二）产业升级是产业由低技术水平、低附加值状态向高技术、高附加值价值链演进

这一观点，似乎是比较系统地反映了单个具体产业的升级路径，但在本质上并没有揭示产业升级的方向和目的。如果简单地将产业升级归结为"唯技术、唯高端化"，而忽视了产业阶段性特征、资源禀赋等实际情况，势必导致产业升级脱离实际，欲速则不达。

（三）价值网络理论打破了传统价值链的线性思维和价值活动顺序分离的机械模式

价值链升级理论忽略了不同产业内部价值活动在特定的公司价值链或价值体系中的增值能力又有所不同；价值网络围绕顾客价值重构价值链，使价值链的各个环节以及各个不同主体按照整体价值最优的原则相互衔接、融合以及动态互动，利益主体在关注自身价值的同时，更加关注价值网络上各节点的联系，这样就冲破了价值链上各个环节的壁垒，提高了网络在主体之间相互作用以及对价值创造的推动作用。但是产业价值网合理边界如何界定，产业价值网升级关键点如何把控等问题仍尚待深入研究。

从以上分析可以看出，目前，理论界对产业升级内涵、机理、路径分析研究仍然存在一些缺陷，产业升级内涵本质、动力机制、运行机理尚待理论和实践新的探索。

## 第二节  产业升级的内涵机理及动力场

### 一  产业升级的内涵机理

产业升级是提升产业竞争力，实现产业可持续发展的必然选择。产业升级是一个系统工程，不仅包含产业结构的优化升级，而且也包括产业价值链的扬弃、重构及再造。

（一）产业升级是以市场需求为根本导向

马克思在《政治经济学批判》导言中指出："没有生产，就没有消费，但是，没有消费，也就没有生产，因为如果这样，生产就没有目

的。"凯恩斯也认为："消费乃是一切经济活动之唯一目的，唯一对象。"消费是人类通过消费品满足自身欲望的一种经济行为，消费是需求的表现。当消费行为以交换形式表现的时候，需求就成为一切经济行为的动因。产业的产生、发展和消亡是由需求决定的，只要社会需求存在，则产业就必然存在。由于需求在不断地多样化和高级化，也就要求产业必须适应需求的变化。可见，需求的日益升级决定了现有产业必然不断地沿着需求升级的方向发展，需求的市场容量决定产业潜在规模。同时，应该看到，需求决定着产业的存在和发展，而产业也会对需求的满足程度产生影响，也就是说，产业内在的供给能力和水平也决定了需求得到满足的程度。而产业内在的供给能力和水平是由其采用的内在技术工艺、商业模式、组织模式及管理方式等内在因素决定的。

（二）产业升级是产业发展能力持续培育壮大的过程

一方面，产业升级是一个产业从一种状态到另一种状态，比如从小到大、由弱变强的动态变化过程；另一方面，产业升级也是产业自身发展能力的培养和积蓄的动态过程。这就意味着：一是产业升级是加速经济发展的一种手段，是推动经济发展的重要动力；二是产业升级是一个产业分阶段、有层次地逐步提升产业发展能力的过程，也是一个产业短期利益与长期利益协调的过程；三是产业升级是一个产业发展能力周而复始、持续滚动的提升过程，它是一个既没有起点也没有终点的经济活动。

（三）产业升级是多重作用力相互作用的结果

分析钱纳里等提出的"工业化多国模型"，可以看出需求和技术进步是影响产业结构升级的关键因素。西蒙·库兹涅茨（1952）通过分析产业结构调整影响变量提出，国内需求结构、对外贸易结构和技术水平等变量是驱动产业升级的重要因素；坎特威尔和托兰惕诺（1990）基于发展中国家的研究指出：由技术进步引发的企业生产率增长是产业升级的重要动因。产业升级是多重作用力相互作用的结果，多重作用力相互作用支配着产业升级、调整、再升级。

（四）产业升级是一个量变与质变协同互动的过程

产业升级不仅是产业向不同发展阶段的演替，而且也是每一发展阶段上创新能力和运营效率的提高。不同的发展阶段对产业发展的市场容量、要素保障、质量发展水平有其不同的要求。产业规模扩展过快，市场空间变得相对狭小，要素保障脱节甚至"倒逼"压力加大，导致产能扩展减速换挡，产业结构调整加速，产业转型升级活跃。产业升级要体现产业不同发展阶段"量"的要求和"质"的需求，实现"量变"和"质变"的协同互动。

（五）产业升级追求目标是以和谐生产、绿色消费、环境共生为根本

党的十八大报告提出："着力推进绿色发展、循环发展、低碳发展，形成节约资源和保护环境的空间格局、产业结构、生产方式、生活方式。"因此，产业升级就是要以节约资源和绿色发展、循环发展、低碳发展为发展方向，逐步开发和推广应用节约、替代、循环利用和治理污染的先进适用技术和产品，大力发展循环经济，形成健康文明、节约资源、保护环境的生产和消费模式，使产业升级沿着可持续发展的方向推进。产业升级不是单纯地追求 GDP 的增长，而是从节约资源和保护生态环境出发，积极采用清洁生产、节能减排、精益制造等技术和管理手段开发"绿色"产品，引导"绿色"消费，促进形成环境保护与经济发展相协调的局面，逐步推进产业发展的良性循环，实现产业又好又快发展的战略目标。

## 二 产业升级的动力场

（一）产业升级动力要素

关于产业升级动力的研究，国内外理论成果尚不多见。实际上，产业升级是多重作用力形成的"动力场"相互作用的结果。由于不同作用力在产业升级中所处的地位不同，那么对产业升级的作用大小也不尽相同。对产业升级起到促进作用的力是产业升级推力；反之，对产业升级起到阻碍作用的力是产业升级阻力，产业升级受合力支配。合力是推力和阻力各自合力的差值，可以用力的方程表示，即 $\sum F合 = \sum F推 - \sum F阻$。

产业升级"动力场"由各种动力要素构成。同时，产业升级是一个动态过程，在动态的发展过程中要受到不同作用力的影响。这里可以借用力学图形来具体表示产业升级作用力之间的关系（如图 1－5 所示）。这是一个描述性的直观模型，旨在对影响产业升级发展的动力要素进行整合分析。图中横轴表示时间，纵轴表示产业升级水平，斜面表示产业升级是一个艰难的负重爬升过程，滑块表示产业体受力情况。$F_i$ 表示各种作用力，$i = 1, 2, 3, \cdots, n$。那么，产业升级发展水平与产业发展动力要素的函数关系式为：

$Z = f (F_1, F_2, F_3, F_4, F_5, F_6, F_7, F_8, \alpha, T)$

其中：$Z$——产业升级水平；

F$_1$——产业升级阻力；

F$_2$——产业升级重力（主要指产业规模等）；

F$_3$——产业发展支撑力；

F$_4$——创新驱动力；

F$_5$——市场拉动力；

F$_6$——自组织结构力；

F$_7$——科技进步作用力；

F$_8$——政府外推力；

T——产业升级演进发展时间；

α——影响产业升级发展的斜面角度（可以理解为角度的大小，反映了产业升级发展的战略目标和外部环境的差距）。

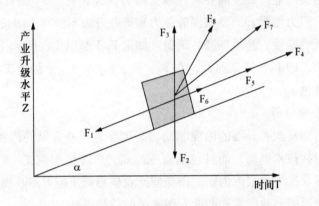

**图1-5  产业升级动力场模型图**

（二）动力要素对产业升级的影响分析

图1-5是产业升级动力场的直观构造图。产业升级动力场包括内源动力场和外源动力场两大部分。产业升级受内外部动力场作用，同时，还要不断克服发展过程中产生的各种阻力，阻力越大，产业升级发展速度越慢，当阻力等于动力时，产业升级就会停留在某一个阶段，当阻力大于动力时，产业升级就可能出现下滑的趋势。产业升级的外部动力主要源于市场需求、竞争对手、政府行为和科技进步等；产业升级的内部动力源于企业家及其员工的物质追求和精神需要（需求满足度越高、人的素质越好，动力就越大），还有产业升级的自组织力。产业升级过程中的阻力则由于

信息的不对称、要素保障能力欠缺、保守文化等累积形成。

1. $F_1$ 的影响分析

主要指产业升级受到内外部的阻力影响。产业升级阻力主要表现为阻碍或制约产业发展方向、速度、格局的最根本因素。产业升级阻力主要来自资源环境约束、资金保障能力不足、市场风险压力等方面。

2. $F_2$ 影响分析

主要是指产业升级发展的重力，它是一个综合变量，具体指区域内产能规模大小，当产能规模很小时，$F_2$ 与斜坡的摩擦力就很小，产业升级发展速度很快；当产能规模不断增大时，摩擦力渐渐增大，增大到一定程度时，产业升级发展就会越来越慢，阻力就会增大。

3. $F_3$ 影响分析

主要是指产业升级发展要素保障支撑力，是相对于 $F_2$ 而言。如果 $F_2$ 不断增大，阻力增强，而要素保障能力和产业升级不能同步增长，则产业升级发展就会减慢，甚至停滞、倒退。如果 $F_2$ 不断增大，但 $F_3$ 比 $F_2$ 的发展速度更快，即 $F_3 > F_2$，那么，在 $F_6$、$F_5$、$F_4$ 等力一定的情况下，产业升级持续推进。

4. $F_4$ 影响分析

主要指来自产业升级的内源驱动力。创新是产业升级的内源驱动力。创新不仅包括技术创新，而且包括商业模式、产业组织模式、管理方式、业态变革等非技术要素的创新。创新使产业核心竞争能力不断提高，实现区域经济资源的有效配置和产业发展水平的持续提高。

5. $F_5$ 影响分析

主要指来自需求市场的作用力。市场的作用力主要有两方面，一是市场需求拉动，二是市场竞争压力。要不断开拓市场，提高产品的市场占有率，增强竞争力，这样才能推动产业升级发展。同时，不断进行新兴市场扩张，才能实现产业升级的可持续推进。

6. $F_6$ 影响分析

主要指来自产业自组织作用力。是管理体制、经营理念、抗干扰能力的综合反应。它与产业升级发展水平呈正相关关系，具有"马太效应"。

7. $F_7$ 影响分析

主要指来自科技进步作用力。科技进步产生外溢效应，使产业升级的创新资源集聚和技术、工艺创新受益。

8. $F_8$ 影响分析

政府对产业升级发展的外推边主要依靠区域政策、市场干预等手段。其对所有同类区域产业的影响基本是一致的，程度是相同的，并且在一定时期内具有相对稳定性。

9. 斜面角度与上升高度分析

在动力场模型中，影响产业升级发展的斜面角度 α 是由产业发展战略目标所决定。α 角度正切值是时间 T 和产业发展战略目标确定的产业升级发展水平（Z）的比值，$tg\alpha = Z/T$。角度越大，产业升级所要达到的目标水平就越高，提升的速度就越快，但是上升的阻力也就越大。如果 α 角度越小，产业升级发展的阻力较小，但产业却很难在市场竞争中取得较高的市场地位和竞争优势。假如 α 角度为零，则产业升级发展维持水平推进，这样的产业升级水平只能维持现有的生存，而很难产生持续发展的潜在能力。斜面的角度越大，产业升级的阻力加大，但这种上升时所用的力和所做的功在产业进行第二次跳跃时会转化为一种移动的势能，使产业在持续升级发展中有较大的跳跃潜能。α 的角度也不能过大，假如 α 为 90°，此时 $tg\alpha = \infty$，在此条件下，说明产业升级目标无法实现。一般情况下，Z、T 都是有限值，$T \neq 0$，$tg\alpha \neq \infty$，$\alpha < 90°$。因此说，产业升级持续推进，一方面，要使产业升级发展的轨道有一定的角度；另一方面，也要选择合理的角度，确保产业升级发展战略目标科学、合理。

（三）动力场表现特征

1. 动力场的系统性

动力场的系统性是指动力场作用力不是各种动力要素杂乱无章的随机组合，各种动力之间不是毫无规律的偶然堆积，它是由许多动力子系统、子子系统按照某种目的或功能组合起来的有机整体。因此，在对其各个组成部分——具体的动力要素的功能和特征有了一定的理解之后，应在此基础上把动力场作为一个整体加以研究，从整体与部分相互依赖、相互结合、相互制约的关系中揭示产业升级动力场的特征和运动规律。产业升级动力场的作用力构成一个有机系统，判断和分析整个动力场作用力的功能和效率绝不能简单地从某个动力要素的功能和效率的分析中就得出结论，必须从整体上分析各种动力要素之间的相互关系，这样才可能得出正确的结论。用数学语言表达就是，设 d 为某个动力要素的功能值，D 为总的动力系统的功能值，则有：$D = \alpha \cdot \sum_{i=1}^{n} d_i$。

其中，$\alpha$ 为功能系数。一般而言，$\alpha$ 不等于1，根据动力要素各部分之间的情况 $\alpha > 1$ 或者 $\alpha < 1$。如果 $\alpha > 1$，说明整个动力场作用力相互之间协调配合得较好，使整体的功能得到放大；相反，如果 $\alpha < 1$，则说明整个动力场作用力之间存在矛盾和冲突，各种动力要素之间的功能相互抵消，使整体的功能被削弱。

2. 动力场的结构性

动力场的结构性是指动力场内部各种动力要素之间，以一定的组织形式或结合方式联系在一起，并彼此相互发生作用和影响。各种动力要素之间的这种组织形式或结合方式反映了动力场的结构特性，动力场的结构对于动力的功能有着重大的影响，由于产业的差异性，使得在不同的区域内，可能存在着各种不同产业升级动力要素，即使在同一产业内，有着相同或类似的动力要素，但是由于动力结构的不同，则可能使动力场的功能出现巨大的差异。用数学语言表达就是：

$$D = f(d_1,\ d_2,\ d_3,\ \cdots,\ d_n);\ D = \alpha \cdot \sum_{i=1}^{n} d_i。$$

其中，$f\ (d_i)$，$i = 1,\ 2,\ 3,\ \cdots,\ n$，表明了动力场的某种结构的函数，对于不同的结构，函数 $f\ (d_i)$，$i = 1,\ 2,\ 3,\ \cdots,\ n$ 的形式也将不同，$\alpha$ 为功能系数。一般而言，$\alpha$ 也不会等于1，根据动力场结构的不同组成，$\alpha > 1$ 或者 $\alpha < 1$。如果 $\alpha > 1$，说明动力场结构比较合理，可以使各动力要素的功能得到充分发挥，并使整个动力系统的整体功能放大；如果 $\alpha < 1$，则说明动力场结构不尽合理，存在结构扭曲，使各种动力要素的功能难以充分发挥，从而使动力场的整体功能降低。

3. 动力场的有序性

动力场的有序性是相对动力场作用力的无序性而言的。动力场作用力的无序性是指在动力场中，各种动力要素之间在功能和目的上存在矛盾和冲突。动力场作用力的无序性大大影响动力场功能的发挥，而动力场作用力的有序性则表明了动力场内部组织的合理程度，它是决定整个动力场功能能否充分发挥的重要因素。动力场的有序性越强，其不确定性就越小，所传递的信息也就越明确。在产业升级发展过程中，无论是地方政府、企业，都在积极寻求或采取措施，最大限度地增加产业升级动力场的有序性。

4. 动力场的开放性

动力场的开放性是指动力场能与外界交换信息、能量，特别是允许环境中的因素对原有的动力场作用力进行影响和改造，使动力场能够根据环境的变化而不断演化和发展。动力场的开放性是动力有序性的重要保证，只有当一个系统是开放的，才能不断地从外界环境中吸取负熵流，使动力场内的熵值保持不变或不断下降，这样，动力场的有序性，才可能保持稳定或进一步增强。同样，动力场的开放性也是决定动力场有序性的重要因素。

# 第三节　创新驱动产业升级

## 一　创新驱动内涵释义

### （一）创新驱动提出的背景

"创新驱动"一词最早由迈克尔·波特提出。波特以钻石理论为研究工具，以竞争优势来考察经济表现，从竞争现象中分析经济的发展过程，从而提出国家经济发展的四个阶段：生产要素驱动（factor – driven）阶段、投资驱动（investment – driven）阶段、创新驱动（innovation – driven）阶段和财富驱动（wealth – driven）阶段。不同发展阶段的主导产业不同：在要素驱动阶段，以煤炭、矿石、石油开采等资源密集型产业为主导；在投资驱动阶段，以钢铁、装备制造、石化等资本密集型产业为主导；在创新驱动阶段，以医药、IT、新能源等技术密集型产业为主导；在财富驱动阶段，经济增长主要依靠积累的财富驱动，投资者对其他领域的兴趣远大于产业界。由此看来，创新驱动实质上是一种经济发展模式，是经济增长动力结构由资源、投资等要素向无形的知识、创新、人力资本等高级要素转换的过程，是工业化过程的一个必经阶段。熊彼特提出，推动经济发展的力量，有内部和外部两种：外部力量是指自然条件、社会环境、外来资本、工商业政策以及战争等突发事件，但这些并非主要力量；内部力量是指社会的时尚、人民的爱好、生产要素数量或质量的变化等，尤其是生产技术的革新和生产方法的变革，才是主要的推动力。

"创新驱动"概念由英国最先明确提出。1997 年 5 月，英国首相布莱尔为振兴英国经济，提议并推动成立了创新驱动经济特别工作小组（Creative Industry Task Force）。这个小组于 1998 年和 2001 年分别两次发布研究报告，分析英国创新驱动经济的现状并提出发展战略；1998 年，英国创新驱动经济特别工作组在出台的《英国创新驱动经济报告》中首次对创新驱动经济进行了定义，认为创新驱动型经济就是"那些从个人的创造力、技能和天分中获取发展动力的企业，以及那些通过对知识产权的开发可创造潜在财富和就业机会的活动"。R. Florida（2005）认为创新驱动理论是建立在新经济内生增长理论基础之上，知识和创意代替自然资源和有形的劳动生产率成为财富创造和经济增长的主要源泉。

2012 年 7 月，党中央、国务院在全国科技创新大会上提出了创新驱动发展战略，并将这一战略明确写入党的十八大报告。2014 年 8 月，习近平在主持召开中央财经领导小组第七次会议时提出：实施创新驱动发展战略，就是要推动以科技创新为核心的全面创新，坚持需求导向和产业化方向，坚持企业在创新中的主体地位，发挥市场在资源配置中的决定性作用和社会主义制度优势，增强科技进步对经济增长的贡献度，形成新的增长动力源泉，推动经济持续健康发展。

（二）创新驱动的内涵特征

当前，虽然由于各国和地区的经济社会发展阶段以及文化背景有所不同，对创新驱动内涵与外延的界定存在一定的差异，但总体而言创新驱动还是有些共同的特征：

1. 创新驱动是以企业为核心主体

真正的创新动力应该从企业的本质中去寻找，那就是利润。因为企业并不是天然地需要创新，但却是天然地需要利润。技术创新是企业家抓住市场的潜在盈利机会，以获取商业利益为目标，重新组织生产条件和要素，建立起效能更强、效率更高和费用更低的生产经营系统，从而推出新的产品、新的生产（工艺）方法，开辟新的市场，获得新的原材料或半成品供给来源或建立企业新的组织的综合过程。可以看出，技术创新的最终目标应该是"获取商业利益"，而其核心则是"企业家抓住市场的潜在盈利机会"，即以市场导向来进行技术创新。创新价值的实现才是创新的终极目标，也是衡量创新成效的基本依据。不坚持创新的价值实现，蕴藏在社会中的巨大的创造性将泯灭。企业是实现市场价值创造的最重要环节的完成者。

2. 创新驱动以技术创新及其产业化为主要内容

在特定的制度环境下，创新驱动体现为技术创新及其产业化带来的经济增长，在这一过程中风险能否合理分散和补偿是关键。哈佛大学商学院罗森伯格教授在谈到创新的不确定性和风险时，强调指出"创新的尝试大多情况下以失败告终"。德鲁克（1999）指出，"绝大多数创新思想不会产生有意义的结果。创新思想正好像青蛙蛋一样，孵化1000个只能成熟一两个"。企业在创新活动中面临的高风险可能来自技术风险、市场风险、管理风险、财务风险、政策风险等多方面。创新型产品不像成熟产品那样有现成的设备、生产工艺可供利用，创新失败的可能性较大；新产品从研究开发到中试生产、批量生产，一直到产生效益存在较长一段时期，可能出现产品不能适应市场需求或者有更新的替代产品等风险；技术创新的前期投资是否保证以及这些投资能否按期收回并获得令人满意的利润也具有很大的不确定性。风险性与不确定性是与技术创新相伴随的重要特征，也是实施创新驱动战略必须要解决的核心问题之一。

3. 创新驱动以需求为导向

紧扣经济社会发展重大需求，着力打通科技成果向现实生产力转化的通道，着力破除科学家、科技人员、企业家、创业者创新的障碍，着力解决要素驱动、投资驱动向创新驱动转变的制约，让创新真正落实到创造新的增长点上，把创新成果变成实实在在的产业活动。

4. 创新驱动是一项多主体参与、多要素互动的系统工程

熊彼特指出，创新是建立新的生产函数，即企业家对生产要素的新组合，也就是把一种从来没有过的生产要素和生产条件的新组合引入生产体系。在经历了众多学者不断发展完善之后，目前创新被放置于复杂性科学的视野，创新是各创新主体、创新要素交互作用的一种复杂现象。从创新发生的全过程看，创新是由用户需求、技术研发、试点示范、推广应用、标准监督和用户反馈等多个环节构成，涉及企业、科研院所、高等院校、政府、中介服务机构等多个主体以及消费者、供应商等推动力量，包括人才、资金、技术、管理等多种要素。在创新驱动中，企业是技术创新的主体，科研院所和高等院校是知识创新的主体，政府是制度创新的主体，中介服务机构是服务支持的主体。各类主体互相联系，密不可分。

5. 创新驱动以人力资源为第一资源

与生产要素驱动和投资驱动不同，创新驱动更加强调人才资源和智力

资源的投入。经济学家们很早就发现人力资本积累在技术进步和技术创新过程中的重要性，强调通过学校教育和"干中学"获得人力资本积累。随着经济的迅猛发展，创新活动表现出越来越强的知识依赖性。当前，经济增长要实现创新驱动除了强调知识型企业家的重要性以外，也需要拥有大量高素质劳动力，特别是具有创造性和创新性的复合型人才和各类专业技术人才。以我国自主创新示范区为例，北京中关村、武汉东湖和上海张江三大国家自主创新示范区都是高素质人才的聚集地，具有良好的人才资源基础。各类创新人才，特别是领军人才成为提升高新区企业技术创新能力和研究转化国内外先进技术成果的"主力军"。

6. 创新驱动体现深刻的文化根植性

创新驱动的战略核心是促进原始创新，原始创新来自其肥沃的培育土壤——适宜的科技创新文化。迈克尔·波特曾经说过，"基于文化的优势是最根本的、最难模仿的、最持久的竞争优势"。文化的功能在于它是信息载体，在于它所生成的习惯势力，在于生长在同一文化土壤的人们共享着它所承载的信息，进而降低交易成本。中外许多成功实施创新驱动战略的地区，如美国硅谷、中国深圳和中关村等均离不开其特定的区域创新文化。硅谷文化主要体现为勇于创新、敢于创业，鼓励冒险、允许失败，鼓励竞争、崇尚合作，献身职业、成就事业。深圳发展的成功是得益于建立在城市移民文化基础上的创业创新文化，开放的移民文化为创业者提供了创业创新的良好文化氛围。创业者到深圳，基本上无亲无靠，只能靠自己独立打拼，不断进取。中关村区域文化则是以学缘、业缘为基础，以技术研发为纽带，在强烈的改善收入的愿望推动下形成了独特的科技人员创业文化。

**二　创新驱动产业升级机理分析**

创新驱动产业升级可分为前端驱动、中端驱动及后端驱动三个不同阶段，其共同作用于产业升级过程，促进知识积累、学习、创造及扩散，推进产业技术结构、生产方式、组织结构、管理方式等变革，最终实现产业升级。

（一）前端驱动主要促进传统产业积累知识、学习和共享信息资源

前端驱动阶段风险高、收益不确定性强，创新投入支持、政策法规、创新融资的渠道和市场对新产品的需求是重要的外部影响因素。

（二）中端驱动主要促进战略、组织、技术、管理及规制体系变革和重构

中端驱动阶段主要强调从知识生产转化为生产力。对于企业来说，是应用研究及试验室发展环节所产生的新技术、新装置的应用形成新产品或新业务。企业通过企业内部自行转化模式、支付专利费获得技术转让、产学研合作转化、依托孵化器转化等模式实现成果的转化。在成果转化过程中对成果转化的预期效用最大化，是科技成果顺利转化、高效转化的内在要求。以上假设的是企业单个或重要的系列技术的转化，现实中，学科交叉和技术融合加快，新兴产品的制造工序更加复杂，需要不同学科领域知识。例如，新能源汽车的生产就需要整合电学、材料学、软件学等多领域专业知识，企业在设计研发中若想把握所有领域的技术和新进展几乎不可能，以大学、企业、研究机构为核心要素，以政府、金融机构、创新平台、中介组织、非营利组织等为辅助的多元主体协同互动，以实现知识创造主体和技术创新主体间的深入合作和资源整合的协同创新尤为重要。

（三）后端驱动主要促进新兴业态、商业模式形成

后端驱动阶段要直接面向市场，实现新兴技术和产品的市场化和规模化。

三个阶段是相互影响、相互作用的循环过程，在产业转型的初期，三个驱动阶段可以独立作用于转型的某个环节或阶段，当产业转型升级不断步入正轨，三个驱动阶段在空间上并存，在时间上继起。

# 第二章 全面创新理论的产生及内涵探析

## 第一节 创新理论的缘起与演进

### 一 创新理论的缘起

(一) 创新概念

1912 年，熊彼特首先提出了"创新"。他认为，"创新就是一种生产函数的转移，或是一种生产要素与生产条件的重新组合，其目的在于获取潜在的超额利润"。创新建立的生产函数就是生产要素的一种组合比率：$P = F(a, b, c, \cdots, n)$，其中 $P$ 是产出，$a, b, c, \cdots, n$ 则是生产性劳务或生产要素。因此创新可以进一步理解为"就是把一种从未有过的关于生产要素和生产条件的'新组合'引入生产体系"。具体来讲，创新包含以下五种情况：引入一种新产品；采用一种新的生产方法；开辟一个新的市场；获得一种新的原材料或半成品的供给来源；实行一种新的企业组织形式，如建立一种垄断地位或打破一种垄断地位。熊彼特认为，经济增长的动力是"创新者"，即有远见卓识、有组织才能、敢于冒险的企业家。企业家的工作就是在生产过程中对生产要素重新组合，即对新产品、新的生产方法、新市场和组织的开拓以及新的原材料来源的控制。具体来讲，创新推动经济增长大致会经历以下三个步骤：第一，为谋取额外利润而进行创新；第二，一些企业为分享这种利益而开始"模仿"；第三，更多地采取旧方式的企业为维持自己的生存和发展而进行"适应"，从而使新产品、新技术和新组织形成更大规模的推广。总之，"创新、模仿、适应"是在激烈的竞争中来推动经济的增长。不过，在这一过程中不可避免地会存在一些"适应"能力差的企业毁灭，熊彼特就此用"具有创造性的毁灭过程"来论述创新在经济增长中的巨大作用。

（二）熊彼特创新理论的内涵

熊彼特认为，经济发展是经济活动中发生的非连续性变化与运动，是某种破坏均衡而又恢复均衡的力量发生作用的结果，这种推动经济发展的内在力量就是"创新"。

1. 以创新为核心解释资本主义的发生、发展及其变化规律

熊彼特将创新理论的逻辑分析与资本主义发展的历史过程结合起来，对资本主义经济运行进行了实证性的动态考察。熊彼特认为，资本主义制度下的企业家是有敏锐洞察力的，能预见潜在的市场需求和潜在经济利益，并有胆略、有能力进行创新去获取利益的人。他认为，发明并不等于创新，发明者不等于创新者，只有敢于冒风险把一种新发明最先引入经济组织中的人才是创新者。企业家进行创新的动机或动力源于：一是由于他看到创新可以给自身及其企业带来获利的机会；二是发现一个私人商业王国的愿望；三是征服困难并表明自己出类拔萃的意志力；四是创造并发挥自己才能所带来的欢愉。在这几种力量的联合推动下，企业家时刻有"战斗的冲动"，存在非物质力量的鼓励，这就是企业家精神。熊彼特强调企业家的素质、才能、文化素养、预见性、首创精神、冒险本性等品格对企业发展和社会进步的推动作用。由于创新不仅给创新者及其企业带来获利机会，而且也给其他企业开辟了发展的道路（获利示范效应），所以，创新不仅引起了资本主义的产生，而且推动了资本主义的发展。并且由于创新的产生、创新的普及、创新的消失和新一轮创新的开始，有了经济的周期性波动（长周期、中周期和短周期变化）。熊彼特用源于企业家的创新理论解释了资本主义经济的周期性波动特征。熊彼特把资本主义理解为一个在破坏中创新、在创新中发展、在创造中毁灭的生命变化过程，强调生产技术的革新和生产方法的变革在资本主义经济发展过程中至高无上的地位与作用，尽管有一定的局限性，但也侧面反映了在经济社会发展中创新的无比重要性。

2. 创新活动是推动经济发展的深厚基础和本质动因

熊彼特强调创新活动在资本主义历史发展进程中的主导作用。他认为，经济发展是经济本身发生的非连续的变化移动，而经济循环流转却是静态经济的过程。他认为需要重点了解的并不是特定时间的均衡状态，而是经济的运行是怎样离开均衡状态、谁应该对均衡状态的破坏负责，以及怎样从非均衡状态回归到均衡状态，或怎样改变循环流转的轨道。从理论

上来讲，也存在经济以外的力量对均衡产生破坏，但熊彼特相信，那仅是偶然的力量，而经济本身一定存在某种破坏均衡而又恢复均衡的力量，他把这种力量称为"创新"的活动，正是这种创新的活动引起了经济的发展。

3. 熊彼特的创新理论既是经济理论，又是关于社会发展的理论

熊彼特对经济增长理论、社会发展理论、罗斯托的经济成长阶段理论以及加尔布雷思的新工业国理论等产生了重要的影响。尽管他首次提出了创新概念和理论，甚至列举了创新的一些具体表现形式，但创新概念包含的范围很广，如涉及技术性变化的创新及非技术性变化的组织创新。这与熊彼特的整个研究性质有关，他始终是将技术创新作为一个新的独立变量来考察其对经济增长以及社会变迁的影响作用，并没有对技术创新本身进行专门的研究。虽然熊彼特已经看到了个别制度因素（如 R&D 制度）在技术创新中的重要作用，不过总的来说，制度因素在其理论体系中并未受到足够的重视。纳尔逊曾指出："熊彼特模型……没有理解到科学技术进步中包含着一系列丰富多样的制度，这些制度甚至在熊彼特写书时就已经存在。当然，熊彼特当时不可能预料到技术的性质在后来所发生的变化，不可能预料到从他那个时代以来制度环境发生的变化。"弗里曼也说："熊彼特几乎没有谈到政府对工业、技术和科学的政策，或大学、政府机构与工业研究与开发之间的关系。"①

熊彼特的理论包含了"技术创新"的思想（如引入新的产品、采用新的生产方法等），也包含了"制度创新"的思想（如开辟新的市场、实行新的组织形式等）。在他去世后，他的"创新理论"也主要朝这两个方面发展：一个是以美国经济学家曼斯菲尔德（E. Mansfield）、英国经济学家 C. 弗里曼（C. Freeman）和卡曼（M. I. Kanmien）等为代表的技术创新经济学派；另一个是以诺斯、戴维斯等为代表的新制度经济学派。前者将技术创新理论从熊彼特的经济发展理论中独立出来，对技术创新的概念、研究内容和类型进行了界定，因此也被称为"新熊彼特学派"。后者把制度创新理论从熊彼特的经济发展理论中分离出来，研究制度创新和制度变迁与企业的经济效益之间的关系。

---

① ［意］多西等著：《技术进步与经济理论》，钟学义等译，经济科学出版社 1992 年版，第100—101 页。

## 二　技术创新理论的演进

战后美国的一些经济学家,如曼斯菲尔德、卡曼、施瓦茨、戴维、列文、格里列希斯等沿着熊彼特的创新思想进行进一步的研究与发展,提出了新技术创新理论。

### (一) 企业规模"起始点"理论

1971 年,美国经济学家 P. 戴维提出了企业规模"起始点"理论。该理论是指一个企业要采用一种新技术至少需要达到一定的规模。如果企业规模过小,该种新技术的采用就可能使产品成本提高,竞争力下降,并使盈利减少,在经济上是不合算的。例如一个农场要使用拖拉机耕地、联合收割机收割,那么土地面积要有一定的规模,土地面积过少,拖拉机、联合收割机就不能充分发挥作用,以致产品成本增大,有时倒不如使用人工耕种、收割合算。戴维认为,企业使用某种新技术所需达到的最小规模,必须满足使用新技术后所能节省的成本,至少要达到或等于使用新技术所花费的年均成本。因此,要使更多的新技术被普遍利用,就要降低企业规模的起始点,一般可以通过以下办法来达到目标:通过使新技术设备更加经久耐用来降低折旧率;通过调整银行货币金融政策来降低利息率;通过提高新技术设备的功能来增加新技术所能代替的劳动力数额;通过降低新技术设备的价格来降低新设备的相对价格。在同一行业中,同样技术条件下,一般而言,企业规模的大小与投资额成正比。因此,企业规模起始点越小,投资越少,采用新技术的企业数量就会越多,从而新技术就越容易推广和扩散。所以,戴维认为,降低企业规模起始点是推广新技术的一个重要问题。

### (二) 新技术的推广和扩散理论

20 世纪 60 年代,美国经济学家曼斯菲尔德对新技术的"推广"问题进行了深入的研究,分析了新技术在同一部门内推广的速度和影响推广的各种经济因素的作用。为此,他提出了"模仿"、"守成"、"模仿率"、"模仿比率"和"守成比率"几个概念。模仿是指某个企业首先采用一种新技术之后,其他企业则以它为榜样而采用该种新技术。守成是指某个企业首先采用一种新技术之后,其他企业并不急于效仿,而仍使用原有的传统技术。模仿率是指实行模仿的企业采用新技术的速度。模仿比率是指采用某种新技术的企业所占该部门企业总数的比率。守成比率是指不采用新技术而仍使用原有技术的企业在总企业中所占的比重。曼斯菲尔德以模仿率和模仿比率来表示新技术推广的速度，进而研究影响新技术推广速度的各种经济因素的作用。曼斯菲尔德认为，影响模仿率的基本经济因素有：一是模仿者采用新技术的预期经济收益率。预期收益率越高，模仿的可能性越大，模仿率越高。二是采用新技术所需投资额的多少。采用新技术所需投资额越多，模仿的可能性越小，模仿率越低。三是资本供给的难易程度。资本的供给越困难，模仿的可能性越小。四是模仿比率大小。模仿比率越大，表示模仿企业越多，即新技术推广的成效越大。一般来说，一种新技术在开始采用时，企业由于情报信息短缺和经验不足，采用新技术的风险较大，往往望而却步，因此守成者较多。随着情报和经验的增加，风险减小，模仿者便逐渐增多，守成者逐渐减少，于是模仿比率逐渐增大。

1971年，美国经济学家格里列希斯通过对农业中的杂交玉米新技术扩散过程的实例研究，提出了技术扩散的"S形增长曲线"理论。格里列希斯认为，新技术在推广与扩散过程中，模仿比率增长速度的变化可分为三个阶段：首先，技术扩散初期速度缓慢；其次，扩散速度逐渐加快，直到最高峰；最后，技术扩散又逐渐放慢，达到一定水平线。在几何图形上这三个阶段连接起来就呈S形曲线。格里列希斯认为，"S形技术推广曲线"不仅是杂交玉米推广过程的曲线，而且是一般新技术或新产品在推广过程中所具有的规律性特征。格里列希斯认为，一种新技术的推广，既要受社会因素（如人的个性、受教育程度、个人生活水平和个人所处的社会地位、个人学识等）的影响，又要受经济因素的影响，但从长期看，主要是受经济因素的影响较多。从经济因素方面看，影响新技术推广与扩散的主要因素有：一是市场密度较高，即新技术供给较多，愿意采用新技术者容易通过市场来获得，自然就容易较快推广该技术；二是引进新技术的投资成本较低；三是采用该种新技术成果的相对盈利率较高，市场获得的可能性较大。格里列希斯认为，由于某种新技术成果开始出现的地区，不一定是商业上最适宜于采用新技术的地方，所以，在新技术推广中第一阶段扩散速度缓慢。当经过一段时间后，一旦新技术成果进入商业上最适宜于采用该种新技术成果的地区，新技术成果的推广就会大大加快，从而使新技术推广从第一阶段过渡到加速扩散的第二阶段。由于各个地区和各个企业的经济条件不同，因而采用该种技术的盈利率各异，有的地区和企业盈利率较高，有的则较低，甚至亏损。这样，当技术推广进入第二阶段并经过一段时间以后，技术推广已达到一定程度，商业上适于采用新技术的地区和企业都已相继采用了，于是技术扩散的速度就会降下来，从而使技术扩散由第二阶段进入第三阶段。在第三阶段，技术扩散虽然缓慢，但也不是完全停止。在相当长的一个时期内，新技术与旧技术同时并存、共同使用。

（三）市场结构选择理论

20世纪70年代，美国经济学家卡曼、施瓦茨等从垄断与竞争的角度对技术创新的过程进行了研究，探讨了技术创新与市场结构的关系，提出了最有利于技术创新的市场结构类型。卡曼、施瓦茨认为，制约和影响技术创新的因素主要有：一是市场竞争程度的强弱；二是企业规模的大小；三是垄断力量的强弱。因为竞争会使企业不断创新，以便击败竞争对手，获取更多经济利润，因而竞争越激烈，创新的动力越大。企业规模会影响创新所开辟的市场大小。企业规模越大，技术创新所开辟的市场潜力就越大，因而越有利于进行创新活动。垄断力量会影响创新的持久性或时间性，企业垄断的程度越高，垄断力量越强，在短期内创新越不易被人模仿，因而创新和模仿将进行得越迟缓。卡曼、施瓦茨把市场竞争程度、企业规模和垄断强度三个因素综合于市场结构之中来考察，发现了最有利于创新活动开展的乃是垄断竞争型的市场结构。因为在完全竞争市场条件下，企业规模一般较小，缺少足以保障技术创新的持久收益所需的推动力量；难以筹集技术创新所需的资金、物资条件，同时也难以开拓技术创新所需的广阔市场，因此难以引起较大的技术创新动机。而在垄断统治的条件下，由于缺乏竞争对手的威胁，难以激发出企业重大创新的活力。所以，介于垄断和完全竞争之间的垄断竞争的市场结构，既避免了上述两种极端市场结构的缺陷，又兼有二者之优点。因此，垄断竞争型的市场结构是最适于技术创新的市场结构的选择。卡曼和施瓦茨将技术创新分为两类：一类是由预计可以获取垄断利润的引诱而采取的创新措施，即所谓垄断前景推动的创新；另一类是迫于竞争对手的威胁而采取的创新措施，即所谓竞争前景推动的创新。他们认为，要使社会上的创新活动能够持续不断地进行下去，这两类创新都是不可缺少的。因为如果只有垄断前景推动的创新，一旦企业的垄断实力增强，足以保证垄断利润的获取，创新活动就会衰减甚至停止；而如果只有竞争前景推动的创新，则所有企业都只想做花费成本较小的模仿者，而不愿做花费成本较大的创新者。卡曼和施瓦茨的这种分析，旨在进一步论证，垄断竞争型市场是最适于技术创新的市场结构类型。

### 三 制度创新理论的演进

制度创新理论提出者主要代表人物是美国经济学家道格拉斯·诺斯（D. North）、兰斯·戴维斯（Lance E. Davis）、罗伯特·汤玛斯（Robert P. Thomus）。1968 年，诺斯分析了世界海洋运输生产率的变化与制度变革之间的关系，发表了《1600—1850 年海洋运输生产率变化的原因》的学术成果。该文被认为是制度创新理论产生过程中重要的开创性论著。诺斯、汤玛斯（1970、1971）提出了这样一个中心论点：提供适当的个人刺激的有效制度安排是经济增长的关键，而这种制度的产生是有代价的，除非它所要带来的收益大于付出的成本，否则它不会出现。诺斯和汤玛斯的论述引起了西方经济学界的很大兴趣。诺斯、戴维斯（1971）合著出版的《制度变革与美国经济增长》一书被认为是制度创新理论的重要代表作，也是西方经济学界第一部比较系统地阐述制度创新的著作。该书继承了熊彼特的创新理论，系统研究了制度变革的原因和过程，并提出了制度创新模型，从而补充和发展了熊彼特的制度创新学说。

（一）诺斯、戴维斯关于制度创新的主要观点

1. 制度创新的多因素性

制度创新是创新者为了获得追加利益（潜在市场利益）而对现行制度进行变革的种种措施与对策。通过制度变革可以建立起某种新的组织形式或经营管理形式。如股份公司的出现、工会制度的产生、社会保障制度的建立等，都是制度创新的结果。制度创新与技术创新一样，都是以获取追加利益（潜在市场利益）为目的的，因而制度创新必须在预期收益大于预期成本的条件下才可能实现。但是，制度创新毕竟与技术创新有很大的不同，主要是技术创新的时间依存于物质资本的寿命长短，而制度创新则不受物质资本寿命长短的限制；同时，技术创新往往是技术上出现某种新发明的结果，而制度创新则往往是企业组织形式或经营管理形式方面发生变革引发的结果。

戴维斯、诺斯认为促成制度创新的主要因素有：（1）规模经济性。市场规模扩大，商品交易额增加，促进制度变革，降低经营管理成本，获取更多经济利益。（2）技术经济性。生产技术和工业化的发展，城市人口增加，企业规模扩大，促使人们进行制度创新，以获取新的潜在经济利益。（3）预期收益刚性。社会集团力量为防止自己预期收益的下降而采

取制度变革措施。例如，在通货膨胀持续增长的情况下，工资、利息等固定收入者就要求实行收入指数化制度，以保障自己的实际收入不因通货膨胀而下降或不至于下降得过快过多。

2. 制度创新的过程性

戴维斯和诺斯认为，制度创新需要有一个相当长的时间过程。因为制度创新存在着一定的时滞性。造成这种时滞性的原因是：制度上的创新是一个复杂而艰难的过程，因而需要一定的时间来产生；新旧制度的替换需要有一个磨合和适应的过程；一种新制度的出现要受现存法律规定的活动范围的制约。如果现存法律不允许某种新制度出现，就只有等修改法律制度之后才能实行制度变革。戴维斯和诺斯把制度创新的全过程划分为五个阶段：(1) 形成"第一行动集团"阶段。所谓"第一行动集团"是指那些能预见到潜在市场经济利益，并认识到只要进行制度创新就能获得这种潜在利益的人。他们是制度创新的决策者、首创者和推动人，他们中至少有一个成员是熊彼特所说的那种敢于冒风险、有锐敏观察力和组织能力的"企业家"。(2) "第一行动集团"提出制度创新方案阶段。先提出制度创新方案，再进入下一阶段的创新活动。(3) "第一行动集团"对已提出的各种创新方案进行比较和选择阶段。方案的比较和选择，必须符合能够获得最大利益的原则。(4) 形成"第二行动集团"阶段。所谓"第二行动集团"是指在制度创新过程中帮助"第一行动集团"获得经济利益的组织和个人。这个集团既可以是政府机构，也可以是民间组织和个人。(5) "第一行动集团"和"第二行动集团"协作努力，实施制度创新并将制度创新变成现实的阶段。

戴维斯和诺斯认为，制度创新的过程乃是制度的失衡与制度的均衡交替变化过程，即制度的动态变化与发展过程。在制度均衡状态下，对现存制度的改革，不会给从事改革者带来更大的利益，因此，这时不会出现制度创新的动机和力量。但是，如果因外界条件发生变化，或市场规模扩大，或生产技术发展，或一定利益集团对自己的收入预期有了改变等，而出现了获取新的潜在利益的机会时，可能再次出现新的制度创新，然后又达到制度均衡。在制度学派看来，制度不断完善的过程，就是这样一种周而复始地从制度的非均衡到制度均衡的动态变化与发展过程。

3. 制度创新的层次性

戴维斯和诺斯指出，担负制度创新活动职责的"第一行动集团"可以分为三种不同层次，因而在现实世界里存在三种不同层次的制度创新，即由个人、团体、政府分别来担任"第一行动集团"的制度创新。但不管是哪一层次上的制度创新，其预期的制度创新收益都必须大于预期成本，否则，制度创新就缺乏利益动机，因而不可能实现制度创新。至于在哪一层次上实现制度创新，则视其可以得到的预期收益最大化来决定。在个人、团体和政府三种不同层次的制度创新推动者可供选择的条件下，一般而言，政府的制度创新具有较大优越性。因为制度创新需要付出巨大的费用，或者获取潜在经济利益时遇到私人产权的阻碍，或者私人市场还不曾得到充分发展的情况下，往往个人或团体都难以承担"第一行动集团"的职责，这时政府来进行制度创新则较为有利。通过政府制度创新获得的潜在经济利益，将归全体社会成员共同所有，不归个别成员或集团成员所有。当然，在政府推行制度创新的情况下，社会个别成员的自由意志有可能受到抑制，自由思想受到限制。因为在实行制度创新之前，并不需要取得全体社会成员的一致同意，不同意的成员又没有任意退出政府制度创新安排的权利，如果要退出，就可能付出巨大的个人代价——经济的、政治的个人成本。

（二）其他关于制度创新的观点

安德森、舒尔茨和希尔等（1968、1975、1976）认为，特定的制度至关重要，并且经常处于变化之中，人们为了提高经济效率和社会福利，正试图对不同的制度安排做出社会选择。舒尔茨还把制度视为经济领域里的一个变量，而且这些变量是对经济增长的反应。他引入了两个关键的概念，即一种制度所执行功能的经济价值以及经济均衡的概念。建立如下分析框架：假设制度是某些服务的供给者，这些特殊服务可能是一种便利，如货币，也可能是一种用以降低交易成本的契约，如租赁、抵押或商品期货市场，还可能是一些信息。随着人的经济价值提高，人们不断对各种制度作出选择，这种对于效率更高的制度的需求，推动着制度不断变迁。

拉坦（1978）将制度定义为"一套行为规则，它们被用于支配特定的行为模式与相互关系"。拉坦观察到制度创新的供给依赖两个因素：知识基础和创新成本（与收益相关）。他断言，我们拥有的社会科学知识越多，则设计与实施制度创新的条件基础就会越好。拉坦还指出，制度创新的成本可能是巨大的。在某些政治环境下，即使没有严厉的政治制裁，创新的成本也可能由于立法改变上的成本、法庭立案的成本、克服既得利益集团政治权力所付出的成本而高得令人望而却步。拉坦考察了宪法秩序，对制度创新进行了概括。

林毅夫（1994）认为，制度安排是一种公共产品，而"搭便车"问题又是创新过程所固有的，所以，如果把诱致性制度创新作为新制度安排的唯一来源，则一个社会中制度安排的供给将少于社会最优。为此，国家干预的强制性变迁就可以为持续的制度供给不足提供补救，当然，国家干预同时引起国家的成本与收益，故此国家是否具有采取适当行为的激励，也成为经济分析中的重要因素。具体而言，当出现制度不均衡时，假若制度创新会降低统治者获得的效用或威胁到统治者的生存，那么国家可能仍然会维持某种低效率的不均衡。换言之，统治者只有在如下情形下才会采取行为来弥补制度创新的供给不足，即按税收净收入、政治支持以及其他进入统治者效用函数的商品来衡量，强制推行一种新制度安排的预期边际收益要等于预期边际成本。没有人可以保证效用最大化的统治者会有动力去执行那些增进制度安排供给的政策，以达到社会财富最大化。进一步讲，维持一种低效率的制度安排与国家未能采取行动去消除制度非均衡，此二者同属于政策失败。政策失败的主要成因在于：统治者的偏好和有界理性、意识形态刚性、官僚政治、集团利益冲突和社会科学知识的局限性等。

## 第二节　创新理论演进的趋势

随着经济全球化、信息技术与互联网快速发展及企业生存环境的复杂化，创新型经济迅速崛起，世界正在从工业经济时代的全球生产网络（GPN）走向知识经济时代的全球创新网络（GIN），国际社会创新战略发生了根本性的转变，创新被放置于复杂性科学的视野，理论上正在彻底摆脱传统的技术创新论和线性模式的羁绊，创新研究视角及范式逐步转型。关注价值实现形成，系统创新、全要素创新、全面创新的"创新理论升级版"正在形成。

### 一　创新系统观

创新是一个系统工程，动态地、全面地组织和协调好创新系统的诸要素、要素之间的关系、系统结构、系统流程及系统与环境之间的关系，才能促进创新系统整体功能不断升级优化。20世纪90年代初，创新理论开始走向"系统范式"。弗里曼（1987）提出国家创新系统的概念，认为国家创新系统是指由公共和私有部门与机构组成的网络系统，强调系统中各行为主体的制度安排及相互作用，目的是通过创造、引入、改进和扩散新的知识和技术，使一国的技术创新取得更好的绩效。国家创新系统是政府、企业、大学、研究院所、中介机构之间寻求一系列共同的社会和经济目标而相互作用，建立以创新作为变革和发展的关键动力的系统。国家创新体系的主要功能是优化创新资源配置，协调国家的创新活动。Dooley（2000）提出了系统创新管理的思想和五角星模型，认为系统创新有五个杠杆，即组织和领导、战略与绩效、授权与分组、再造与改进、学习与沟通。2004 年 12 月，美国竞争力委员会在《创新美国——在挑战和变革的世界中实现繁荣》的研究报告中明确提出"创新生态系统"（Innovation Ecosystem）的概念。随着网络创新和开放式创新理论的进一步发展，创新生态系统论从企业仿生学角度对企业创新理论进行了发展。李湘桔、詹勇飞（2007）认为，创新生态系统的实质在于融合知识，使创新主体更加具有完备性。从知识获取渠道来看，可分为内部知识和外部知识；从创新所需的知识性质来看，可分为创新主体知识和创新协作知识。创新生态系统观是基于网络创新、开放式创新及企业仿生学理论融合研究。

## 二 集成创新观

集成创新是技术融合的进一步延伸，是产品、生产流程、创新流程、技术和商业战略、产业网络结构和市场创新的集成。Ragatz（1998）提出了战略整合在企业集成创新中的管理权限、地位与作用。他认为要实现企业技术集成创新的要求和目标，实施正确的战略整合至关重要。Freeman（2000）在更广的范围内开展了技术、组织、制度、管理、文化的综合性创新研究。Dillon 和 Dosi（2000、2003）则从内部技术创新要素集成的角度探讨了企业技术、组织、制度、管理、文化的综合性创新。国内学者结合我国实际情况及企业发展特点，对集成创新的构成要素进行了相应的完善与修正。欧光军、胡树华（2009、2011）从技术集成、知识集成、组织集成、管理集成四个层面提出了集成动态创新模式。江辉、陈劲（2010、2012）通过分析研究企业形成集成创新的机制，将企业内部运转的三个层面——技术集成、知识集成和组织集成作为构成企业集成创新的主要要素。李文博、郑文哲（2010、2013）在剖析企业集成创新理论内涵的基础上将集成创新的构成要素划分为四个方面：技术、战略、知识、组织。黄玉杰、李忱（2012、2013）则将企业的集成创新分为企业内部各要素的集成创新和企业之间的网络集成创新。史宪睿、金丽等（2013、2014）认为企业集成创新能力是企业通过集成创新模式实现企业竞争力的能力，企业集成创新能力是由各种能力要素连接形成的能力系统，包括战略集成能力、知识集成能力、组织集成能力。赵光辉（2014）认为集成创新是一个包括生产、经营、管理、组织等各方面内容的一个系统总成，是对企业各种要素进行整合和集成的过程。

### 三　全员创新观

众包众筹、互联网创业的兴起使得创新的民主化进一步凸显。埃里克·冯·希贝尔（Eric von Hippel）在2007年出版的《创新民主化》一书中提出：随着时代的发展，创新日益显示其民主化倾向，而且这种倾向正在快速发展。在不断发展的计算机和通信网络技术的帮助下，用户越来越善于开发他们自己的新产品和服务。这些创新的用户包括个体和企业经常无偿地让他人共享其创新成果，创建用户创新社团和智慧公地。制造商需要重新设计自己的创新流程，以便系统地搜索用户开发的创新。这种以用户为中心，民主化的创新系统对社会福利具有积极的推动效应，政府的相关政策应该作出相应调整。宋刚、张楠（2009）通过对知识社会环境下的创新民主化研究，认为：知识社会的社会形态越来越呈现出复杂多变的流体特性，传统的社会组织及其活动边界正在"融化"。以生产者为中心的创新模式正在向以消费者为中心的创新模式转变，创新正在经历从生产范式向服务范式转变的过程，正在经历一个民主化的进程。[1]

### 四　全面创新观

日本丰田、索尼、佳能等企业在创新实践中，更加注重技术创新和非技术创新要素的挖潜，在企业中，每一位员工都是创新的积极参与者，每一个职能部门都是"创新源"，而且各职能部门之间界面友好、互动频繁、协同运作，从而为"全面创新"提供了人员和组织保障。瑞典学者哈利森（2003）通过对日本优秀企业在全面创新管理方面的做法和成功经验分析，提出创新具有全面性、全员性、全时空性、协同性和开放性的特征。2007年，许庆瑞出版的《全面创新管理》一书对全面创新进行了

---

① 宋刚、张楠：《创新2.0：知识社会环境下的创新民主化》，《中国软科学》2009年第10期。

概括总结，认为全面创新管理就是以技术创新为核心，以各种创新（战略创新、组织创新、市场创新、管理创新、文化创新、制度创新等）的有机组合与协同创新为手段，凭借有效的创新管理机制和方法，做到人人创新，事事创新，时时创新，处处创新。

## 第三节 全面创新理论的产生

### 一 创新环境的变革

（一）消费需求升级

正如亚当·斯密所说，"消费是所有生产的唯一重点和目的"，当前消费市场转型，传统产品供给、消费模式受到很大的挑战。节能、绿色、个性化消费成长迅速；健康、智能、精益、安全等产品受到市场青睐；体验消费、私人定制、网络费成为新的消费模式。

（二）国际市场环境变化

目前，全球经济低迷仍未走出低谷，受国际市场竞争日趋激烈、贸易投资保护主义加剧、局部冲突动荡等因素影响，传统出口创汇导向型经济发展模式受到极大挑战，发展实体经济成为欧美一些发达国家的选择。金融危机以后，美国政府提出"制造业回归计划"、德国政府启动"工业4.0"等一系列提振制造强国战略，再造制造业发展新优势。[①] 同时由于产能过剩、原材料及劳动力成本上升，产业结构调整加快，新兴经济体、欠发达地区承接产业转移后发优势进一步凸显。信息化与工业化深度融合，传统意义上的产业边界更加模糊，制造与服务融合，供应链整合营销的发展趋势也在影响着国际市场竞争体系。

（三）新的技术范式和管理变革

以能源生态化、制造数字化为核心，以互联网和新材料、新能源相互结合为特征的"第三次工业革命浪潮"正在兴起，由此引发新一轮技术革命。网络化、智能化、柔性化、绿色化和融合化正在成为企业技术改造升级和创新的主导方向。依托现有优势技术体系和产业市场规模，抓住新

---

① 李大元、王昶等：《发达国家再工业化及对我国转变经济发展方式的启示》，《现代经济探讨》2011 年第 8 期。

技术扩散和益处效应的战略机遇，技术升级完全可以实现后发赶超。同时，新技术革命也将带来诸多挑战。随着信息技术与制造技术的融合，工业机器人等智能装备的大规模应用，将深刻改变传统的大批量制造和流水线式生产模式，劳动力要素地位在进一步弱化，劳动密集型产业优势在削减。随着国际资本流动和产业转移的"夹击效应"，中高端产业出现了"逆转移"；中低端产业对国际直接投资的"分流效应"也将越来越明显，传统产业结构调整将面临极大挑战。① 随着新技术保护和扩散的加码，未来抢占新兴技术和产业主导权的竞争将更为激烈，知识产权纠纷、国际贸易摩擦会不断加剧。新的技术范式的更迭引致企业管理方式变革。大数据决策、规模化定制、价值网协同创新成为现代企业管理方式创新的新趋势。

（四）新兴商业业态变革

云计算、移动互联网兴起，企业内部的业务流程和外部的商务活动越来越多地与云计算、移动互联网结合起来，以有效提升企业整体的核心竞争力。而对于新兴的电商平台来说，通过多年的沉淀，历史数据已经积累到一定程度，通过大数据分析精准掌握消费习惯和需求，消费市场已从以产品为中心迈入了以客户为中心的时代，这就意味着，谁掌控了客户需求，谁就在产业链中处于领导者地位。电商要从制造商手中抢夺主导权，就要掌握用户消费需求，为了能够争夺到产业链主导地位就必须通过新的技术手段，将互联网商业模式对接到个体企业上，再通过创新和相互合作，发现和创造新的商业机会。

（五）资源和环境倒逼压力加大

土地、能源、生态环境承载能力逐步趋紧，资源环境倒逼压力加大，产业集约化、绿色化发展趋势进一步加剧。再生资源、节能环保、新能源等低碳产业迎来新的发展机遇。清洁技术、再制造技术、能效提高技术将成为政府和企业加大投资、推进发展的技术制高点。

**二　技术创新的缺陷**

技术创新的高投入、高风险以及商业化周期较长、容易模仿复制的不利特性，导致技术创新成本较高、促进产业升级的效果不佳。

---

① 中国电子信息产业发展研究院赛迪智库编：《2013—2014 年中国工业和信息化发展蓝皮书》，人民出版社 2014 年版，第180—181 页。

　　技术创新是一个具有很大不确定性的随机过程，这个过程必须投入大量的人力、物力、财力。但是由于受各种因素的制约，技术创新活动的投入和结果不存在简单的正相关关系。据统计，大约有90%的创新最终在进入市场之前夭折，技术创新具有较高的风险性。技术创新风险，是由于外部环境的不确定性、技术创新项目本身的难度与复杂性、创新者自身能力与实力的有限性，从而导致技术创新活动达不到预期目标。从创新主体的角度来看，技术创新风险至少包括技术风险、市场风险、财务风险、政策风险、生产风险和管理风险。每一种风险又分为许多风险因素（如表2－1所示）。

表2－1　　　　　　　　　　技术创新风险类别及风险因素

| 风险分类 | 主要风险因素 |
| --- | --- |
| 技术风险 | 1. 技术开发难度大，关键技术预料不足；2. 技术无法获得；3. 关键技术难以突破；4. 存在技术障碍和技术壁垒；5. 实验基地、设备和工具缺乏等 |
| 市场风险 | 1. 新产品由于性能不稳定性或消费者惯性等因素一时难以被市场接受；2. 市场需求开拓难度较大；3. 因价格等原因市场需求不旺或增长不快；4. 市场定位不准，营销策略、营销组合失误；5. 新产品寿命短或开拓的市场被更新的产品代替 |
| 财务风险 | 1. 技术创新资金不足；2. 融资渠道不畅 |
| 政策风险 | 1. 不符合国家或地方的环保政策、能源政策、科技政策和外贸政策；2. 无法获得产品、原辅材料、设备、技术的进口许可证等 |
| 生产风险 | 1. 难以实现大批量生产；2. 工艺不合理或现有工艺不适应；3. 生产周期过长或生产成本过高；4. 原材料供应无法解决；5. 检测手段落后、产品质量难以保证、可靠性差等 |
| 管理风险 | 1. 组织协调不力、其他部门配合不好；2. 高层领导关注不够；3. 调研不充分、市场信息失真；4. 创新主体的领导人做出错误的决策；5. 风险决策机构机制不健全、研发过程不协调等 |

　　技术创新具有高风险性。从理论上讲，技术创新是进行新产品和新工艺的研发、生产和销售过程。而在这一过程中信息必定是不充分的。同时，由于受创新者自身的非理性和有效处理现有信息能力的限制，创新者期望收益与现实存在较大差距，于是产生创新的风险性。

　　从大量实践分析来看，很多创新项目没有实现预期效益，主要不在于技术因素，而在于企业的战略、文化、组织结构、制度（包括产权、激励制度等）、人力资源管理等非技术因素，包括：其一，观念、文化创新滞后于技术创新；其二，缺乏激励创新的机制和制度安排；其三，层次重叠、僵化的组织结构影响了研发速度和响应市场时间。此外，缺乏明确的技术创新战略，或是技术战略与经营战略没有很好结合；企业缺乏激发全体员工的创新积极性和创造力；部门界面管理不善等也将影响技术创新绩效。

### 三　非技术性创新理论的产生

"非技术性创新"概念形成于21世纪初，但是，有关的问题很早就已经存在。最典型的例子就是制度创新的问题。创新过程中的诸要素中不仅有技术性要素，更有大量的非技术性要素，例如组织管理、市场营销、制度体制、社会经济结构等。而且，有时非技术性要素起着决定性的作用。创新过程中的这些非技术性要素从来不可能单独发挥作用，必须和其他的技术和非技术要素联合起来。

非技术性创新大都发生在服务业当中。2014年，仅服务业的R&D（研发投入），据OECD（经合组织）的统计显示已经占到了发达国家R&D总量的1/3，而美国服务业的R&D已经超过50%。在某些情况下，"非技术性创新"的作用和影响要大于技术性创新。我国的改革开放就是当代最伟大的创新，它造就了我国30多年的高增长，使我国成为当今世界经济最主要的引擎。毋庸置疑，非技术性创新概念的形成以及对其重要性的肯定是对创新理论重大的修正，极大地拓展了创新的视野，全面概括了创新的内涵，准确反映了创新的本质。非技术性创新概念提出之后，得到世界各国的高度重视，成为各国制定创新战略的重点内容。在创新研究和制定创新政策当中，还需要明确区分创新的非技术性要素和非技术性创新。非技术性创新是指该创新自身的性质是非技术性的，如交易的创新、组织创新、营销创新、概念创新和服务业中新的信息链接、新的客户协同反馈机制等。而创新的非技术性要素（aspects）是指创新过程中诸要素中的非技术性要素，如共同的期望（Vision）和目标、适当的组织结构、关键人物的作用、有效的团队工作、教育和培训、高度宽泛的创新参与、畅通的沟通交流、创新的文化氛围等。创新的非技术性要素和非技术性创新概念的形成对创新政策的制定提出了更高的要求，要求决策人的眼界不能够只放在技术层面上，更要注重非技术的层面。OECD（经合组织）提出了创新政策要有连贯性，特别要考虑更宽泛领域政策的协调，保证相关政策的无缝对接，为创新营造有利的政策环境。

## 第四节 全面创新理论的内涵

### 一 全面创新理论产生的政策背景

2014 年 8 月，习近平主持召开中央财经领导小组第七次会议时提出：实施创新驱动发展战略，就是要推动以科技创新为核心的全面创新，坚持需求导向和产业化方向，坚持企业在创新中的主体地位，发挥市场在资源配置中的决定性作用和社会主义制度优势，增强科技进步对经济增长的贡献度，形成新的增长动力源泉，推动经济持续健康发展。"全面创新"首次在我国最高领导人讲话中被提到。

2014 年 12 月，中央经济工作会议提出：推动全面创新，要营造有利于大众创业、市场主体创新的政策环境和制度环境。"全面创新"在中央经济工作会议中被首次提到。

2015 年 3 月，《中共中央、国务院印发加快实施创新驱动发展战略的若干意见》明确提出：坚持全面创新，把科技创新摆在国家发展全局的核心位置，实现科技创新、制度创新、开放创新的有机统一和协同发展，到 2020 年，基本形成适应创新驱动发展要求的制度环境和政策法律体系，为进入创新型国家行列提供有力保障。"全面创新"作为指导创新驱动战略实施的一项重要原则写入党中央、国务院正式文件里。

### 二 全面创新理论产生的理论溯源

20 世纪七八十年代，国内外一些学者提出并发展了创新"双核心"理论，该理论已经体现了全面创新的思想。该理论认为技术创新和管理创新是企业创新的主要源泉，其中，管理创新包括组织结构、流程、文化、制度、协同机制以及其他非技术创新要素。一些学者提出了全员创新理论观点，认为创新不再是企业研发人员的专利，而应该是全体员工的共同行为。

瑞典学者哈利森教授（2003）通过对日本丰田、佳能、索尼等著名公司管理模式的研究分析，总结了日本优秀企业在创新管理方面的通行做法和成功经验。他认为日本优秀企业管理模式尽管有所不同，但都不同程度体现出创新的全面性、全员性、全时空性、协同性和开放性的特点。日本三家优秀企业管理模式相同之处不仅包括技术创新管理，也包括非技术创新管理，涉及全要素创新管理，而且特别重视技术性创新与非技术性创新之间的协同；在日本优秀企业里，每一位员工都是创新的积极参与者，每一个职能部门都是"创新源"；日本优秀企业同外部相关组织（高等院校、科研单位、政府部门、中介机构、供应商和客户等）的联系非常密切，这一方面使它们能够及时、便捷和经济地获取外部的最新科技知识和市场信息；另一方面也使创新风险大为降低，创新成功率显著提高；近十余年来，日本优秀企业所采取的创新战略既不是纯粹的"自主创新战略"，也不是纯粹的"合作创新战略"，当然，更不是纯粹的"模仿创新战略"，而是一种兼有上述三种创新战略优点的"复合创新战略"（如图2－1所示）。

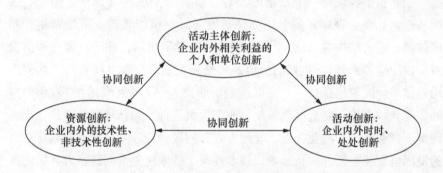

图 2－1　日本知名企业创新管理模式框架示意图

国内学者徐庆瑞等（1998）对全面创新的规律进行探索，并且从理论层面系统提出全面创新范式内涵为"三全一协同"，即"全要素创新、全员创新、全时空创新、全面协同创新"。其中，全要素创新包括战略、技术、市场、文化、制度、组织等与创新绩效密切相关的要素。全员创新是指创新不只是企业研发和技术人员的专利，而应是全体员工共同的行为。从研发人员、销售人员、生产制造人员到售后服务人员、管理人员、财务人员等，人人都可以在自己的岗位上成为出色的创新者。广义的全员还包括用户、供应商、股东等利益相关者。全时空创新分为全时创新和全空间创新（全球化创新或称全地域创新）。全时创新是一种创新策略、一种思想、一种创新观念，是即兴创新、即时创新（包括快速创新）、连续创新的有机结合。即兴创新是在特定问题上灵感的闪现、创造力的凝固；即时创新是应时而发，要求快速地响应市场需求。连续创新就是让创新成为组织发展的永恒的主题，每时每刻都在创新，使创新成为涉及企业各个部门和员工的必备能力，而不仅是偶然发生的事件。全空间创新（或称全球化创新、全地域创新）是指在全球经济一体化和网络化背景下，企业应该考虑如何有效利用创新空间（包括企业内部空间和外部空间），在全球范围内有效整合创新资源为己所用，实现创新的国际化、全球化，即处处创新，也包括全价值网络创新、全流程创新等。全面协同创新是指各创新要素（如战略、组织、文化、制度、技术、市场等）在全员参与和全时空域的框架下进行全方位的协同匹配，以实现各自单独无法实现的"1+1>2"的协同效应，从而促进创新绩效的提高。

### 三　全面创新理论的内涵特征

创新价值实现是一个复杂的过程，涉及多个层次（国际、国家、区域、产业、企业等）和多个环节（研发设计、组织管理、市场营销、制度体制、经济结构等）、多个行为主体（产学研机构、政府、客户和消费者、供应链厂商等），创新的价值效果是相关创新要素共同参与、共同作用的结果。随着信息技术、互联网经济快速发展，"互联网+"、众创空间、商业综合体、制造服务等新兴业态大量涌现，创新视角及范式在逐步转型。产业组织、商业业态、管理方式、制度设计等非技术要素创新能力的发挥也至关重要。从长远看，技术性与非技术性要素创新能力共同发挥才是驱动产业持续升级的战略路径选择。关注价值实现多元化，充分激发全要素、大众化创新活力和创新潜能，打造"多维一体"的全面创新驱动之路，才是持续推进产业升级的最佳路径选择。

### （一）全面创新的内涵

全面创新是基于系统化、可持续的创新观，着眼于开放式的创新视野，充分挖潜技术及非技术的全要素创新资源，动员实现价值命运共同体协同创新，实现价值持续创造和增值。全面创新适用于人类所做的一切事物。它不仅适用于企业，而且适用于其他组织，适用于个人，适用于社会，适用于各个领域。如果说全方位创新是指可以从全部的各个不同的方位进行创造思考，那么，全面创新则是指全部的各个不同的方面都可以进行创新。全面创新不仅包括创新他事他物，也包括创新自我，例如，创新我们重复动作做得最多的——创新习惯，创新我们重复使用得最多的——

创新观念，对习惯、观念进行研究、发展、试验、变革。

全面创新的基本理念就如人类的每一样活动，人所能做的每一种事物，我们都可以去思考能否创新，能否做到更好。全面创新的基本思路，就是辨析我们已有的和可能的每一种活动，辨识我们做的和能做的每一种事物，考察哪些在仿复、复用或复做，思考哪些我们能做创新，然后通过创新以仿复更好的，来提高仿复事物所带来新的价值。人对各方面事物的创新包括对技术的创新，都可以分为两类四个基本的思想行动历程：第一历程是"想新的"精神观念和思想意识，即追求更好，希望并相信能够创造出新的更好的；第二历程是"想新的"思考探索活动，即创造思考；第三历程是从思考到行动，按想到的新主意做试验，采取行动探索新的，直至创新成模；第四历程是尝试新的，对创新形成的模本进行试验性应用和改进；应用成功之后自然就是创新模本的重复推广。其中，前两个历程是一类，即想新的，后两个历程是一类，即做新的；第二历程和第三历程通常结合在一起，形成思考和实验探索的连续循环，同样，思考和应用试验也结合在一起。

企业的全面创新。对企业来说，创新不仅仅是产品技术研发部门的事情。无论是技术、生产、营销、服务或是人力等部门的创新，还是战略、模式、组织、制度或是运作诸方面的创新，都可以为企业的成长和追求卓越发挥重要作用。在不同的情况下，企业需要进行不同方面的创新，这时有关方面的创新可能至关重要乃至具有决定性意义。产品技术创新是企业创新的核心内容，并不表示产品技术创新永远一直是企业创新最重要的部分或者最能产生价值的部分。比如，对初创的处于探索期的业务，或者处于某种调整或变动环境下的业务，业务模式的创新可能是企业创新的关键。再如，有时企业最大的问题出在人力资源管理上，那么，对人力资源管理进行研究、发展、变革、改善，此时就应成为企业创新的首要课题。创新可以规划吗？可以，也不可以，要看从什么方面做怎样的规划。比如，就资源的分配而言，做适当的规划是可以的、必要的。由于创新的开放性、未来极大的不可预知性，不同于其他类型的规划，创新规划应当在可实施的情况下保留充分的开放性和未来调整的灵活性，为未来的意外提供灵活的接口。企业全面创新，需要进行全面创新管理，建立全面创新能力管理体系。

全面创新，一方面，包括作为构成企业有机体的软系统的创新，即战略创新、模式创新、流程创新、标准创新、观念创新、风气创新、结构创新、制度创新；另一方面，包括作为企业不可或缺的基本要素的硬系统的创新，即人、财、物、技术、信息及其相关体系和管理体系，如职责体系、权力体系、绩效评估体系、利益报酬体系、沟通体系的创新；也包括通用管理职能的创新，如目标、计划、实行、检馈、控制、调整六个基本过程管理职能的创新和人力、组织、领导三个基本对人管理职能的创新；也包括企业业务职能的创新，如技术、设计、生产、采购、物流、营销、销售、人力、财务等专业业务职能的创新。当然，也可以有其他的划分体系。其中，作为企业基本硬系统的技术和作为企业职能部门的技术有所区别，前者为广义，泛指完成事务的专业方法、技能，包括后者；后者为通常所说的狭义的技术，即建立在自然科学基础上的技术，对企业而言指产品生产技术。创新离不开研发。通常所说的研发指技术研发，实质上，技术研发是产品生产技术的研发，属于产品研发、生产研发的一部分，技术研发部门是专门从事产品生产技术创新、开发新产品和新生产技术的部门。企业全面创新，则要求全面研发。尽管其他方面的研发可能不像在技术研发方面那样，基于相应的科学技术发展研究而设立独立的团队和部门。企业全面创新，建立大研发和全面创新观念是最为根本的。要认识到企业的方方面面都存在研发、创新的可能，企业的方方面面都存在通过研发创新来创造更大价值的可能性和潜力。有了观念，才可能有意识、有系统地设置相应的功能，直至采取相应的行动，在企业的各个方面进行研究、发展、创新，通过企业各个方面的改善来推动企业的发展，为企业创造新的价值。

（二）全面创新的本质特征

全面创新体现全要素创新、民主化创新、开放式创新、协同化创新的基本特征。

1. 全要素创新

创新是一个复杂的系统工程，充分激发技术、业态、组织、管理、制度、战略等与创新绩效密切相关的全要素创新活力和创新潜力，才能实现创新绩效的最优。

2. 民主化创新

网络的泛在性加速了知识的传递与创新成果的共享，创新的界面不断拉宽，创新已不再囿于少数研发和技术人员，全员、大众都可以参与创新其中，消费用户拥有创新的最终发言权和参与权，创新正在经历着从以生产者为中心的创新范式向以消费者为中心的创新范式转变。

3. 开放式创新

在全球经济一体化和创新全球化的背景下，人才流动、创意获取、技术合作、产业联盟将跨界交互，创新资源和社会创新活力将最大限度被调动和激发，产业创新资源整合提升空间将无限拓展。

4. 协同化创新

创新是一个多要素、多领域综合作用的有机系统，创新活动价值最大显化有赖于相关要素协同匹配，发挥"共振效应"。具体来讲，创新的协同性主要体现在两个方面。一方面，技术性创新和非技术性创新的协同性。这种协同关系主要表现为：技术性创新势必要求企业对各非技术性要素进行调整，营造良好的技术创新环境。企业战略、组织、市场、制度、文化等创新要素的主要功能是提高新产品或服务的创造效率；同时，非技术性要素创新是企业对生产资源重新整合和配置，提高其利用效率的过程，是企业成功推进技术创新的保障。另一方面，非技术性要素间的协同创新。非技术性创新的各个要素既相互影响，又相互制约。其中战略创新是方向，组织创新是保障，市场创新是途径，制度创新是动力，文化创新是先导，协同创新是手段。因此，在实施全面创新时，必须统筹考虑和周密安排各项非技术创新，使其彼此协调、相互促进，共同实现，从而为企业全要素创新成功开展奠定良好的基础。

**四　全面创新的表现形态**

（一）技术创新

技术创新是企业发展的源泉和竞争的根本。就一个企业而言，技术创新不仅指商业性地应用自主创新的技术，还可以是应用合法取得的、他方开发的新技术或已进入公有领域的技术，从而创造市场优势。例如，沃尔玛（Wal－mart）1980 年在全球率先试用条形码即通用产品码（UPC）技术，结果使它们的收银员效率提高了 50%，并极大地降低了经营成本。技术，广义地讲，指做成事物的技法、术法；对工商企业生产来说，指生产的方法。人类往往在明白某些重要的自然道理之后，能够构想出全新的技术，并生产出全新的产品，以供人类所需。科学是技术之源，技术是产业之源。然而，某些时候，我们可能掌握某种技术，但并不明白其中的原理；若原理不明确，则技术创新的空间往往受到限制。技术创新建立在科学道理的发现基础之上，而产业创新主要建立在技术创新基础之上。

自古以来，我们便有尊重自然市场经济形态的传统。按照司马迁所代表的主流思想，农虞工商，各行各业，人们通过社会分工、市场机制，各行其能，各竭其力，以得所欲。依据史书记载，神农氏为方便人们交易，设立了市场。可见市场经济的发展已经具有漫长的历史，尽管在很长一段时间由于生产力的限制，社会仍然以自给自足的农业生产为主，市场经济在整个经济中并没有占有很大的比重。如今我们的生活，从衣食住行开始，几乎样样离不开市场；同时，专业化的生产和职业分工，成为现代经济的基本特征。技术创新为人们创造价值，就必须最终应用于产业，进行商业化、市场化。今天，企业已经成为技术创新的基本主体，技术创新是企业创新的一个核心内容。当然，进行技术创新的不只有企业，还有其他各种研究机构，乃至个人等。

技术创新的目的往往是以新的生产方法生产新的产品，或者说提供满足某种需求的新的功能服务、新的解决方案。技术创新所发展出来的新技术或者新产品是否成功，要进行四个环节的考察。一是该项技术产品本身在规模化生产上是否成功；二是与竞争的技术产品相比，该项技术产品及其在必要阶段内的发展潜力是否具有优势；三是市场对该项技术产品是否有需求；四是能否以该项技术产品为基础建立一个成功的商业模式，或者该项技术产品能否成为一个成功的商业模式中的一部分，更多需要考虑后者。

市场需求之所以要独立来考察而不并入商业模式之中，是因为技术开发或者产品开发可能并没有着眼于实际的市场需求；或者通常考虑到需求，但并没有或往往并不可能在开发阶段便研究好了商业的可行性。存在市场需求的技术或产品未必能取得商业上的成功。技术的商业化，每一步都存在很大的不确定性，风险很高。好的新技术找不到资本，资本找了有陷阱的新技术，这种情况是经常发生的。因此，产品技术研发大多是针对拥有市场的现有产品的创新，企业是研发的主体。技术创新纳入企业创新，更有利于确保商业上的成功。因此，在企业技术创新战略中，有必要同时建立善于寻求获得外部的新技术、利用外部的技术创新能力的机制，才能降低技术创新的风险，有利于企业成功。

（二）产品创新

现代企业的产品创新是建立在产品整体概念基础上的以市场为导向的

系统工程，它贯穿产品的构思、设计、试制、营销全过程，实现产品某项技术经济参数质和量的突破与提高。产品创新的重点在于重新配置、整合和优化创新过程的内部机制，如并行工程、多功能小组、先进工具和早期参与，使创新的产品符合未来发展趋势。未来产品的特征为多样化、个性化；国际化和全球化；智能化；高效、高参数化、高可靠性；生命周期趋短。产品创新要根据未来产品的特征进行。基于产品创新采用多种创新类型，如自主创新、模仿创新、合作创新等，不仅要有企业内部的创新小组、技术中心，而且要与高等学校、科研院所和其他企业建立合作创新联盟。

（三）工艺创新

工艺创新是指研究和采用新的或已有改进的生产方法，主要是对生产装备的更新、对生产过程的重组；或者以上两者都有。企业在工艺创新中必备的能力有项目规划能力、监控能力、跨部门管理能力以及非常规工作的管理能力。工艺创新发展方向为超精密、超高速；同时，满足产品设计和生产技术的绿色要求。其实施应从以下方面着手：全员树立工艺创新的观念；完善激励机制；给予一定的时间、空间和物质设备的支持；以产品生产的要求和相关技术的发展趋势为导向。

在竞争的压力下，企业必须同时减少成本和提高质量，这就要求企业对产品、工艺创新并举。工艺创新与产品创新都是为了提高企业的社会经济效益，但二者途径不同，方式也不一样。产品创新侧重于活动的结果，而工艺创新侧重于活动的过程；产品创新的成果主要体现在物质形态的产品上，而工艺创新的成果既可渗透于劳动者、劳动工具和劳动对象之中，还可渗透在各种生产力要素的结合方式上。工艺创新与产品创新之间存在有机的动态联系。企业只有将产品创新和工艺创新相结合，才能取得技术创新的良好效果。

（四）战略创新

战略一般分为扩张型、多元化、联盟和一体化、紧缩型、稳定型。战略创新要求企业根据自己的目标、市场和竞争对手进行创新，选择适合自己的战略类型。战略创新的核心问题是确定企业的经营目标，因经营目标决定企业顾客、竞争对手、竞争实力，并最终决定企业的竞争策略。企业战略是企业的方向和核心，战略创新要适时、慎重地进行，从而为企业的全要素创新指明正确的方向。

（五）组织创新

组织创新主要是指为了有利于技术创新的开展而对组织结构和管理机制进行调整。落后的组织结构和管理机制已经成为严重制约企业技术创新活动有效开展的瓶颈，组织创新已成为提高企业技术创新绩效的关键因素。组织是一项复杂的系统工程，强调和谐发展；组织结构创新主要是建立扁平化学习组织，并与企业信息化有机结合。组织创新主要从以下几方面实施：构建扁平化组织，大力减少中间组织层次；构建领导和员工的伙伴关系；发展企业中心机构；重视员工的知识技能培训；加强企业的信息、知识的流动与共享；不断提升组织的学习能力和创新能力。

（六）管理创新

世上没有一成不变的、最好的管理方法。管理方法往往因环境情况的改变而改变，这种改变在一定程度上就是管理创新。管理创新是企业把新的管理要素（如新的管理方法、新的管理手段、新的管理模式等）或要素组合引入企业管理系统以更有效地实现组织目标活动。例如英特尔（Intel）总裁葛洛夫（Andrew Grove）的管理创新就是因环境情况的改变而改变：实行产出导向管理——产出不限于工程师和工人，也适用于行政人员及管理人员；在英特尔公司，工作人员不只对上司负责，也对同事负责；打破障碍，培养主管与员工的亲密关系等。当前，随着全球性、动态性、不确定性、复杂性及技术日新月异的变革环境，传统的企业管理模式正在发生变革，精益管理、协同管理、智能管理、价值链整合管理正在成为企业新兴管理模式。

（七）市场创新

在相同的市场条件下，不同的市场创新是决定企业市场竞争力的一个重要因素。市场创新基本形式为首创型、改创型、仿创型。目前市场创新的趋势为顾客需求的个性化；全球化趋势和区域化趋势并存；价格、质量、服务、环境等多维度的竞争；企业需要提供综合的解决方案。市场创新步骤的第一步是选择适合本企业的创新类型；第二步是实施既定的创新。市场创新的内容包括目标顾客创新；产品创新（功能、质量和品牌）；价格创新；渠道创新；促销创新等。

（八）制度创新

制度创新就是改变原有的企业制度，建立产权清晰、责权明确、政企分开、管理科学的现代企业制度。制度创新特征为社会性和集体性；动态性；两面性，即激励性与约束性并存。制度创新主要内容是：建立权利、决策、执行、监督相互制约的企业管理运作新机制，形成股东会、董事会、监事会以及总经理为首的决策体系；人事制度的创新，坚持"人本管理"的思想，注重人才的合理布局，实现人才正常的垂直流动和水平流动；产权保护制度，保证创新带动企业发展，同时实现员工个人的价值；建立综合运用各种激励方式来激发全员的创新潜力和热情，努力实现创新目标。

（九）商业模式创新

商业模式是为了实现客户价值最大化，把能使企业运行的内外各要素整合起来，形成一个完整的、高效率的、具有独特核心竞争力的运行系统，并通过最优实现形式满足客户需求、实现客户价值，同时使系统达成持续盈利目标的整体解决方案。商业模式是一个非常宽泛的概念，通常所说的跟商业模式有关的说法很多，包括运营模式、盈利模式、B2B 模式、B2C 模式、"鼠标加水泥"模式、广告收益模式等，不一而足。商业模式是一种简化的商业逻辑，依然需要用一些元素来描述这种逻辑。商业模式是支撑产业运营，实现其内部企业价值和外部顾客价值的运营逻辑。商业模式创新是提升产业升级软实力的重要突破口。当前商业变革向灵活性、创造性、分享性演进，平台经济、众包众筹、定制体验等成为新兴商业模式。

（十）业态创新

业态（commercial activities）是指针对特定消费者的特定需要，按照一定的战略目标，有选择地运用商品经营结构、店铺位置、店铺规模、店铺形态、价格政策、销售方式、销售服务等经营手段，提供销售和服务类型化经营形态。当前业态创新活跃，如涌现出新兴产业业态、产业深度融合业态、价值链分解等新业态。

**五　案例分析**

（一）小米手机创新经营之道案例

自从雷军召开小米手机发布会以来，小米手机能否成功成为业界一大热点话题。小米手机的关键词一度成为百度十大热门关键词。然而业界绝大部分人士并不看好小米，特别是手机界专业人士，然而形成反差的是，在市场上小米手机的预订却是异常火爆。众所周知，小米手机始终处于供不应求状态，以前的两轮开放购买都在短时间将备货销售一空。首先是

2012 年 12 月 18 日小米手机首轮备货 10 万部，但零点开放后三小时宣布售完，而到了 2013 年 1 月 4 日小米公司再次备货 10 万部，也很快在三个半小时内售完。2013 年 1 月 11 日中午，小米公司开始的第三轮开放购买更是引发了抢购热潮，仅用了八个半小时便售出了 30 万部。至此，小米手机开放购机数量已达到 50 万部，加上开放销售前的 30 万订单，小米手机的销量已近 80 万部。刚出生几个月的小米为何销量已经能比肩国内一线品牌？小米到底有何独到之处呢？

有人说小米手机还算可以的硬件配置是现有技术的组合，称不上是重大技术创新。MIUI 操作系统是在 Android 基础之上做出改进，也没有太大的新意。而米聊虽然号称有数百万用户，比起 QQ 来说就小巫见大巫了。高规格的硬件配置、MIUI 操作系统、米聊，单个来说都谈不上什么重大创新。但当雷军将这些全都整合在一起的时候，就拥有了一种神奇的力量。小米的成功源于商业模式、营销模式、竞争战略等全面创新。

1. 营销模式创新

小米手机除了运营商的定制机外，只通过电子商务平台销售，最大限度地省去中间环节。通过互联网直销，市场营销采取按效果付费模式，这样的运营成本相比传统品牌能大大降低，从而最终降低终端销售价格。与其他电子商务企业不同的是小米从未做过广告。雷军说，保持产品的透明度和良好的口碑，是小米初步取胜的秘诀。从 MIUI 开始，小米就牢牢扎根于公众，让公众（尤其是发烧友）参与开发，每周五发布新版本供用户使用，开发团队根据反馈的意见不断改进，而且还鼓励用户、媒体拆解手机。有人说发烧友是一个特定的用户群，不一定代表广大用户，但这些人其实是最苛刻的用户，他们的反馈意见将推动小米手机不断地改进用户体验。而且数十万人的发烧友队伍成为口碑营销的主要力量。小米的成功在于，依靠 MIUI 和米聊用户，以及一批批用户的口口相传。

2. 商业模式创新

目前所有手机厂商的商业模式都是靠销售手机赚钱，包括苹果、三星以及国内的华为、联想，在商业模式上，小米也可以跟传统手机厂商一样靠硬件盈利，但雷军选择把价格压到最低、配置做到最高。作为一家互联网公司，小米更在意的是用户口碑，只要有足够多的用户，盈利自然不是问题，最后也许小米公司只卖出 100 万部手机，但是却吸引到了几千万的移动互联网用户。Google 免费 Android 想的是通过搜索和广告赚钱，Amazon 的 Kindle fire 低价亏本销售也是这个思路，只要用户量足够多，以后通过终端销售内容和服务就可以大赚其钱了。由于手机用户一升级换手机，这些用户可能就是别家的，所以大部分手机厂商没有经营用户的认识，特别是国产品牌和运营商深度定制的厂商。所以如果只是低价卖手机，用户又不是自己的，这就没有意义。而小米是自己的手机品牌，并且自己有系统及产品服务，而这些专属用户资源，不仅能够吸引自己的手机用户，而且吸引自己的系统用户，这样发展起来的用户就有价值了。其实从这点上说小米与苹果已经很类似了，区别是苹果的利润主要来自硬件，而小米却不靠硬件赚钱。

3. 竞争战略创新

一个小公司，当没有资源、没有品牌、没有用户，什么都没有的时候，就必须找到一块最适合的战场，让大公司看着眼馋，但却不敢进来。显然，小米正是找到了这样的一片蓝海，小米在不靠硬件赚钱的模式上发展手机品牌，软硬件一体化，定位中档机市场 2000 元，价格不高不低，基本配置还往高端机上看齐，甚至领先。在这个产品空间以及利润空间的考虑下，其他厂商不太好进入。另外，手机与移动互联网混合的模式也使得小米竞争对手相对较少。小米所有 Android 开发的竞争对手都不是其做手机的竞争对手，所有做手机的竞争对手又都不是其做 Android 开发的竞争对手。而且就算是竞争对手模仿跟进，将来遇到的困难和挑战也是一样的。小米相对于一般的 Android 厂商的优势是有多个差异化竞争手段（米聊等）。源于 Android 的二次开发系统 MIUI 是一个优势。而雷军最大的优势是那些关联公司（金山软件、优视科技、多玩、拉卡啦、凡客诚品、乐淘等）。只要雷军让小米和这些公司进行服务对接，就有了其他手机厂商都不具有的优势——低成本、高效率、整合速度快和双向推动作用。可以形成一个以手机为纽带的移动互联网帝国。手机是目前人们唯一不可或缺随身携带的电子设备，未来所有的信息服务和电子商务服务都要通过这个设备传递到用户手上，谁能成为这一入口的统治者谁就是新一代的王者。而王者必须是硬件、系统软件、云服务三位一体，雷军反复说的铁人三项赛指的就是这个，而小米正是奔着这个方向去的。

（二）阿里巴巴全面创新标杆案例

阿里巴巴集团是中国企业家基于新的互联网技术而实现商业模式创新的标杆型企业，它的迅速崛起已经被国际社会所关注，并有可能成为世界上最强大的电子商务公司。阿里巴巴是马云在 1999 年成立的一家企业。当时人们对互联网还比较陌生。15 年之后的今天,马云带领的阿里巴巴翻天覆地,发展成为一个网络帝国。阿里巴巴在全球设有 70 多个办事处,逾 2 万多名员工。旗下公司包括阿里巴巴国际交易市场、1688、全球速卖通、淘宝网、天猫、聚划算、一淘、阿里云计算、支付宝等。数据显示,阿里巴巴 2013 年全年总营收 79.52 亿美元,净利润为 35.61 亿美元。根据《华尔街日报》报道,阿里巴巴市值已经达到 1200 亿美元。

阿里巴巴所创造的一个又一个奇迹是不断创新的结果。马云从一个大学英语老师变成一位在 2013 年福布斯中国排行榜排名第八位,个人财富增长到 433 亿元人民币的传奇式人物,这一变化背后,创新驱动起到了关键作用,创新让阿里巴巴战胜了一个又一个看似不可战胜的强敌,并将竞争对手远远甩在后面。

1. 战略创新——B2B 模式助推小企业

中国中小企业众多,在经济中占有重要位置。但在提升竞争力的过程中,由于信息的不对称现象,中小企业没有能力做广告,难以为消费者所知。因此,搭建面向中小企业产品销售的平台,是提升中小企业竞争力的关键。"我就是要领导穷人起来闹革命",这是马云创业之初的豪言壮语。"如果企业可以分成富人穷人,那么互联网就是穷人的世界。因为大企业有自己专门的信息渠道,有巨额广告费,而小企业什么都没有,它们才是最需要互联网的人。""弃鲸鱼而抓虾米,放弃那些 15% 的大企业,只做85% 中小企业的生意。"这些一直是阿里巴巴和马云奉行的战略。阿里巴巴的横空出世恰逢其时,迎合了市场需求,阿里巴巴 B2B 能助推广大中小企业把产品更好地推向国内市场和国际市场。

2. 商业模式创新——开店免费

淘宝网成立初期,当时中国最早的 C2C 公司易趣已经在市场上发展了四年多,随后 eBay 收购易趣,淘宝面临着国际巨头 eBay 的市场封杀。为了吸引买家和卖家资源,淘宝在价格、广告、交易体验、会员服务、增值服务等方面做了大胆的尝试和创新。淘宝的一大撒手锏就是开店免费。当时 eBay 对用户采取收费模式,而且收费的项目比较多,但是淘宝承诺三年免费后,大量的卖家从 eBay 转移到淘宝,淘宝在极短的时间内积攒了大批的客源。淘宝还特别重视客户体验,寻求更加符合中国网民网络购物习惯的交易模式,淘宝的网络页面设计尽量满足中国老百姓的习惯。淘宝坚持与客户沟通互动，支付宝便是来自淘宝用户的建议应运而生的。支付宝具备的支付和担保功能解决了困扰国内 C2C 市场的信用和支付问题。eBay 为了巩固自身的中介地位，不让买卖双方直接沟通。而为了方便买卖双方的交流沟通问题，淘宝推出了即时通讯工具"阿里旺旺"。淘宝还非常重视论坛社区建设，淘宝认为论坛不只是一种免费、有效的推广工具，而且能增加会员的归属感，增加淘宝的人气。

3. 业态创新——触角伸向金融领域

阿里巴巴涉足的新领域是金融服务，开设阿里小贷和余额宝。阿里帝国的触角伸向了金融领域，马云甚至叫板银行。银行更偏向为年销售额 1000 万元以上的企业融资，小微企业在自筹资金的道路上举步维艰。马云嗅到了其中的商机，依托强大的资金实力，阿里毅然进入金融领域，成立阿里小贷公司，通过小贷公司，阿里金融在阿里巴巴 B2B 业务、淘宝和天猫三个平台上分别提供贷款服务，无须提供抵押物，贷款金额通常在 100 万元以内。阿里小贷基于大数据的征信系统。阿里金融与阿里巴巴平台下的其他数据库完全打通，从而使得阿里金融能够从数据后台获取申请贷款企业的网络行为、网络信用等海量数据，用以支持其贷款的信用评估，这使得阿里金融有效解决了传统金融行业针对小微企业贷款存在的信息不对称问题。并且，阿里小贷可以实时监测获贷企业的资金流向、经营状况等，达到控制风险的目的。阿里小贷采用全网络贷款模式，借贷双方主要通过网上相互联系，无须见面，这就突破了时间和地域的限制，大大提高了效率，降低了借款方的成本压力。2013 年 6 月 17 日，支付宝旗下的增值服务——余额宝正式推出，迅速在金融理财领域刮起一股旋风。余额宝用户可以在支付宝网站内直接认购基金等理财产品，获得较银行活期存款更高的收益，同时余额宝内的资金还可以随时用于网上购物、转账等。余额宝瞄准的是零钱，用户随时刷手机看到余额宝钱在增加，即使是几角钱，也是一种希望。就这样星星之火开始燎原，余额宝的雪球越滚越大，导致银行的"钱荒"雪上加霜。互联网金融应运产生了。

4. 技术创新——蓄力进入大数据时代

大数据时代的到来，使中国和发达国家几乎站在了同一起点，中国能不能在大数据应用方面实现翻身，与发达国家并驾齐驱呢？马云用实际行动告诉世人，他要赢在起跑线上，为大数据时代蓄力。他成立了阿里研究中心。对于电商生态这样涵盖极大不确定性的信息经济，信息量巨大，复杂性高，维度广，只有依靠数据，才能捋清其中脉络，不然根本无法下手。而阿里系统的庞大经济量为阿里大数据提供了充足的信息资源。阿里研究中心不仅有专门的数据分析专家，帮助研究员发现数据的蛛丝马迹，解决数据难题，更要求每位研究员具备较好的数据采集和处理能力。电商是一个互联网的动态概念，封闭性研究只会让自己的路越走越窄。而高校的研究可以提供理论上的支持，社科院所可以解读政策上的要点，阿里研究中心则能获得一手的电商案例资料，处于不同位置上的研究主体贡献不同的知识，获得共生的研发成果。

这些年，阿里巴巴集团已经积累了海量的数据，这些数据贴近人们生活的方方面面，并且生动有趣，为阿里研究中心提供了丰富的"矿藏"，并开始受到政府的重视。通过扎根于国内的商业模式创新，阿里巴巴已经成为一支电子商务中的革命性力量，在大数据时代，它将会飞得更高。

（三）日本知名企业全面创新管理案例

1. 丰田汽车集团管理模式

丰田集团管理模式的主要特点和成功之处在于：专门的技术创新的人员多，除了海外创新人员，在丰田总部有 1.15 万名工程师和研究人员；设置专门为整个丰田创新服务的单独的控股企业——中央研究开发实验室，为企业的创新提供支持；每周都举行例会，广泛交流，加强组织之间的信息交流和知识共享。通过频繁的出差和电视会议使丰田创新系统连成一体，强化丰田世界各地各个部门的创新交流；丰田的卫星式结构的创新系统兼顾了创新和项目管理，丰田把一些非核心的组织和业务分包出去，形成一个个围绕企业核心的卫星；多重汇报系统有利于员工的创新信息传播，鼓励了知识信息的扩散，使得创新得到最大限度的应用，也缩短创新创造效益的时间；丰田具有强大的销售组织，国内有 5200 家销售和服务商店，国外有 7187 家销售点。丰田集团能够通过销售网络及时搜索市场信息，获得顾客具有创新性的意见，并将意见及时反馈到企业内部，实现顾客参与创新；培训和职位轮换使每个员工都要面对顾客，丰田规定 10 年之内每人都要变换岗位。公司有效推广在原来岗位上的创新，并使员工从整体战略上认识企业，而不局限于一部分，实现创新整体效益最大化；领导在创新中起到至关重要的作用，其掌握了专有技术，有权威、有领导能力以及有想象力。公司形成创新的文化氛围，支持各种创新，并积极推广创新成果；对竞争对手的创新时时关注，并进行某些模仿，不断跟进世界一流的创新。

2. 佳能公司管理模式

佳能公司全面创新管理模式的主要特点和成功之处在于：专利成为创新的源头和驱动力，使公司多产并具有创造性，不断申请新的专利是公司追求的目标。在佳能可以通过申请专利的方式，体现创新能力；总部设置创新名单，不断支持具有良好前途的创新。总部对企业的创新实施跟踪，对于各种可能的创新及早采取费用及人员支持，使其进一步发展；与市场需求相互联动，实现顾客参与创新，不断进行市场信息的收集，其理念是"无论如何，客户都是产品的使用者"，让客户提出创新的意见。同时也密切关注外部竞争对手的创新；采用工作轮换实现知识创新，通过换岗，使员工接触新的人员和环境，其对整个生产流程有了更详细的了解，并可能会在新环境中受到创新的启发，使创新整体效益最大化；选择具有领导才能的高级工程师作为首席工程师，对创新运用负责，并将具有丰富的经验和良好的技术能力很好地运用到企业中去；建立推进创新的特别任务课题组。虽然每个员工都参与到创新中，但有时为一个重大的研究创新还需要建立一个课题组；从研究到转移创新成果进行时空创新管理，对于一些研究开发创新，要使其尽快运用到企业中，并对其时时、处处进行跟踪管理，以备进一步改善；提倡互相竞争的创新文化，以及并行创新的工作法。

3. 索尼公司管理模式

索尼公司全面创新管理模式的主要特点和成功之处在于：通过公开分享创新，使事业部成为创新的孵化器。索尼公司有19个事业部，每个事业部都有自己的创新部门；创新从研究中心、实验室和业务部共同进行，实现时时、处处创新；鼓励创新人员申请专利。专利数量多的人晋升机会大，公司内部专门设有专利部，并每月召开会议；制度创新上，实行定期工作轮换制，促进创新推广和培养复合创新人才；通过创新计划和创新协调组确保创新共享和转移，其不仅了解企业内部创新，还关注外部一切相关创新，以企业价值增加为根本，通过协调人际关系的方式，使创新在企业内外部分享和转移；敞开大门的创新交流会议，让参与创新全过程的人都参加，把创新和企业上下游市场连接到一起。企业每年至少举办2次创新交流会，多达1000人参加，这是彼此间相互了解知识和生产过程的良好机会，促进了创新；召开创新座谈，使创新人员之间以及外部专家进一步交流经验，完善和扩散现有的创新，并培育了强大的创新人际关系网络。

# 第三章 技术创新导向下的产业升级

## 第一节 技术创新的内涵特征

### 一 技术创新的内涵和本质

技术创新是一个科技、经济一体化过程,是技术进步与应用创新"双螺旋结构"共同作用催生的产物。

#### (一) 对技术创新的片面理解

时下,"技术创新"一词大量充斥于各种媒体。然而,这一对技术创新大规模运动式推进,不仅有使技术创新沦为一种意识形态话语的可能,也可能使人们对技术创新本身发生怀疑,甚至产生逆反心理。消除这种心理的途径是营造一个公平的、开放的市场竞争环境,使每一个企业真正具备高度的动力感、不同寻常的竞争意识和不顾一切的敢于创新的精神。更重要的是,这种推进的结果能有多少"干货",令人心存疑虑。疑虑不仅源自"运动式"的推进本身,更源自诸多文章对于技术创新认识上的混乱。一些文章对技术创新的认识具有明显的片面性和局限性。这些混乱的认识基本上可以归结为如下两种极端观点。

1. 把技术创新看作纯粹的技术行为,技术进步是技术创新的目标

这种观点突出地表现为将技术创新等同于生产过程中的产品创新或工艺创新,而产品创新或工艺创新仅仅是一种技术上的要求,创新成果的市场应用并不需要考虑或较少考虑。实质上,技术创新在这里被等同于技术的开发,技术的进步。这一对技术本身重要性强调的观点,具有一定的理论意义和实践意义。从理论上看,这一观点把握并强调了技术创新的一个重要组成部分,即技术的开发。在实践中,这一观点的意义表现在几个方面。从企业的角度看,现实中的不少企业,尤其是国有、集体企业,对技

术开发已有太久的隔离。因为在计划经济体制下，这些企业无须技术的开发就能生存甚至发展，改革开放30多年后，这一现象至今犹存。计划经济体制下"大锅饭"的"香甜"仍让这些国有、集体企业回味，这些企业的运作、管理等方面仍然表现出某种程度的对过去的依恋与固执。对技术开发的强调，有可能使这些企业重视技术的开发，重视技术开发机构，主动或被动建立起自己的技术开发中心。从政府的行为看，政府也会在一定的范围内，给予企业某种程度的发展空间，为企业提供一定的技术开发方面的服务。同时，这一观点也有助于提高对企业本身发展规律的认识，对技术开发的主体——高校和科研机构有更多的关注。当然，对知识积累和技术开发人才的重视也是该观点中的应有之义。毕竟，技术的开发需要知识的积累和技术人才为条件。

这一观点的不足之处也是显然的。对这一方面的思考，同样可以从理论与实践两个层面展开。这一观点理论上的危害是将技术创新的一个环节——技术开发当作技术创新。这一观点指导下的实践会出现诸多的严重后果。一方面，由于产品创新或工艺创新并不强调市场的导向作用，产品创新或工艺创新并不能保证产品的市场成功，使企业对技术的开发失去兴趣和信任，对技术开发发生怀疑，这对企业的发展是绝对不利的。另一方面，由于技术开发本身能否成功，只取决于对技术发展规律的认识程度，至于技术开发的成果在市场中会有什么作用并不在考虑之列，这将阻碍高校和科研院所技术开发的进一步深化，使技术转移的难度加大或成为不可能。计划经济时代直至今日存在于不少高校和科研院所的技术开发成果难以转化的现象，正说明了这一观点的危害性。这一种认识的泛滥，无疑会强化只考虑技术开发本身的可行性的技术开发模式的继续存在，阻碍技术开发面向市场、面向企业的步伐。

2. 将技术创新看作是纯粹的经济行为，过分地强调应用创新

如有的人认为技术创新的本质只是一种经济行为，技术创新只能相对于一定的经济利益而存在，如果不能获得预期的经济效益，技术创新就不会发生或很难进行下去。相对于上一观点而言，这一观点弥补了前一观点的不足，强调了技术开发中市场的导向作用，强调了技术开发成果在市场中的成功，这无疑从理论上抓住了技术创新过程中的关键部分——技术的应用。在某种意义上甚至是一种理论范式的突破——从过去只重视技术开发本身到重视技术开发成果的市场成功。这一突破，对实践产生的影响是

深远的。促进技术开发行为的市场化取向，将使技术开发的成果具有更多的转化可能性，技术开发成果限于文章、样品的尴尬局面也将被打破，经济的增长具有了更可靠的技术保证。

然而，正是这一观点的成功之处，带来了明显的不足。只强调技术创新的经济行为，不仅存在理论上的缺失，而且会导致实践中的错误取向。从理论角度而言，只强调应用创新与经济行为，将使技术本身发展的规律、技术开发的可能性被忽略。这将导致企业有可能作出从技术上无法实现的技术选择，企业因此承担了本不必承担的更多更大的风险。从全社会来讲，只强调技术创新中的市场导向，将使技术的开发得不到足够的重视，技术的利用也就失去源泉，成为无本之木。在纯粹的市场导向下，对技术进行利用的结果可能对环境产生不可忽略的负面影响，与社会可持续发展要求相背离。这一种观点尽管相对于前一种观点而言，有了更多的可取之处，但仍然不能成为理想的选择。只有充分融合上述两种观点，才可能在实践中达到预期的目标。

（二）对技术创新的理解

技术创新是一个从产生新产品或新工艺的设想到市场应用的完整过程，它包括新设想的产生、研究、开发、商业化生产到扩散一系列活动，本质上是一个科技、经济一体化过程，是技术进步与应用创新共同作用催生的产物，它包括技术开发和技术应用两大环节。这样理解的技术创新的最终目的是技术的商业应用和创新产品的市场成功，在这一点上，与第二种观点一致。然而，这一观点并不仅仅关注技术创新中的市场导向，它也关注技术开发本身。由此可以看出，从科技与经济一体化过程与技术进步与应用创新"双螺旋结构"来理解技术创新，在理论上吸取了上述两种观点之精华，这一理解应成为实践指导。

技术创新既可以由企业单独完成，也可以由高校、科研院所和企业协同完成，但是，技术创新过程的完成，是以产品的市场成功为标志，因此，技术创新的过程，无论如何是少不了企业参与的。具体从某个企业来看，企业采取何种方式进行技术创新，要视技术创新的外部环境、企业自身的实力等有关因素而定。从大企业来看，技术创新的要求具体表现为，企业要建立自己的技术开发中心，提高技术开发的能力和层次，营造技术开发成果有效利用的机制；从中小企业来看，主要是深化企业内部改革，建立承接技术开发成果并有效利用的机制。对政府而言，就是要努力营造技术开发成果有效转移和企业充分运用的社会氛围，确立企业在技术创新中的重要地位。至于提供技术开发成果的科研院所和高校，需要强化科技成果转化意识，加大技术开发成果面向市场的力度，使企业有可能获得更多的、有用的技术开发成果。

对技术创新的认识，无论是只强调技术，还是只强调经济，都是不全面的认识。只有二者结合，才有可能是理性的、现实的。换句话说，技术开发和技术利用要组成一个有机的整体，在这个整体中，不仅需要从技术的角度、技术发展的规律，考虑技术开发的可能性，还要以市场为导向，考虑技术开发的有效性。市场引导着技术开发的方向，技术本身的发展规律决定这种引导实现的状况和程度。遵循这一认识路径，我们看到，技术开发、开发成果的转移、技术开发成果的利用，才能构成一个完整的技术创新过程。

信息技术的发展推动了知识社会的形成，人们日益认识到技术创新不仅是一个科技、经济一体化过程，而且是技术进步与应用创新"双螺旋结构"共同作用催生的产物。从复杂性科学的视角，技术创新活动绝非简单的线性递进关系，也不是一个简单的创新链条，而是一个复杂、全面的系统工程。在多主体参与、多要素互动的过程中，作为推动力的技术进步与作为拉动力的应用创新之间的互动推动了科技创新。技术进步和应用创新两个方向可以被看作既分立又统一、共同演进的一对"双螺旋结构"，或者说是并驾齐驱的双轮。技术进步为应用创新创造了新的技术，而应用创新往往很快就会触到技术的极限，进而鞭策技术的进一步演进。只有当技术和应用激烈碰撞达到一定的融合程度时，才会诞生出引人入胜的创新模式和行业发展的新热点。

从广义上讲，技术进步是技术所涵盖的各种形式知识的积累与改进。在开放经济中，技术进步的途径主要有三个方面即技术创新、技术扩散、技术转移与引进。对于后发国家来说，工业化的赶超就是技术的赶超。根据当前的情况，后发国家技术赶超可分为三个阶段：第一阶段，以自由贸易和技术引进为主，主要通过引进技术，加速自己的技术进步，促进产业结构升级；第二阶段，技术引进与技术开发并重，实施适度的贸易保护，国家对资源进行重新配置，通过有选择的产业政策，打破发达国家的技术垄断，进一步提升产业结构；第三阶段，必须以技术的自主开发为主，面对新兴的高技术产业，国家主要通过产业政策，加强与发达国家跨国公司的合作与交流，占领产业制高点，获得先发优势和规模经济，将动态的比较优势与静态的比较优势结合起来，兼顾长期利益与短期利益，宏观平衡与微观效率，有效地配置资源，实现跨越式赶超。目前，国内城市主要通过各类高新技术园区和开发区来完成技术赶超工作，政府通过政策引导资金、技术、人才、产业等的集聚来孵化高新企业和高新技术。应用创新，就是以用户为中心，置身用户应用环境的变化，通过研发人员与用户的互动挖掘需求，通过用户参与创意提出到技术研发与验证的全过程，发现用户的现实与潜在需求，通过各种创新的技术与产品，推动科技创新。应用创新要求建立畅通高效的创新服务体系，为技术与产品研发提供最贴近市场和用户需求的信息，推动应用创新，并进一步提供技术进步的动力。同时，技术研发方通过以应用为核心，进行技术集成创新，培养产品设计能力、研发能力，逐步向产业上游发展，推动产业的更新换代，提升整个行业科技水平。目前，科技创新体系更多地注重技术进步，而对面向用户的应用创新关注较弱。结果导致科技成果的转化率低、实用性和推广性差等突出问题。技术发展与用户需求对接出现了问题，造成技术进步与实际应用之间的脱节。制度设计对于技术发展、产品转化十分重要。当我们通过高新技术园区这种制度设计实现了产业的集聚、技术的集聚、人才的集聚的时候，却没有很好地在制度层面上解决技术的应用、转化以及以消费需求为中心的应用创新的机制问题，在科技支撑经济社会发展特别是公共服务业的管理与服务方面缺乏动力。

为进一步完善科技创新体系，有必要在应用创新方面通过构建开放创新、协同创新平台，即应用创新园区，来实现用户、需求的集聚，实现以用户需求为中心的各类创新要素的集聚和各类创新主体的互动。以高新技术园区和应用创新园区两种制度设计的高度互补与互动，形成技术进步和应用创新的两轮驱动、并驾齐驱，通过"双螺旋结构"的互动全面推动技术创新，探索面向未来、以人为本的创新 2.0 模式将是健全和完善科技创新体系的一个重要探索。

**二　技术创新的特征**

技术创新的特点和创新的形式密不可分，因此，可将技术创新的特点和创新的形式归纳为以下几点。

**（一）技术创新具有系统性特征**

由于产业技术是企业技术的有机统一，因此产业技术创新需要以某些骨干企业为核心，联合产业内外相关支持企业共同参与，协同地进行新技术的研制和开发。

（二）产品技术和生产技术共同创新

任何产业的技术不管是通过多少企业技术实现的，是如何分工的，都必然存在产品技术和生产技术。产品技术与生产技术是相互联系的整体，设计再完美的产品技术离开了生产技术就只能是潜在的技术。产业技术发展必须是产品技术和生产技术齐头并进、平衡发展。日本产业是因生产技术发达才使日本一度成为技术大国，而中国传统产业生产技术相对落后的现状长期没有得到根本解决，这样既制约着产品竞争力，也影响着科技成果的产业化进程，制约着产业技术的持续发展。

（三）技术创新是新旧技术的动态整合过程

产业技术创新的动态模式简称为 U－A 模式，该模式认为，为实现产业技术发展目标，各种有用的新旧技术被重新组织起来，通过整合，技术关系得到重新调整和优化，落后技术被淘汰，新技术通过选择和进一步开发进入产业（即实现高新技术成果产业化），引进技术得到消化吸收，产业技术的整体功能因此得到增强或升级。[1] 在这个过程中，企业和企业技术都会有所变化，一些企业因技术落后被淘汰或转向，也因新技术得到应用而诞生新的企业甚至新的产业。技术创新包括产品创新和过程创新。产品创新是指寻找生产某种新产品的技术，而过程创新是寻找生产某种新产品的成本节约型技术所进行的投资。前者强调技术上有变化的产品的商业化，如全新的产品或改进的产品，后者更强调产品生产技术的重大变革，如新工艺、新设备、新的管理和组织方法等。

1. 产品创新和过程创新

从产品生命周期的角度来看，在产品未基本定型之前，特别是基本设计出现以前，产品的创新次数多，变动频率高，而且包括更多重大的创新，一直到众多的产品型号、模型中产生基础设计后，产品创新的速度才会降低，产品创新的频率便呈直线下降。在新产品技术的形成期间，工艺一般简陋从简、不讲求效率，只求能最经济地把产品样品试制出来，这时并没有专用的设备和工具，也没有精心的工艺，在组织管理方面也没有形成系统化管理。而过程创新可以通过成本降低获得竞争优势，并成为一种

---

① 陈钰芬、陈劲：《开放式创新：机理与模式》，科学出版社 2008 年版，第 301—302 页。

阻止竞争对手进入的手段（如图3-1所示）。

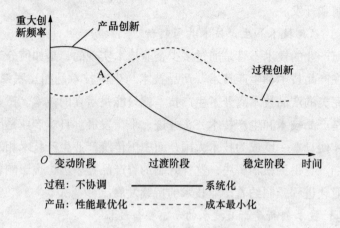

图3-1 技术创新动态模型（U-A）示意图

2. 产品创新和过程创新的阶段性特征

为了更好地了解产品创新和过程创新的相互作用和动态特征，可将两者的变化放在同一时间尺度下，以不同阶段来衡量。技术创新动态的过程从其状态特点总结来看可以分为三个阶段，变动阶段、过渡阶段和固定阶段（如表3-1所示）。

表3-1 产品创新和过程创新的阶段性特征

| | 变动阶段 | 过渡阶段 | 固定阶段 |
|---|---|---|---|
| 创新类型 | 频繁的重大产品变革 | 上升的需求导致的重大工艺变革 | 产品的渐进性改进和质量及效率的提高 |
| 创新源 | 行业领先者，产品用户 | 制造商，用户 | 经常是供应商 |
| 产品 | 多样化，经常是定制的 | 至少稳定一种产品设计以保证足够的产量 | 大部分为标准产品 |
| 工艺 | 灵活但效率不高，能适应大改变 | 比较固定，仅在主要工艺上作一些改进 | 成本大 |
| 研究与开发 | 由于技术的高度不确定性，故不集中于特定技术 | 主导设计出现，集中特定的产品特性 | 集中于逐步改进的产品技术，强调工艺技术 |
| 设备 | 通用设备，需要熟练工人 | 某些子工艺过程自动化，建立独立的"自动化小组" | 使用专用设备，大部分自动化，工人主要进行监督和控制 |

续表

|  | 变动阶段 | 过渡阶段 | 固定阶段 |
|---|---|---|---|
| 工艺 | 小规模，接近用户或者创新源 | 普通工厂，设有专门部门 | 大规模，对特种产品实行高度专门化 |
| 工艺变革成本 | 低 | 中 | 高 |
| 竞争者 | 很少，但随着市场份额波动，竞争者在增加 | 很多，但随着主导设计的出现而竞争者减少 | 很少，处于市场份额稳定的典型的垄断阶段 |
| 竞争基础 | 产品功能的性能 | 产品多样化，适用性 | 产品的价格 |
| 组织管理 | 强调非正式的企业家式的组织管理 | 采用项目组或工作组的形式 | 组织管理中强调结构、目标、规则 |
| 行业领导者的弱点 | 模仿者、专利的挑战；成功的产品突破型创新 | 更加有效和高质量的产品制造商 | 技术创新导致更优的替代品 |

（1）变动阶段。该阶段是一个变动较为频繁而且具有突发性的阶段。在这一阶段产品创新的频率较高，工艺创新较少，企业往往以潜在需求为市场目标，通过产品原理、结构等方式的改变使产品设计相应的功能不断完善。该阶段进入市场的产品类型、功能差异性较大，制造工艺和生产组织不稳定，企业的研发支出较高，但经济效益往往不显著。从图3-1中我们可以看出产品创新变化极其迅速，产品在目标和技术上都存在不确定性，而过程创新刚刚开始起步，投入的材料大多数是现成的材料，制造过程使用的是通用设备和高级技工，在小规模的接近技术源的工厂中生产，组织结构和管理方面也都缺乏针对性和系统性。在这一阶段，以产品创新为主，过程创新处于从属地位。

（2）过渡阶段。新产品需求上升时，开始进入过渡阶段。此阶段市场上的产品设计已基本定型，产品的功能和基本结构经过市场和生产实践后已趋于成熟，产品的创新频率大大下降。为了提高经济效益，企业技术创新的重点也从产品的研发转化到对产品的大批量和低成本生产上。在这个阶段，产品创新和过程创新的联系变得更加紧密。根据定型的产品设计和制造专用的设备和工具，材料改用专用的材料，适用于大量生产的组织形式，管理和控制也非常重要。

（3）固定阶段。这一阶段可以说相对应于产品生命周期的中后期，相当于生命周期的成熟期。在该阶段产品和技术均已成熟，创新频率都很低，市场需求稳定，企业创新的目标在于进一步降低成本，提高质量，满足各类用户的差异性需求。稳定阶段的创新大多数为产品和过程的渐进性创新。为了更好地体现技术创新的动态特征，可使用表3-1更加清晰地说明。

上述技术创新动态模型（U-A模型）揭示了在大量产品生产条件下产品创新与工艺创新相互作用过程中，技术创新和生产效率之间的权衡和变换。到了固定阶段，效率为先、创新退居第二位。在一个创新产品从变动阶段到过渡阶段再到固定阶段的过程中，产品的生命周期即将结束，但也意味着下一个创新波的到来，技术创新仍以同样的轨迹在运行，这也正是创新规律性的体现。尽管U-A模式为我们理解企业个体技术创新之间的关系、创新与组织之间的关系提供了线索，但该模式仍未能回答企业在成熟阶段后如何进一步创新的问题，要使企业在激烈的市场竞争中长期生存，就必须实现持续的技术创新。

（四）技术创新是各种创新手段综合运用的过程

由于创新方式和模式各有侧重，因此，技术创新并不是单一的一种创新模式。产业内不同企业之间的创新难度和技术密级不同而有所侧重，最终，自主创新是获得自主知识产权和技术持续发展能力的关键。

（五）技术创新是产业共性技术开发、扩散及个性化过程

一个产业及不同层次的行业中都会有许多同行企业，同类企业共有的技术即是共性技术，如冰箱行业中，以压缩机为核心的制冷技术即是共性技术。产业及行业的技术发展状况常常通过共性技术的发展表现出来，产业技术创新就要使共性技术得到进一步提高。另外，产业技术的发展最终又是通过企业技术的发展来实现的，各个企业还应根据自己的技术状况和市场定位，在共性技术的基础上开发具有个性特色的产品，即共性技术的扩散和个性化过程。

（六）技术创新具有外溢性

技术创新效益的外溢性也即技术创新收益的非独占性。一般而言，技术创新活动主要产生一种无形的知识，或者说一种生产某种产品的方法，它通过产品实物这一载体体现出来。如一种可给消费者带来效用的新牙膏，其配方便是一种知识。这种知识或方法可以被其他厂家通过正常或非正常渠道所掌握，以分享这种知识所带来的收益。由于复制知识要比创造知识容易得多，所以复制者（模仿者）可在较少研制经费的情况下生产

出同类产品来。知识产权，尤其是专利的出台，正是社会对技术创新的一种保护和激励措施。

### 三 技术创新的过程

对技术创新过程的认识和划分，目前国内外学者从不同的角度形成了不同看法，既然技术创新是一个新产品或新工艺的第一次商业运用，那么技术创新过程也必然是一个从新的产品或工艺创意到真正商业化的过程。结合我国企业技术创新运行过程的实际情况，可以把技术创新过程划分为以下六个阶段。

#### （一）创意思想的形成阶段

创意的形成主要表现在创新思想的来源和创新思想形成环境两个方面。创意思想可能来自科学家或从事某项技术活动的工程师的推测或发现，也可能来自市场营销人员或用户对环境或市场需要或机会的感受，但是这些创意要变成创新还需要很长时间。从创意到创新，人造纤维大约用了 200 年，计算机大约用了 100 年，而航天飞机更长。创新思想的形成环境主要包括市场环境、宏观政策环境、经济环境、社会人文环境、政治法律环境等。

#### （二）研究开发阶段

研究开发阶段的基本任务是创造新技术，一般由科学研究（基础研究、应用研究）和技术开发组成。企业从事研究开发活动的目的是很实际的，那就是开发可以或可能实现实际应用的新技术，即根据本企业的技术、经济和市场需要，敏感地捕捉各种技术机会和市场机会，探索应用的可能性，并把这种可能性变为现实性。研制出可供利用的新产品和新工艺是研究开发的基本内容。研究开发阶段是根据技术、商业、组织等方面的可能条件对创新构思阶段的计划进行检查和修正。有些企业也可能根据自身的情况购买技术或专利，从而跳过这个阶段。

#### （三）中试阶段

中试阶段的主要任务是完成从技术开发到试生产的全部技术问题，以满足生产需要。小型试验在不同规模上考验技术设计和工艺设计的可行性，解决生产中可能出现的技术和工艺问题，是技术创新过程不可缺少的阶段。

#### （四）批量生产阶段

按照商业化规模要求把中试阶段的成果变为现实的生产力，产生出新产品或新工艺，并解决大量的生产组织管理和技术工艺问题。

### （五）市场营销阶段

技术创新成果的实现程度取决于其市场的接受程度。本阶段的任务是实现新技术所形成的价值与使用价值，包括试销和正式营销两个阶段。试销具有探索性质，探索市场的可能接受程度，进一步考验其技术的完善程度，并反馈到以上各个阶段，予以不断改进与完善。市场营销阶段实现了技术创新所追求的经济效益，完成技术创新过程中质的飞跃。

### （六）创新技术扩散阶段

创新技术被赋予新的用途，进入新的市场。如雷达设备用于机动车测速，微波技术用于微波炉的制造。

在实际的创新过程中，各阶段的划分不一定十分明确，各个阶段的创新活动也不仅仅是按照线性序列递进的，有时存在过程的多重循环与反馈以及多种活动的交叉和并行。下一阶段的问题会反馈到上一阶段以求解决，上一阶段的活动也会从下一阶段所提出的问题及其解决中得到推动、深入和发展。各阶段相互区别又相互联结和促进，形成技术创新的统一过程。

## 第二节　技术创新与产业升级

科技进步与创新是推动经济和社会发展的决定性因素。企业是技术创新的主体，以企业为核心的技术创新在本质上可以看作是一种微观的经济行为，这种行为对区域经济系统来说具有正外部性，因为众多的技术创新活动刺激了宏观经济的发展。

### 一　技术创新植入产业升级的过程

在熊彼特看来，创新促进经济发展的机理在于创新，尤其是根本性的创新，一旦冲破一定的壁垒后，就会引发创新群的出现，投资高潮随之出现，较多的资本被投放于新企业，这种冲击一浪传一浪，波及原材料、设备、劳务等市场，犹如凯恩斯的投资乘数效应，经济表现出一派繁荣的景象。美籍德国经济学家格·门施（G. Mensch）继承与发展了熊彼特的思想，认为经济低落时期的"技术僵局"迫使社会进行基础性技术创新，基础性技术创新为下一次经济增长奠定基础；率先完成基础性技术创新的部门代表了新的经济结构，以这些部门为中心，创新产品与过程进一步扩散，使整个经济的基础技术迅速改变，经济进入上升的阶段；但是当创新扩散到一定阶段后，生产过程创新将取代产品创新，经济会停滞甚至下降，经济表现为 S 形的波动。[1]

在总结国内外有关理论的基础上，傅家骥（1998）把创新植入产业升级的机理归纳为四个方面效应，即率先创新的引擎效应、模仿创新的扩散效应、创新继起的持续效应和结构优化的集成效应。[2] 通过率先创新使新的科技成果首次转化为现实的生产力，又通过众多的企业对率先创新的模仿，因而产生了乘数效应、增值效应和优化效应，对于创新植入增长具有扩张效应。根本性创新集群起着较为持久的引擎作用，而改进性创新集群对于产业升级起着维持和强化的作用。在根本性创新带来的推动效应、产业内外创新扩散与模仿扩张产生的乘数效应、技术基础上的产业竞争导致的选择效应作用下，还能发生产业结构的高级化和产业结构优化后出现的集成效应。

傅家骥等学者对创新植入经济的概括是比较客观和科学的，但从其考虑的对象来看，一个隐含的假设是他们考虑的主要是"国家"水平的创新与经济活动的关系，提出的四个方面效应着重于从时间纬度去分析创新植入经济增长的机理，而在研究创新如何植入产业升级中还必须从空间纬度加以考虑。为此，将其改进形成如图 3-2 所示的机理模型。

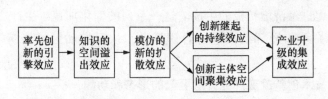

**图 3-2　技术创新植入产业升级的机理模型**

这一模型可以较好地体现技术创新的时空特点。这里就知识的空间溢出效应和创新主体的空间集聚效应解释如下。

---

① 沈宏亮、柴淑芹：《创新集群、协调和经济长波——新熊彼特派长波理论研究进展述评》，《石家庄学院学报》2010 年第 2 期。

② 傅家骥：《技术创新学》，清华大学出版社 1998 年版，第 136—137 页。

（一）知识的空间溢出效应

这里的知识主要包括技术知识、需求信息、供给信息和经营经验等。这些知识具有公共产品的性质，一旦被创造出来，传播的速度越快，拥有的人越多，为群体带来的福利就越大，但是这些知识中很多是属于隐性知识，没有频繁的人际接触很难得以传播。在产业升级中，由于彼此地理位置接近，研发机构、生产厂商、供应商及相关产业人员有更多的机会去分享这些隐性知识。这些知识在空间溢出的效应客观上促进了模仿创新的出现。

（二）创新主体的空间集聚效应

创新主体空间集聚的原因在于，出现这种集聚的区域，企业更容易获得所需要的创新资源，包括人才、资金、信息和技术等。由于相关产业的存在，可以为居于其中的企业提供便利的专业化供应源，这种供应源的存在可以使企业迅速地对其资源配置进行整合。在创新主体空间集聚效应的作用下，市场主体之间可以形成一种相互依存的产业关联和共同的产业文化，并且创造一套共同遵守的行业规范，从而加快了信息与知识的扩散速度，节省了区域内产业组织的交易成本，整体上提高了产业的竞争力和可持续发展能力。

通过以上效应，技术创新的作用得到放大，不仅引起资源的优化配置，使区域内的产业水平得到升级，产业结构得到优化，而且带来新兴产业生长并促进经济增长极的生成。这一系列的变化加速了生产力的发展，促进生产关系和经济结构进行合理调整，从而推动区域经济不断向前发展。

二 技术创新改变产业升级要素的形态和功能

根据各要素的特征，可将产业升级动力要素细分为自主性要素（自然资源、历史文化基础）、再生性要素（劳动力资源、资本、技术）、牵动性要素（市场）、制动性要素（组织、管理）四大类型。① 技术创新不仅可以改善上述各种发展要素的存在形态，而且还能有效地提高上述各种发展要素在产业升级中的功能作用。

在自主性要素方面，可以通过新技术的应用以及技术手段的改进，提

---

① 谷国锋、滕福星：《区域科技创新运行机制与评价指标体系研究》，《东北师大学报》（哲学社会科学版）2003 年第 4 期。

高自然资源的利用价值。特别是技术创新可以有效地舒缓自然资源禀赋在不同区域此丰彼欠的不均衡矛盾，弥补部分地区在某些资源禀赋方面的不足，有效地缓解区域资源储存不足的供求矛盾。通过不断进步的技术创新活动改善和调整资源的区域利用与配置，降低社会生产对区域土地、矿产、能源等资源的依赖程度，从而为产业升级创造有利条件。就历史文化基础而言，技术创新可以为区域历史文化遗产的开发提供新的手段。在再生性要素方面，通过技术创新活动，可以引发和促进劳动力资源的形态向知识化、技能化方向转变，可以提高资本的使用效率与产出效益。将知识化、技能化的劳动力资源与具有较高使用效率、产出效益的资本有机地结合，可为区域提供优良的人力资本与货币资本，从而有力地推动产业升级。在牵动性要素方面，技术创新不仅有利于推动企业提高产品质量以及降低生产成本，从而增强产品的市场竞争能力和市场开拓能力，而且还有利于促进市场网络体系的完善以及市场信息的交流，从而提高市场的资源配置功效。在制动性要素方面，技术创新直接引发生产方式、管理理念与方法的变革，促进企业组织形式、管理模式的变革，从而不断促进产业组织与管理的科学化、高效化。

### 三　技术创新促进产业结构升级

技术创新与产业结构演变之间存在相互促进、相互制约的关系，技术创新是产业结构形成和演变的基础，一定的产业结构体系的形成必须要有相应技术体系予以支撑，技术的产生、发展和成熟不断推动产业更新、发展和壮大，技术创新的水平和方向决定着产业结构的构成及其演变方向，产业结构的形成和演变正是技术创新成果广泛应用和不断更替的结果，归纳和总结已有学者关于技术创新与产业结构升级关系模式研究，主要有以下观点。

#### （一）关键生产要素模式

在经济发展的一定时期，往往存在一种或几种对产业成长和产业结构起关键作用的生产要素。这些关键要素的扩散应用，会引起相关领域的技术变革、组织变革和管理变革，进而引起产业结构向更高层次的演变。克里斯托弗·弗里曼和卡洛塔·佩雷斯曾经分析了"关键生产要素"对产业结构演变的影响。他们首先把创新活动分为四种类型：增量创新——由工程师完成的经常性发明和改进；基本创新——由国家实验室和大学完成的科研成果；技术体系变革——导致形成新产业的技术创新；技术经济模式变革——由技术体系变革引起的组织创新和管理创新。[①] 在四种类型的创新活动中，技术经济模式变革会产生非同寻常程度的投资和盈利机会。他们认为，导致技术经济模式变革的原因是"关键生产要素"的扩散应用。这些关键生产要素在经济模式变革之前已经存在，但是应用的范围较小。当上个经济周期的关键要素出现边际收益递减时，新的关键要素投入使用打破了原有技术经济模式的限制。新的关键要素在更广泛领域的应用，引起连锁变革，推动一个技术经济模式向另一个技术经济模式演变。历史上的每一次新技术革命都为社会生产提供了新的生产要素。新的生产要素投入使用以后，在与其他生产要素的组合过程中，不断寻找最佳的组合应用方式，当显示出有利于大幅度降低成本、有利于迅速增加产量、有广泛的应用价值的时候，其应用范围迅速扩大。新生产要素的扩散应用，推动了相关新兴产业的成长，并引发生产组织变革和管理变革，原有的产业结构被打破，在新要素应用的基础上形成了新的产业结构，产业结构按照"关键要素—扩散应用—结构变革"的模式，演进到更高的层次上。例如，煤初期直接生产应用领域主要是蒸汽机、制铁和铁路运输。随着煤被大量扩散应用于电力生产等领域后，改变了水力发电受地点限制的不足，火力发电使电力工业、各种电气设备制造业、重型工程业获得了发展的机会，也促进了钢铁业的发展。当钢作为一种关键生产要素，被扩散应用后，又为飞机制造业、汽车业、石油开采等产业的发展创造了条件。随着新兴产业的发展，关键生产要素被不断更新，在新的关键生产要素的扩散应用中，孕育着新的结构模式，这样，新的关键生产要素的诞生和扩散应用使产业结构保持了一个连续向高级化演变的趋向。

（二）非均衡演变模式

多西和奥尔森尼戈细致分析了产业间比例关系不协调导致的结构演进。他们认为：中观经济的重要的中间环节是产业之间生产和技术的相互依存性。产业之间以投资、需求和就业为纽带，形成纵向与横向关系。技术创新机会在产业之间的配置是不均等的，有些产业是技术发展的源头，而有的产业是技术的吸纳部门。[②] 技术成果沿着技术的投入产出关联，在

---

① ［英］李约瑟：《中国科学技术史》第一卷·导论，何兆武等译，科学出版社1990年版，第89—90页。

② Dosi, "Technological Paradigms and Technological Trajectorie", *Research Policy*, 1982, 11 (3), pp. 147—162.

纵向生产部门之间扩散和传输，形成动态反馈、有差别的和相对有序的产业结构。在技术传递过程中，产业间的技术差异的存在使原有的依存关系发生变化，促使"瓶颈"产业通过学习和进一步创新赶上来。创新技术和创新产品的扩散，引起价格、生产率和收入的变化，进而推动需求和投资增长。产业资源在创新—非均衡—创新的过程中重新配置，并在对非均衡的不断调整过程中，由以劳动密集型的产业组合转向以知识、技术密集型的产业组合，由以传统技术为核心的产业结构转向以高新技术为核心的产业结构。多西和奥尔森尼戈阐述了这样一种思想：产业经济的良性运行建立在各种产业比例关系均衡的基础上，但是，各种技术经济因素对相关产业群的影响，使产业间比例关系的不均衡成为常态。[①] 产业结构变动是为了改变不均衡状态，但是结构变动的结果又往往产生了新的不均衡。技术创新是导致不均衡的重要原因。一次创新活动的成果，一般只对少数产业的成长产生巨大作用，而对其他产业成长的影响较小，技术创新对各产业的作用差异，使产业间比例失衡，失衡成为后进产业技术创新的动力，在新一轮创新活动中，后进产业追赶上来，产业结构的整体技术水平向前发展。

（三）主导产业转换模式

美国经济学家罗斯托认为，在经济发展的任何时期，持续发展的动力，来源于一组主导产业的带动和刺激。主导产业的迅速成长，创造了新的技术发展空间和新的需求，从而推动了其他产业的发展。他指出：经济起飞的决定性因素是在一个发生扩散性效果的环境中引进新的技术，而新技术总是被吸收在特定的工业部门之中。[②] 由于这个工业部门采用新技术、降低了成本，扩大了市场，增加了利润和积累，扩大了对其他部门的产品需求，扩大了对地区经济增长的影响，从而带动了整个国民经济的发展。这个起带头作用的部门称为主导部门。经济成长阶段的交替表现为主导部门顺序的变化，现代经济增长实际上是主导部门的成长过程。当主导部门的先进技术及其影响已经扩散到各个有关部门和地区之后，它的历史使命也就完成了。这时就会有新的主导部门代替旧的主导部门。主导部门的不断更替，带动着国民经济的持续增长。罗斯托认为，能够发挥上述作

---

① Dosi, "Technological Paradigms and Technological Trajectorie", *Research Policy*, 1982, 11 (3), pp. 147—162.

② 厉以宁：《罗斯托"主导部门分析法"的评论》，《经济科学》1984 年第 6 期。

用的产业具有一些共同的素质，它们通过技术创新引入新的生产函数，保持着超过平均水平的经济增长率，对其他产业的成长具有诱导和带动作用。获得主导地位的产业具有以下特征。

1. 符合技术发展方向

主导产业往往诞生于重大技术变革的基础之上，并且不断吸收技术创新的新成果，具有较高的产业比较进步率，在技术进步的推动下，主导产业保持着高于平均水平的发展速度。

2. 市场需求增长的潜力大

相对于国民收入增长率，主导产业的需求成长率较高，社会经济发展对主导产业的产品或劳务的需求不断扩大，因而主导产业具有广阔的发展空间。

3. 与其他产业有广泛的联系

主导产业的投入产出与其他产业有密切的关联，主导产业的发展对前向、后向和旁侧等相关产业有较强的影响力，可以带动和刺激其他产业共同发展。

上述三个特征是主导产业发挥带动作用的基本条件，尤其是技术水平特征，决定了主导产业对其他产业的带动能力和推动力。所以，当主导产业的技术创新速度减缓，进一步提高生产率或创新需求的潜力已接近极限时，适时让位于新的主导产业，就显得非常重要。如果一个国家产业序列中的主导产业转换迟滞，长期由衰退产业占据主导地位，整个产业向高级化的演进就失去了引擎和核心，就会出现发展方向分散等无序现象。而主导产业先进的产业序列，则具有资源有序配置、产业之间协调发展、技术持续进步的优势。

# 第三节　技术创新促进产业升级的类型

## 一　自主创新

自主创新是以自主创新为基本目标的创新战略，企业通过自身的努力和探索产生技术突破，并在此基础上依靠自身的能力推动创新的后续环节，完成技术的商品化，达到预期目标的创新活动。自主创新具有以下几个特点。

（一）技术突破的内生性

自主创新所需的核心技术是企业内部的技术突破，是企业依靠自身力量，通过独立的研究开发活动而获得的。这样不仅有助于企业形成较强的技术壁垒，而且很可能会导致一系列的技术创新，形成创新的集群效应，推动新兴产业的发展。

（二）技术与市场的率先性

要发挥自主创新的优势，需要在技术与市场方面都具有领先的优势，因此率先性是自主创新的目标。率先性不仅有利于积累生产技术和管理方面的经验，获得产品成本和质量控制等方面的竞争优势，取得超额利润，而且企业所制定的产品标准和技术规范可演变为本行业或相关行业统一认定的标准，增强企业的知名度和市场竞争力。

（三）知识和能力支持的内生性

创新与知识和能力之间具有相辅相成的关系。知识和能力支持是创新成功的内在基础和必要条件，技术创新的主体工作及主要过程都是通过企业自身知识与能力支持实现的；自主创新过程本身也为企业提供了独特的知识与能力积累的良好环境。

（四）高投入和高风险性

企业为保证始终有占据市场优势地位的创新产品，必须能够持续进行创新的研究与开发活动，将创新贯穿于企业整个的生产经营活动中，这就要求企业必须有较多的资金和强大的人力投入。同时，由于新技术领域的探索具有较高的复杂性和不确定性，资金投入具有很强的外溢效果和较强的迟滞性，所以进行自主创新的企业必须承受巨大的风险。

二 模仿创新

模仿创新是企业通过学习率先创新者的创新思路和创新行为，吸取率先创新者成功经验和失败教训，引进购买或破译率先创新者的核心技术和技术秘密，并在此基础上进一步开发。模仿创新具有以下特点。

（一）模仿的跟随性

企业最大限度地吸取率先创新者成功的经验与失败的教训，吸收、继承与发展率先创新者的成果。当然，这种战略不是简单模仿的战略，而是巧妙地利用跟随和延迟所带来的优势，化被动为主动，变不利为有利的一种战略。

## （二）研究开发的针对性

模仿创新的研究开发不仅仅是对率先创新者技术的反求，更是对率先创新者技术的完善或进一步开发。该战略的研究开发活动主要偏重于破译无法获得的关键技术、技术秘密以及对产品的功能与生产工艺的发展和改进。

## （三）资源投入的中间聚积性

集中力量在创新链的重要环节投入较多的人力、物力，也就是在产品设计、工艺制造、装备等方面投入大量的人力、物力，使创新链上的资源分布聚积于中部。

## （四）被动性

主要是指竞争的被动性，包括技术积累、营销渠道和实施效果等方面的被动，这是由模仿创新者只做先进技术的跟进者来决定的。

## 三 合作创新

合作创新是企业间、科研机构、高等院校之间的联合创新行为，通常以合作伙伴的共同利益为基础，以资源共享或优势互补为前提，有明确的合作目标、合作期限和合作规则，合作各方在技术创新的全过程或某些中间环节共同投入、共同参与、共享成果、共担风险。合作创新具有以下特点。

## （一）合作主体间的资源共享，优势互补

全球性技术竞争的不断加剧，使技术创新活动面对的技术问题越来越复杂，技术的综合性和集群性越来越强。因此，以企业间合作的方式进行重大的技术创新，通过外部技术资源的内部化，实现资源共享和优势互补，成为新形势下企业技术创新的必然趋势。

## （二）创新时间的缩短，企业竞争地位的增强

合作创新可以缩短收集资料、信息的时间，提高信息质量，降低信息费用；可以使创新自愿组合趋于优化，使创新的各个环节能有一个比较好的接口环境和接口条件，从而缩短创新过程所需的时间；合作创新可以通过合作各方技术经验和教训的交流，减少创新过程中的因判断失误造成的时间损失和资源浪费；合作创新的成功能够为参与合作的企业赢得市场，提高企业在市场竞争中的地位。

## （三）降低创新成本，分散创新风险

合作创新对分摊创新成本和分散创新风险的作用与合作创新的规模和

内容有关，一般来说，创新项目越大，内容越复杂，成本越高，风险越大，合作创新分散风险的作用也就越显著。

### 四　案例分析

（一）自主创新案例

1. 华为的自主创新

华为技术有限公司（以下简称华为）是全球领先的下一代电信网络解决方案供应商。华为成立于1988年，是由员工持股的高科技民营企业。华为从事通信网络技术与产品的研究、开发、生产与销售，专门为电信运营商提供光网络、固定网、移动网和增值业务领域的网络解决方案，是中国电信市场的主要供应商之一，并已成功进入全球电信市场。目前，华为已经在全球建立了30多个分支机构，产品几乎覆盖了国内外电信设备的主要领域，资产数百亿元。国际投资银行家库恩的评论："位于深圳的华为已经成为世界最强大的通信设备商之一，它凭借专利与创新，成为中国新式企业的标志。"

从代理到自主创新。1988年，华为创始人任正非和投资伙伴以两万元创办了一家名叫"华为"的集体企业，经营小型程控交换机、火灾报警器等产品开发、生产及相关的工程承包咨询。在最初的两年，华为主要代销香港的HAX交换机，从价格差中获得利润。后来，华为的员工们开发出用于做配件的板件，再与从香港地区公司进来的交换机配件组装成整机。1992年，华为作出了一个大胆的决定，把全部资金投入数字交换机的自主研发上。从事代理业务风险相对较小，但是利润微薄。只有通过自主创新，才能获得更高的收益率，才能在国际电信设备行业占有一席之地。华为通过销售代理业务熟悉了电信设备市场，并积累了进一步发展的资金，为从销售代理转入自主创新创造了必要的经济条件。同时，巨大的市场为自主创新创造了充分的市场条件。国民经济的快速发展和人民生活水平的迅速提高带来了电信行业的旺盛需求，电信市场蓬勃发展，电信设备有着很高的利润率。可以说，华为选择了一个适当的时机进入了电信设备市场。在转型的当年，华为就成功地开发了第一台小型交换机，并于1994年彻底放弃了代理业务。随着自主研发战略的实施，华为目前已发展成具有高科技含量和国际竞争力的世界级企业，产品几乎覆盖了国内电信设备的主要领域，并占领了国际市场。

从农村市场到城市市场。华为进入程控交换机市场之初，在国内市场上面对的是占有很大市场份额的国际电信巨头。为了扩大自己的市场份额，华为采取了"以农村包围城市的战略"，先攻占农村市场，以及东北、西北、西南经济相对落后的省市，以利润为补贴，采用低价位的营销方法，然后步步为营，最后占领城市。电信设备制造是对售后服务要求很高的行业，售后服务要花费大量人力、物力。当时，国际电信企业巨头的分支机构最多只设立到省会城市以及沿海的重点城市，对于广大农村市场无暇顾及，为农村市场服务正是华为这样的本土企业的优势所在。另外，由于农村市场购买力有限，即使国外产品大幅降价，也与农村市场的要求有一定的距离，因此，国际电信巨头基本放弃了农村市场。"以农村包围城市的战略"使华为避免了被国际电信巨头扼杀，更让华为渡过了死亡风险极高的创业期，进入快速发展的轨道，培养了一支精良的营销队伍和研发团队，积蓄了打赢城市战的资本。1999 年，华为员工达到 15000 人，销售额首次突破百亿元。已经在国内市场站稳脚跟的华为，先后在印度班加罗尔和美国达拉斯市设立了研发中心，以便跟踪世界先进技术走向。这一年，华为海外销售额仅 0.53 亿美元，但华为已经开始建立庞大的营销和服务网络。这意味着，华为为进军国际市场做好了准备。

从国内市场到国际市场。20 世纪 90 年代末期，华为确定了全球化战略。华为走出国门时，选择了市场规模相对较大的南斯拉夫、俄罗斯、巴西、南非、埃塞俄比亚等国家，实施了艰难的、国际版的"农村包围城市"战略。2000 年之后，华为开始在其他地区全面拓展，开辟了泰国、新加坡、马来西亚等在内的东南亚市场以及中东、非洲等区域市场。此后，华为进入欧美市场，开始在期待已久的发达国家市场上有所作为。为了推进华为品牌的国际化，华为每年都要参加几十个国际顶级的展览会，在国际媒体上发出声音。为开拓海外市场，华为首先用价格来撬动市场。以芯片设计为例，国际芯片需要 200 美元一片，而华为自己设计、到美国加工生产，只要 10 多美元一片。自行设计芯片保持了技术领先，同时也大大降低了产品成本。

不断推进研发的全球化。为配合市场国际化的进展，华为不断推进研发的全球化。针对研发投入、研发理念、技术选择、研发组织等各个环节进行了制度创新，从而为华为实施研发全球化战略提供了保障。华为在选择了自主创新战略之后，持续加大科技资源的投入，长期坚持不少于销售收入 10% 的研发投入，这一强度远远超出我国大中型工业企业不足

1%的平均研发投入水平。华为还坚持有所为、有所不为，准确定位技术的主攻方向。在竞争激烈的电信设备市场中，华为面对的是拥有雄厚资本和垄断技术的跨国公司。为了在市场夹缝中拓展自己的生存空间，华为采取了集中有限力量、重点突破的策略，以最快的速度、最高的质量拿出市场最需要的产品。华为在国际电信运营商中正在形成一个快速响应的品牌。

逐步取得行业的领导地位。电信业曾被看作是经济体系中最有弹性的行业，也明显地感受到了金融危机带来的寒意。但在全球通信设备巨头纷纷喊"冷"的同时，华为却取得了卓越的成绩。华为公布的数据显示，自2004年至2009年，华为合同销售额从56亿美元快速上升至300多亿美元，海外销售占比从43%上升至75%，年均增速高于40%。目前，华为公司的主流产品已大规模进入美国、日本和欧洲，新兴市场占有份额也在稳步提高。全球知名行业研究机构In–Stat发布的市场研究报告《全球最新一代基站（LGBS）市场：引领多模网络融合》显示，2008年，华为在宽带码多分址（WCDMA）、全球移动通信系统（GSM）、码多分址（CDMA）等领域的新增市场占有份额全面领先。华为宽带码多分址高速下行分组接入技术（WCDMA/HSPA）的新增合同数达到42个，已占业界总新增合同数的40.4%，排名世界第一位，这意味着华为持续保持了其在该领域的领先优势；GSM新增出货量占业界GSM总出货量的24.4%，排名世界第二位；CDMA20001xEV–DO商用客户累计达110个，排名世界第一位。2014年，华为公司电信网络设备、IT设备和解决方案以及智能终端已应用于全球170多个国家和地区，已累计获得专利授权38825件。

2. 案例启示

（1）只有依靠自主创新，才能成为全球领先企业。技术创新是企业在全球取得竞争优势的核心要素。作为行业的龙头企业，华为是在独立自主的基础上，加大研发投入，开放合作地发展领先的核心技术体系，通过自主创新掌握了核心技术和知识产权，用卓越的产品立足于世界通信业强手之林，从一个小规模的代理商逐步发展为信息产业的领先企业，并不断巩固和扩大全球竞争优势。华为的这一技术创新路径告诉我们，要在世界竞争中占据一席之地，必须依靠自主创新。而我国要真正地实现自主创新战略，也需要一批像华为这样的具有较强创新能力的企业。自主创新需要充分利用全球创新资源自主创新并不是关起门来搞创新。创新本身是个开放的概念，只有不断继承和利用他人取得的创新成果，相互借鉴、相互学习，才能在较高的起点上不断前进。华为在过去的 20 多年自主创新过程中，充分整合了全球的创新资源，在国内广泛开展产学研合作，充分利用大学、科研院所的科研优势；在国外设立了多个研发中心，充分利用他国的科技和人力资源。通过利用创新资源，使华为能够快速地掌握世界领先的核心技术和关键技术，并始终保持在通信行业的技术领先地位。我国的企业在开展自主创新过程中，也必须具备这种创新的全球视野，将全球的创新资源为我所用。（2）整合全球创新资源是提升自主研发能力的关键。整合全球创新资源是华为能够快速发展的重要原因，但是，华为并不因为能够利用全球创新资源而放弃了自主研发的努力；相反，华为在创新过程中形成的自身较强研发能力才是其能够有效整合全球创新资源的基础和关键。全球创新资源整合不只是技术上的合作，同时考验着企业在营销、管理、生产、创新等多方面的综合能力与实力。从某种意义上说，如果一个企业不具备自主研发的能力，整合就会成为空谈。因此，整合之路对企业的自主研发能力提出了更高的要求。

（二）模仿创新案例

1. 比亚迪汽车公司模仿创新

比亚迪汽车有限公司是陕西省投资集团有限公司和比亚迪股份有限公司共同投资成立的一家自主品牌汽车公司。自 2003 年收购秦川汽车有限公司进入汽车行业以来，比亚迪汽车在省、市、区各级政府的高度重视和相关部门的大力扶持下发展迅速，现已建成整车冲压、焊接、涂装、总装四大工艺生产线及发动机等汽车关键零部件产生产线。通过几年来的不断优化、挖潜，产量由原设计的年产 20 万辆有了很大提升，主要生产速锐、F3、G3、L3 等节能汽车及 F3DM、秦双模电动车。自 2005 年以来，比亚迪汽车西安基地已累计产销约 183 万辆，累计工业总产值达 858 亿元，累计上缴税金约 54 亿元。目前，比亚迪已经成长为国内集纯电动客车、纯电动轿车和混合动力于一体的高新技术企业。

比亚迪最初的"分解创新"之路。有资深汽车评论人认为，"每一个品牌的汽车，都经历了一个从模仿到改进，再到自主设计的过程，日韩汽车工业就正是从对欧美汽车的模仿中成长起来的"。如果说，模仿是汽车企业成长必由之路的话，那么很明显，比亚迪可以说是个中高手。有资深分析人员说:"比亚迪在知识产权策略上一向奉行'成本最小化'战略,通过自主掌握核心技术,来避免支付高额的专利费用。"其妙招来源于"分解创新"模式。比亚迪在掌握核心技术之后,生产成本的降低被提上日程。当年的一条进口镍镉电池生产线需要耗资几千万元,对于一家奉行低成本战略的小公司来说是财政上的极大负担。为了节约这笔支出,比亚迪干脆自行研发了一条生产线。把一条生产线分解成很多环节,核心环节用自动化控制,其他环节由人工完成。最终,这条可以日产三四千个镍镉电池的生产线花费了100多万元,但需要四五十个工人。在日本,生产同样的产品,一条自动化的生产线只需要几个工人。这种半自动化生产线后来被比亚迪总结为"人+夹具=机器手"模式。它所具备的成本优势成为比亚迪的法宝,使之从初期就以40%的价格差猛烈冲击着日产电池的价格体系。当年,三洋一块锂电池成本要4.9美元,而比亚迪的只需1.3美元。更重要的是,这种半自动化、半人工化的生产线给比亚迪带来的是连锁性的成本优势:由于生产线的投入非常低,使折旧成本也相应地大幅度降低,它的折旧成本只有3%—4%,而三洋等全自动的生产线要达到30%—40%;比亚迪的自创生产线有很强的灵活性,当推出一个新的产品时,原有的生产线只需对关键环节作出调整,员工做相应的技术培训即可。而竞争对手的全自动化生产线,每一条线只能针对一种产品,如果要推出新品,则必须投建新的生产线,投资少则几千万元,多则几亿元。2000年,比亚迪成为摩托罗拉第一个中国锂离子电池供应商,除了强大的成本优势外,还有一个重要原因:比亚迪交货的速度非常快。当时,随着手机款式的更新,对电池结构的要求也不同。当客户提出更换电池结构时,日本企业从引进自动化设备到调试完毕,少说也要几周的时间。而比亚迪这套"人+夹具=机器手"的半自动设备,只要把人调一调,加一两个小流程,几天就可以上一个新品种。经过这样的连锁反应,使得比亚迪的固定投资是日本同类企业的1/15—1/10,而产品的价格又能做到比对手低40%。这样比亚迪充分发挥了劳动密集型优势,降低自动化装备的普及率和硬件投资的摊销成本,最大限度地使用低成本劳动力和素质较高的工程技术人员。

比亚迪"引进—模仿—创新"的实践。比亚迪进入汽车行业后,加大"引进—模仿—创新"升级之路。比亚迪建立了上百人的团队专门研究全球的专利技术,大量使用非专利的技术,并在此基础上进行组合集成和创新。比亚迪的"技术"并不是人们通常所理解的"高深的、尖端的、颠覆性的技术"。它最擅长的是结合公司情况准确选择模仿对象，然后踩在"巨人"的肩上往上跳。因此，虽然比亚迪的万人工程师队伍大都是毕业不久的年轻人，也完全可以胜任技术改造工作。当年那些刚走出校门的工程师拆解汽车时，要做测量、分解、检测的工作，研究其结构，试验其性能，认真分析其零部件。如果想用一种技术，先看有没有专利，有就调整、规避掉，没有就拿来用。因此，比亚迪数款新车在机身设计方面借鉴了丰田等跨国车型因素，同时规避了侵权问题。比如，当比亚迪的F3上市时，被外界称为"超A版丰田花冠"。F3R与上海通用的凯越HRV相似，F6像是本田雅阁与丰田凯美瑞的混合体。比亚迪的模仿并不是简单、被动的模仿，而是在原有的专利基础上再集成创新。依靠这个方法，比亚迪在国内申请了大量的专利。

一般车企都是尽可能高比例地对外采购装车零部件，以便强化生产效率和分散投资风险，比亚迪却反其道而行之，陆续培养垂直的供应链体系，从模具加工延伸到内饰乃至漆料的自制，自成产业链体系，成龙配套。不但是产品自己生产，甚至设备，工厂都自己造。以涂装线为例，就能看出其中投入的差别。一条德国杜尔进口的涂装线需要上亿元人民币，而比亚迪自己设计制作一条涂装线花费在5000万元人民币以内。不过比亚迪在中级车市场的战役，也不是一蹴而就的。F3上市时，比亚迪把其定价区间定位7.38万—9.98万元。介于其他自主品牌与合资品牌之间，性价比尚可，但是市场反应平平。2007年，比亚迪很快推出了减配的白金版F3，降低了成本和价格，进一步提高了性价比。不久，F3白金版的销量就出现井喷式增长。2008年后新能源汽车展示了强劲发展势头。比亚迪将自身新能源电池和IT产业直接嫁接到整车产业，先后生产研发出电动客车、纯电动轿车。2013年，比亚迪新能源汽车全球市场保有量已超过1万辆，在新能源汽车推广大军中比亚迪一路领先。

2. 案例启示

(1) 模仿创新的本质和特征。模仿创新是创新主体通过向率先创新者学习创新的思路、经验和行为，购买或破译核心技术和技术秘密，对技术进行改进和完善，根据市场特点和趋势加以深入开发的一种渐进性创新行为。模仿创新实质在于技术和市场的跟随性，进一步开拓发展性，以及"看中学"的学习积累机制。模仿创新以模仿为基础，但其本质特征在于创新。在工业化的过程中，世界上很多国家都经历了模仿创新的过程，模仿创新是迅速地提高这些国家自主研发的能力、生产及工艺水平的捷径。欧洲工业化的早期阶段，欧美国家大力引进和模仿英国的技术，依靠文化上的接近和地理上的邻近，很容易吸收英国的技术。此外，由于欧美国家技术差距并不大，英国本身的技术进步比较慢，到第二次工业革命前夕，一些国家已经拥有了与英国同样水平的创新能力。因此在第二次工业革命时代，这些国家不再只是技术的模仿者，而是和英国一样成了技术的创新者，甚至表现出比英国更强的创新能力，如美国和德国都成了技术的领先者。模仿创新也同样使日本的汽车工业从无到有，并迅速发展壮大。模仿创新是落后国家工业化进程中实现技术创新的现实之路，落后国家可以通过模仿和采用先进国家已有技术，实现产业技术进步的任务。工业化的实践表明，当代工业最具有竞争力和最能创造经济效益的产品往往都不是率先创新者生产的，许多新技术真正用于工业生产都是由模仿创新者完成的，模仿创新可带来后发优势。（2）模仿创新的综合优势。在技术开发方面模仿创新低投入、低风险和高效益。模仿创新的技术针对性强，具有较好的市场前景和广阔的技术空间。模仿创新者能以率先创新者为样板，通过对不同率先创新者的比较，能够看清其缺陷和不足，以便更好地选定自己的方向，因此避免了大量可能导致失败的探索和尝试，大大提高了学习的效率。同时，模仿创新的风险要低于率先创新者，根据统计，美国基础研究的成功率仅为5%，技术开发研究的成功率为50%。模仿创新者进入新技术领域，研究不同率先创新者的技术动向，向成功的先行者学习，有效地降低了技术的不确定性，因此，模仿创新往往比率先创新更能获得成功。模仿创新者可以越过产品的低级阶段，直接模仿最新的换代产品。根据曼斯菲尔德对美国化工、医药、电子和机械行业的48项产品创新与"模仿"各自的成本和耗时进行实证分析表明，模仿的平均成本是创新的65%，平均耗时是创新耗时的70%。日本企业的模仿创新对率先创新的相对成本为50%，耗时为72%。依据我国的现实国情，模仿创新对于企业的创新发展至关重要，从比亚迪汽车发展历程来看，模仿创新是它最核心的竞争武器，也是最为捷径的快速崛起模式。所以说，在某种程度上，模仿创新是我国汽车工业实现跨越式发展的必由之路。（3）通过"反求工程"提升产品研发能力。模仿创新是落后国家摆脱对国外技术依赖最有效率的一种创新形式。模仿创新的模式与依赖外国产品技术进行生产的合资模式具有本质的不同。对于自主开发产品的企业来说,模仿必须通过"反求工程"。"反求工程"是一个企业在没有掌握来自外方直接投资的外部技术转移(产品和工艺设计图纸的转让)的条件下,通过解剖跨国公司生产的产品,深入研究其内部结构和机理,反推产品的内在工艺和技术,并在充分掌握原有产品隐含技术的基础上寻找改进创新并制造出市场上已有的但自己过去又不能生产的产品的过程。"反求工程"是本土企业技术提升的一种重要途径,通过"反求工程",本土企业可以有效地避开跨国公司的技术锁定,从而获取核心技术和先进技术。日本和韩国企业之所以能够改变技术落后的局面,主要是模仿和复制欧美的技术,但不局限于被动的模仿,而是通过大量的学习和积累,达到了在模仿中创新。(4)加强研发投入能力,避免"引进—模仿—引进—模仿"的陷阱。模仿创新是以引进技术为起点,通过消化吸收,使之转化为本国、本企业的技术积累,并逐步增强自主研发能力。也即,以引进技术为起点的技术进步过程是一个"引进—模仿—创新"的过程。但是,由于我国自主研发能力相对薄弱,在学习和引进先进技术时,往往停留在简单的引进和模仿阶段,始终没有迈出创新的关键一步,从而使技术进步一直处于"引进—模仿—引进—模仿"被动循环之中。(5)通过模仿创新实现汽车工业的跨越式发展。我国汽车工业与跨国公司合资生产汽车20多年,但合资形式给国内汽车工业带来的只是外方产品的生产许可权。合资企业不拥有产品的设计确认权,合资企业无权对引进产品设计进行任何修改和创新。中国汽车工业自己没有产品开发能力,作为跨国公司的附庸无论生产能力多么强,也永远成不了汽车强国。由于合资企业没有模仿创新机制,所以参与合资的国内企业不具有汽车产品的创新能力,以整车装配为特点的中国汽车工业只能处在跨国公司全球价值链的最底端。我国自主创新的奇瑞、比亚迪、吉利等企业,通过"引进—模仿—创新"的技术进步过程,逐步具有自主研发能力,并且在电动汽车的研发上已经走在世界前列。我国汽车工业是后发的,具有强大的后发优势,我们要加大模仿后的"二次创新"来提升我国汽车工业化水平,实现我国汽车工业整体跨越式发展。

(三)合作创新案例

1. 上海联影医疗科技有限公司产学研合作创新

上海联影医疗科技有限公司(以下简称联影)是专业从事高端医疗设备及其相关技术研发、生产、销售的高新技术企业。联影成立于2010

年12月，总部位于上海张江高新技术科技园，是目前国内产品线覆盖全线高端医疗影像设备，并同时拥有核心技术、资本实力及国内外人才优势的集团公司。自公司成立之日起，联影秉承自主创新，变"中国制造"为"中国创造"理念，着力打造以联影为中心，以市场为导向，以中国科学院、高校、医院为技术依托，以产业化为目标的创新研发平台，目前已经建立起一套先进、高效的管理体制和合理完善的科技成果转移、转化机制，联影与科研院所、国内知名高校、上海地区临床医院合作，形成"产学研用"无缝对接，成为国内企业合作创新的典范。

联影致力打造"产学研"一体化机制。联影相信在公司内建立起一支实力强大的研发团队，才能真正实现"产"和"研"的紧密结合。一方面公司将有能力去接受、理解、消化科研院所及高校科学技术研究成果；另一方面公司将有能力对市场的需求敏感反应，迅速将市场需求通过公司自身的研发团队转换为产品。经过多年探索实践，联影实施各项创新人才引进、培养、管理、激励、服务措施，形成合力，已构建起一支目标清晰、结构优化的梯度式人才队伍，其中，有海内外学术造诣深厚的专家、教授，企业管理经验丰富的核心高级管理者，研发技术业务过硬的资深工程师，以及知名高校的优秀毕业生。2012年6月联影获选"上海市首批海外高层次人才创新基地"。

同医疗器械用户深入开展产业学研项目攻关。联影从成立伊始就强调"产学研用"的紧密结合。同华山医院深入开展64排计算机断层扫描成像系统、超导磁共振成像系统、新一代X射线光子计数探测器与基于碳纳米X射线发射源的CT系统、PET/CT系统的临床验证合作，以及基于高性能颈部联合标记线圈的磁共振动脉自旋标记灌注成像技术的研究和开发合作。同时，联影与徐汇区中心医院成立了"生物医学影像新技术联合实验室"，并联合中国科学院上海生命科学研究院共同开展脑功能成像研究，实现临床医学研究和科学及工程研究的充分结合，促进中国临床医学自主创新研究水平的提高，帮助一批中国的研究型医院进入国际先进水平行列；同时，联影与各医院进行高端医疗影像治疗产品及技术的临床验证合作，并第一时间获取临床应用反馈以对产品技术做出改进，确保相关产品和技术的临床可操作性。

加大与高校科研院所深度合作。联影与上海交通大学、华中科技大学、东南大学、浙江大学联合科技攻关与人才培养；共建研究中心、研究所和实验室；建立高校创新基地，实施科学研究与成果孵化；建立奖学金机制，设立"联影奖学金"等。联影作为教学、科研与产业相结合的重要基地，成为高校技术创新的基地、创新创业人才培育基地和高新技术产业辐射催化基地。同时，联影与上海医疗器械高等专科学校开展了紧密合作，在联影公司里为上海医疗器械高等专科学校建设了"厂中校"，并提供科研人员兼职教师培训、指导和带教学校学生。学校还不定期安排专业教师到联影公司进行顶岗实习，提升师资队伍的双师素质。同时，学校为联影员工的职后培训和学习提供服务。

综上，联影"产学研"创新示范基地围绕国家社会发展重大战略需求，以解决国产高端医疗器械产业化现实问题为重点，建设用于研究开发大型高端医疗影像仪器设备和新型医疗诊断技术的科技创新平台，形成一系列拥有自主知识产权的大型高端医疗设备整机和核心部件，从而使国产品牌具有高端医学影像设备核心部件自主研发能力。

2. 案例启示

（1）双向深度融合是提升产学研合作创新质量水平的关键。联影深入推进医院、科研院所、企业之间产学研双向融合互动，通过建立市场技术需求机制、成果转化机制、产学研合作激励机制等方式，构建紧密合作、融合互动的产学研联盟，解决了"产学研"之间"两张皮"、成果转化低效的突出问题，大幅度提升了产学研合作创新的质量水平。（2）大力推进产学研协同创新是促进创新资源价值最大化的重要指向。联影通过体制机制创新，构建高效协同、深度融合产学研命运共同体，充分调动了企业、大学、科研机构等各类创新主体的积极性和创造性，放大了产学研创新潜能，提高了创新效率。协同创新是一种开放式的创新模式，能充分调动企业、大学、科研机构等各类创新主体的积极性和创造性，加快了创新链各环节之间的技术融合与扩散，提高产业竞争力的重要着力点。产学研协同创新离不开组织协同，只有通过共建产学研用的创新网络平台，使无序态的创新要素和资源进行组织、融合、转化、扩散，才能形成有序的知识与技术创新；知识协同是产学研协同创新的核心。创新网络内部创新主体的知识流动和知识溢出是促进产学研协同创新网络发展的根本动力，是提高企业创新产出和效率的源泉。体现知识协同的主要措施包括提高产学研之间的充分沟通和信息流动、搭建知识协同的平台、尊重合作者的知识产权等；机制协同是产学研协同创新的制度保障。产学研协同创新在本质上是一种管理体制的创新。产学研协同过程中各方的合作动力、协作关系、责任边界、利益范围、风险分担等都需要有明确界定，只有建立和完善相应的配套政策和措施，才能保护合作各方的利益，激发大学、科研机构和企业等组织协同创新的动力。

# 第四章　生产模式创新导向下的产业升级

## 第一节　生产模式

### 一　生产模式的内涵

生产模式是企业为了提高产品质量、市场竞争力、生产规模和生产速度，以完成特定的生产任务而采取的一种有效的生产方式和一定的生产组织形式。生产模式具有鲜明的时代性。先进生产模式是从传统的生产模式中发展、深化和逐步创新而来的。工业化时代的福特大批量生产模式是以提供廉价的产品为主要目的；信息化时代的柔性生产模式、精益生产模式、敏捷制造模式等是以快速满足顾客的多样化需求为主要目的；未来发展趋势是知识化时代的绿色制造生产模式，它是以产品的整个生命周期中有利于环境保护、减少能源消耗为主要目的。在传统制造技术逐步向现代高新技术发展、渗透、交会和演变的过程中，形成了先进生产技术的同时，出现了一系列先进生产模式。近年来，成熟的先进生产系统和先进生产模式超过40种。现代化企业，特别是跨国公司和创新型企业已广泛采用了一些先进的生产模式和生产系统，如柔性制造系统（FMS）、计算机集成制造系统（CIMS）、精益生产模式（LP）、清洁生产模式（CP）、高效快速重组生产系统、虚拟制造模式（VM）等。目前，正在开发形成下一代制造和生产模式，如并行工程和协同制造（HM）、生物制造（BM）、网络化制造和下一代制造系统（NGMS）等。

### 二　生产模式演进的趋势

#### （一）快速化

现代企业之间的竞争已不仅仅集中在产品质量成本（Cost）、服务（Service）。它更多是基于时间、效率的竞争，即谁能够在最短的时间内生产出客户最需要的产品，谁就能在竞争中处于优势。生产模式在不断的变化中融入了时间、效率理念，即在最短的时间内，设计、生产、销售客户所需的产品与服务。

（二）集成化

基于并行工程思想的生产设计理念，利用现代信息技术把传统产品生产设计过程中相对独立的阶段、活动及信息有效地结合起来，强调产品生产设计及其过程同时交叉进行，减少生产设计过程中的多次反复，力求使产品开发生产人员一开始就考虑到产品整个生命周期中从概念形成到产品报废处理的所有因素，从而最大限度地提高设计效率、降低生产成本的设计方法。集成化生产设计的一个重要特征就是：详细用户界面设计的整体方法（即框架）要在初期进行开发和测试。这是以用户为中心的设计与其他单纯的递增技巧之间存在的重要差异。它确保此后各阶段中进行的递增式设计能够天衣无缝地适合框架，而且用户界面在外观、术语和概念上都能保持一致。

（三）清洁化

在20世纪60年代至70年代初，由于经济快速发展，忽视对工业污染的防治，致使环境污染问题日益严重。1976年，欧共体在巴黎举行了"无废工艺和无废生产国际研讨会"，会上提出"消除造成污染根源"的思想；1989年5月，联合国环境署工业与环境规划活动中心（UNEP IE/PAC）根据UNEP理事会会议的决议，制定了《清洁生产计划》，在全球范围内推进清洁生产。1992年6月，在巴西里约热内卢召开的联合国环境与发展大会上，通过了《21世纪议程》，号召工业提高能效，开展清洁技术，更新替代对环境有害的产品和原料，推动实现工业可持续发展。我国政府积极响应，1994年提出了"中国21世纪议程"，将清洁生产列为"重点项目"之一。[①]清洁生产是指既可满足人们的需要又可合理使用自然资源和能源并保护环境的实用生产方法和措施，其实质是一种物料和能耗最少的人类生产活动的规划和管理，将废物减量化、资源化和无害化，或消灭于生产过程之中。同时，对人体和环境无害的绿色产品的生产亦将随着可持续发展进程的深入而日益成为今后产品生产的主导方向。清洁生

---

① 国家环境保护部污染防治司：《清洁生产审核案例研究》，化学工业出版社2009年版，第23—26页。

产的内涵包括两个全过程控制：生产全过程和产品整个生命周期全过程。对生产过程而言，清洁生产包括节约原材料与能源，尽可能不用有毒原材料并在生产过程中就减少它们的数量和毒性；对产品而言，则是从原材料获取到产品最终处置过程中，尽可能将对环境的影响减少到最低。对生产过程与产品采取整体预防性的环境策略，以减少其对人类及环境可能的危害。清洁生产是一种新的创造性的思想，该思想将整体预防的环境战略持续应用于生产过程、产品和服务中，以增加生态效率和减少人类及环境的风险。

（四）网络化

随着互联网技术的迅猛发展和普及，生产环境内部网络化、生产环境与整个生产企业网络化、企业间的网络化、异地网络化制造等基于网络的制造模式成为重要的发展趋势。网络化生产是指通过采用先进的网络技术、制造技术及其他相关技术，构建面向企业特定需求的基于网络的制造系统，并在系统的支持下，突破空间对企业生产经营范围和方式的约束，开展覆盖产品整个生命周期全部或部分环节的企业业务活动（如产品设计、制造、销售、采购、管理等），实现企业间的协同和各种社会资源的共享与集成，高速度、高质量、低成本地为市场提供所需的产品和服务。网络化制造主要解决两个问题：快速响应市场的需求和充分利用现有资源，实现少花钱、多办事，保证可持续发展。它的运作空间可以是全社会的，甚至是跨国界的和全球性的。此外，它同时具有更广泛的技术、管理、人员、组织和市场经营的柔性。

# 第二节　先进生产模式

## 一　柔性生产模式

（一）柔性生产产生的背景

20世纪20年代在泰勒"科学管理"影响下，尤其是 E. Whitney 及 Oliver 提出"互换性"、"大批量生产"和"传送带"应用前提下，工业界将管理思想与当时的电气化、标准化、系列化相结合，成功地诞生了"少品种大批大量生产"的生产模式，给制造业注入了新鲜血液，它推动了工业化发展的进程，美国的"福特制"就是典型代表，它为社会提供了大量的产品，它存在的基础是当时的市场环境为卖方市场，因而我们也称此生产模式为刚性生产模式，这一模式的生产效率高，单件产品成本低，但它是以损失产品的多样化、掩盖产品个性为代价的。随着经济的不断发展，企业的竞争形式也在发生变化，它不仅仅是表面的价格、数量、质量的竞争，更重要的是刚性生产模式的弊端逐渐显现，主要表现为：成本增加、过量库存、适应市场的灵敏度低。为此，1998 年，美国里海大学和 GM 公司共同提出了柔性生产模式 AM（Agile Manufacturing），现已成为当前具有前瞻性的生产方式。

（二）柔性生产的内涵特征

1965 年，英国的 Molins 公司首次提出柔性生产模式。柔性生产模式是在柔性制造的基础上，为适应市场需求多变和市场竞争激烈而产生的市场导向型的按需生产的先进生产方式，其优点是增强制造企业的灵活性和应变能力，缩短产品生产周期，提高设备利用率和员工劳动生产率，改善产品质量，因此，是一种具有旺盛需求和强大生命力的生产模式。柔性生产模式的内涵本质表现在两个方面，即虚拟生产和拟实生产。虚拟生产是指面对市场环境的瞬息万变，要求企业作出灵敏的反应，而产品越来越复杂、个性要求越来越高，任何一个企业已不可能快速、经济地制造产品的全部，这就需要建立虚拟组织机构，实现虚拟生产。拟实生产是拟实产品开发，以实现在实体产品生产制造以前，就能准确预估产品功能及生产工艺，掌握产品实现方法，减少产品的投入、降低产品开发及生产制造成本。很明显，柔性生产的精髓在于实现弹性生产，提高企业的应变能力，不断满足用户的需求。

柔性生产是针对大规模生产的弊端而提出的新型生产模式。柔性生产即通过系统结构、人员组织、运作方式和市场营销等方面的改革，使生产系统能够对市场需求变化作出快速的适应，同时消除冗余无用的损耗，力求企业获得更大的效益。计算机及自动化技术是柔性生产的物质技术基础。例如，柔性制造系统（Flexible Manufacturing Capacity，FMS）是以统一的信息控制系统和自动物料储运系统连接起来的一组加工设备，能在不停机的情况下实现多品种工件的加工，并具有一定管理功能。柔性生产是全面的，不仅是设备的柔性，还包括管理、人员和软件的综合柔性。与柔性生产相适应，当前国际上柔性管理也开始出现。[①]

柔性生产模式是一种新型的企业生产方式，其内在特征表现如下：

1. 建立虚拟企业，实现虚拟生产与拟实生产

在大规模生产系统中即使提高生产能力和采用精益生产，但企业仍主张独立进行生产，企业间的竞争促使各企业不得不进行大规模生产。而柔性生产所实现的虚拟生产将促使企业采用较小规模的模块化生产设备，促使企业间的合作，每一个企业都将对新的生产能力作出部分贡献。由于竞争者、供应者和用户在它们相互关系中发挥着不断变化的作用，柔性生产改变了工业竞争的意义。竞争、合作、供货、买方的关系将随着产品的变化而变化，使竞争和合作二者兼容。拟实生产则是运用仿真、建模、虚拟现实等技术，提供三维可视环境，从产品设计思想的产生、设计、研发、到生产制造全过程进行模拟，以实现在实体产品生产制造以前，就能准确预估产品功能及生产工艺性，掌握产品实现方，减少产品的投入，降低产品开发及生产制造成本。

2. 订单决定生产量

柔性生产模式认为，只有适应市场不断变化的需求，才能提高企业的竞争力，价格与质量不是主要的竞争手段，而只是部分竞争手段，要不断地研发产品，创造产品的特殊使用价值来满足用户，根据订单来确定生产量及小批量品种。

3. 建立弹性生产体系

柔性生产根据市场不断需求变化来生产。市场需求的产品多、个性强、多样化。而要满足这一生产需求，势必要建立多条流水生产线，由此而带来不同的生产线经常停工，产品成本过高。因此，必须建立弹性生产体系，在同一条生产线上通过设备调整来完成不同品种的批量生产任务，既满足多品种的多样化要求，又使设备流水线的停工时间达到最小，即"只在必要的时间内生产必要数量的必要产品"。

4. 生产区位趋于集中

为了满足市场需求，柔性生产必须在一个生产区位完成整个生产过程。尤其是零配件供应商要与装配厂保持距离，以保证零配件及时交货并

---

① 胡国强等：《先进生产方式下成本工程应用研究》，西南财经大学出版社 2008 年版，第302—304 页。

实现"零库存"，从而实现对市场需求变化的灵敏反应。

5. 人员素质要求高

人是最灵活最具柔性的资源，这是因为人有社会动机，有学习和适应环境的能力。人能够在柔性生产模式下通过培训、学习、模仿和掌握信息技术等而获得所需要的知识与技能。

（三）柔性生产类型

1. 智能制造模式

该模式是在制造生产的各个环节中，应用智能制造技术和系统，以一种高度柔性和高度集成的方式，通过计算机模拟专家的智能活动，进行分析、判断、推理、构思和决策，以便取代或延伸制造过程中人的部分脑力劳动，并对人类专家的制造智能进行完善、继承和发展。智能制造可实现决策自动化，实现"制造智能"和制造技术的"智能化"，进而实现生产的信息化和自动化。

2. 精益生产模式

该生产模式是由 1990 年美国麻省理工学院在总结第二次世界大战后以丰田汽车为代表的日本制造工业经验时提出的。这种模式以改革企业生产管理为特点，其基本要求是企业在生产过程中要同时获得极高的生产率、最好的产品质量和极大的生产柔性，使所生产出的产品具有精益特点。它可消除制造企业因采用大量生产方式所造成的过于臃肿和浪费的缺点，实施"精简、消肿"的对策，以及"精益求精"的管理思想。该模式要求产品优质，且充分考虑人的因素，采用灵活的小组工作方式和强调合作的并行工作方式；在生产技术上是采用适度的自动化技术，使制造企业的资源能够得到合理的配置、充分的利用。

3. 敏捷制造模式

产生于 20 世纪 80 年代后期的敏捷制造模式与虚拟制造模式一起被美国政府作为具有划时代意义的"21 世纪制造企业的发展战略"。该模式是将柔性制造的先进技术、熟练掌握的生产技能、有素质的劳动力，以及促进企业内部和企业之间的灵活管理三者集成在一起，利用信息技术对千变万化的市场机遇作出快速响应，最大限度地满足顾客的要求。这种模式促进了传统的制造业发生根本性变化，以互联网为代表的信息技术导致制造企业的管理体制和生产模式发生根本性变化。当今，敏捷生产模式的新概念和新理论不断出现，推动着制造业科学发展，例如分形制造、生物制造、全球制造、全能制造和智能制造等新概念相继问世。

4. 高效快速重组生产系统模式

该模式是在对柔性生产、精益生产和敏捷制造这三种生产模式的优点进行比较、综合和创新之后，于 1995 年提出的，目前已开始推广应用。高效快速重组生产系统模式是对上述三种模式的理论和实践在更高层次上的有机集成，其特征是对市场的灵活快速反应的制造资源的高效集成。

## 二　虚拟生产模式

### （一）虚拟生产产生的背景

自 20 世纪 70 年代以来，日趋激烈的全球化竞争，迫使企业必须通过不断地提高生产效率，改善产品质量，降低成本，提供优良的服务，以期在市场中占有一席之地。与此同时，计算机技术、计算机网络技术和信息处理技术也得到了迅速的发展。这些条件使得信息技术不断地融合到传统的制造业中，并对其进行改造。进入 20 世纪 80 年代后，以微电子技术为基础的计算机技术和通信技术取得长足发展，并向经济和社会的各个领域渗透，从而引起世界范围内的新技术创新浪潮，产生了如计算机辅助设计（计算机辅助制造）等较先进的设计和制造手段。之后，产生的计算机集成制造系统使企业的经营计划、产品开发、产品制造和营销等一系列活动可以构成一个完整的系统。先进的生产技术向着更高的水平发展，在原有的计算机集成制造（CIMS）和并行工程（CE）的基础上，又出现了虚拟制造（VM）、虚拟企业（VE）等概念。

### （二）虚拟生产的内涵特征

虚拟生产是集计算机辅助设计（CAD）、计算机辅助制造（CAM）和计算机辅助工艺设计（CAPP）于一体的技术和仿真来实现产品的设计和研制的模式，在整个生产过程中，货物、信息和服务高度个性化综合，无论是产品、服务还是价格都是消费者选择和赋予的函数；生产部门能够快速对顾客的需求作出反应，按顾客要求定制不同种类、任意批量的产品；集成顾客、销售商、供应商以及生产者各方面的意见，在网络中进行动态的个性化设计，直到需求者满意为止；新的组织形式——虚拟企业出现，它的核心是一种从必要的商务过程或资源（人或物理设备）中综合出来的新的生产能力，而不是它们的物理位置。生产是否在一个公司或是在一个合作的公司中进行并不重要。虚拟生产内在特征表现如下：

1. 虚拟生产模型是一个计算机模型

完成生产过程的主要工作集中在模型的建立过程上，一旦这个模型建立完成，就可以不断与之进行交互，模拟各种情况的生产和制造过程。模型可反复修改性是虚拟生产过程一个最主要的特点，也正是这一特点使得虚拟生产可以根据不同情况快速地更改设计、工艺和生产过程，从而大幅度压缩新产品的开发时间，提高制造质量，降低成本。

2. 虚拟生产可以是分布式的

完成虚拟生产的人员和设备在空间上可以是相互分离的，不同地点的技术人员可以通过网络来协同完成同一个虚拟生产过程。

3. 虚拟生产是一个并行过程

产品设计加工过程和装配过程的仿真可以同时进行，大大加快了产品设计过程，减少新产品的试制时间。

（三）虚拟生产应用

1. 虚拟企业

虚拟企业建立的一个重要原因是各企业本身无法单独满足市场需求，迎接市场挑战。因此，为了快速响应市场的需求，围绕新产品开发，利用不同地域的现有资源、不同的企业或不同地点的工厂，重新组织一个新公司。该公司在运行之前，必须分析组合是否最优，能否协调运行，并对投产后的风险、利益分配等进行评估。这种联合组成的公司称为虚拟公司，或者叫动态联盟，是一种虚拟企业，它是具有集成性和实效性两大特点的经济实体。在面对多变的市场需求时，虚拟企业具有加快新产品开发速度、提高产品质量、降低生产成本、快速响应用户需求、缩短产品生产周期等优点。因此，虚拟企业是快速响应市场需求的部队，能在商战中为企业把握机遇。

2. 虚拟产品设计

飞机、汽车的设计过程中，会遇到一系列问题，如其形状是否符合空气动力学原理，内部结构布局是否合理等。在复杂管道系统设计中，采用虚拟技术，设计者可以"进入其中"进行管道布置，并可检查能否发生干涉。美国波音公司投资上亿美元研制波音喷气式客机，仅用一年多时间就完成了研制，一次试飞成功，投入运营。波音公司分散在世界各地的技术人员可以从客机数以万计的零部件中调出任何一种在计算机上观察、研究、讨论，所有零部件均是三维实体模型。可见，虚拟产品设计给企业带来效益。

3. 虚拟产品制造

应用计算机仿真技术，对零件的加工方法、工序顺序、工装和工艺参数的选用以及加工工艺性、装配工艺性等均可建模仿真，可以提前发现加工缺陷，提前发现装配时出现的问题，从而能够优化制造过程，提高加工效率。

4. 虚拟生产过程

产品生产过程的合理制定，人力资源、制造资源、物料库存、生产调度、生产系统的规划设计等，均可通过计算机仿真进行优化，同时还可对生产系统进行可靠性分析。对生产过程的资金和产品市场进行分析预测，从而对人力资源、制造资源进行合理配置，对缩短产品生产周期、降低成本意义重大（如表4－1所示）。

表4－1 虚拟生产涉及的主要领域

| 领域 | 虚拟内容 |
|---|---|
| 虚拟原型和产品设计 | 计算机中设计虚拟的产品或零部件 |
| 生产过程仿真（优化、调度） | 对车间或工段的生产过程进行仿真优化 |
| 设备仿真 | 对机器人等生产设备进行离线仿真，动态特性分析和模拟 |
| 物流仿真 | 物流规划，对AGV（自动搬运设备）进行仿真 |
| 装配过程仿真 | 模拟仿真装配流程 |
| 复杂数据的可视化 | 数值模拟计算结果的可视化输出 |
| 设备的远程操作 | 用计算机网络将空间上分散的设备结合起来，进行集成管理运行，遥控制造 |
| 增强通信效果 | 模拟仿真信号 |
| 操作培训 | 模拟情景培训 |

### 三 极端制造模式

（一）极端制造的内涵

制造技术从常规制造、传统制造向非常规制造及极端制造发展，因而出现了极端制造模式。

极端制造是在极端条件下，制造极端尺度或极高功能的器件和功能系统，集中表现在微细制造、超精密制造、巨系统制造等方面，其内涵随人类科技的发展不断被突破与变革。如极小尺寸微纳制造，能够通过机械加工将硅片切成芯片并实现封装，完成如此高精度、如此小的线宽的制造任务。几万吨水压机所进行的极大尺寸制造，是制造大型飞机精密模锻框架这一高强度、超大构件的前提。此外，还有极高能量密度和极小时空制造、极高效高洁净制造与极多参变复杂巨系统制造。如以激光、电子束、离子束刻蚀等强能束制造为代表的激光加工中心；生物矿石破碎、微生物冶金技术等生物制造；飞机制造与热连轧机组制造等复杂巨系统制造。当前，极端制造的主要特征是：在制造尺寸方面极大、极小；在制造环境方面极强、极弱；在制造系统方面实现新效应、新工艺、新装备、新技术，用多种技术极限，构造制造技术与能力极限。

（二）极端制造模式的基本特征

1. 强场制造的多维、多尺度演变与制造目标

超强加工能场与被加工系统之间能量的传递与转化，超强能场诱导下物质的多尺度演变与制造目标的实现。例如大型构件制造的能量传递与演变，芯片高密度倒装界面能量传递与转化。

2. 微结构精密成形、选择性能演变与制造目标

包括微去除、微生长、微成形、微改性等制造界面处的物理、化学作用、能量与物质的输运等。

3. 微系统的组装与功能形成

包括在微驱动、微操纵、微连接、微装配等过程中运用量子力学、微动力学规律与流体动力学、分子动力学规律等。

4. 复杂功能系统创成与功能状态的确定性

例如，大型水压机动态运行精度，其制造追求是高阶、多元运动的稳定性、唯一性。此外，还有"极端制造"环境的多场耦合、随机扰动与过程稳定问题，例如，高速切削的颤振与热位移、高速轧制的颤振与恶性发散等。

## 四　绿色制造模式

（一）绿色制造产生的背景

20世纪80年代，工业污染控制方式出现了重大的变革。传统的环境治理方式主要采用过程末端治理，存在诸多弊端，如生产和环境治理分割、治污成本高、经济效益恶化等，难以从根本上实现环境保护与治理。为了从源头上治理环境污染，在宏观上必须采用工业生态学原理，微观上

必须实施清洁生产和绿色制造。因此，开发和应用绿色机械制造技术是企业贯彻可持续发展战略的必由之路。1996 年，美国制造工程师学会（SME）发表了关于绿色制造的专门蓝皮书（*Green Manufacturing*），提出绿色制造的概念，并对其内涵和作用等问题进行了较系统的介绍，绿色制造、清洁生产等概念应运而生。绿色制造是实现环境可持续和经济可持续发展目标的一种新生产方法，也是转变经济增长方式和可持续发展的必然途径，实施绿色制造对于制造强国建设具有重要的现实意义和战略意义。

（二）绿色制造模式的内涵特征

绿色制造的提出和研究历史很短，其概念和内涵尚处于探索阶段，至今还没有统一的定义。综合现有文献，绿色制造的基本内涵可描述如下：绿色制造（GM），又称环境意识制造（ECM）、面向环境的制造（MFE）和清洁制造（CM）等。绿色制造是一个综合考虑环境影响和资源效率的现代制造模式，其目标是使得产品从设计、制造、包装、运输、使用到报废处理的整个产品生命周期中，对环境的影响（负作用）最小，资源效率最高。[①] 绿色制造应用绿色制造技术的生产组织和技术系统的形态与运作方式。它以实现对环境负面影响极小，资源利用率极高，并使企业经济效益和社会效益协调优化为目标，以人、组织、技术、管理相互结合为实施手段，通过信息流、物料流、能量流和资金流的有效集成，使产品能够上市快、质量高、成本低、服务好、满足绿色性要求，以赢得市场竞争。

绿色制造模式是一种闭环生产系统。它是一种清洁生产方式和废弃物循环利用的生产模式。在这种生产模式下，从原料开采到产品报废的整个产品生命周期中，对材料的回收、利用、处理等全部过程通盘考虑。诸如在冶炼时考虑废气、废水的彻底净化，在材料选择时预先考虑产品报废时的材料回收重用及处理问题。在绿色生产模式中，这些问题可通过特定的工艺手段和技术措施在产品的生命周期各个环节中逐一安排解决。比如，在零件的设计和制造中，标注出它们材料类型和回收方式的代码，便于成组归类处理，科学管理，做到有效地利用资源。绿色制造工作流程如图 4-1所示。

---

① 刘光复、刘志峰等编：《绿色设计与绿色制造》，机械工业出版社 2000 年版，第 34 页。

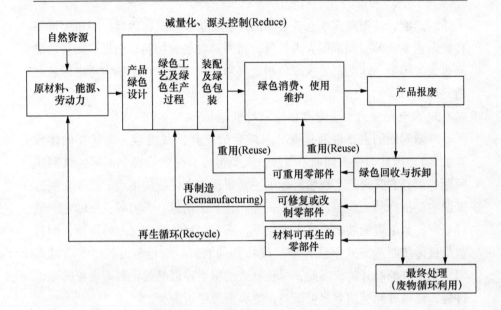

**图 4 – 1 绿色制造全生命周期过程**

绿色制造主要涉及三个领域问题：（1）制造问题，包括产品生命周期全过程；（2）环境影响问题；（3）资源优化问题。绿色制造就是这三个领域内容交叉和集成。绿色制造的提出改变了传统的制造概念，并从多方面引起了传统制造模式和制造系统的变革与内涵的外延。绿色制造主要体现以下几方面特性：

1. 绿色制造的时间特性——产品生命周期的外延

传统制造中的产品生命周期是到产品使用报废为止。绿色制造要求从原材料采掘到产品报废、回收处理的全生命周期角度考虑产品的制造问题，将产品生命周期大大外延，并提出了产品的多生命周期。产品多生命周期不仅包括本代产品生命周期的全部时间，而且还包括本代产品报废或停止使用后，产品或其有关零部件在换代——下一代、再下一代……多代产品中的循环使用时间。

2. 绿色制造的空间特性——制造系统空间的外延

由于产品制造过程和产品使用过程产生的废液、废气和固体废弃物等对环境的污染往往是没有明确的空间界限，因此绿色制造必须在更大的空间范围内来考虑产品制造问题。产品寿命终结后的回收处理，是绿色制造系统的重要组成部分，这就可能导致企业、产品和用户三者之间新型集成关系的形成，甚至是多个企业参与的供应链运作模式。因此，绿色制造将传统制造系统的空间范围大大外延，与外部的各种物料、信息和能量的交换也大大拓展。这些都要求绿色制造必须在更大的系统范围内考虑绿色制造问题。

3. 绿色制造的"资源主线论"特性

环境问题的主要根源是资源消耗后的废弃物（废液、废气和固体废弃物等）。因此，资源问题不仅涉及人类世界有限的资源如何可持续利用问题，而且它又是产生环境问题的主要根源。在传统的生产方式下，制造资源主要指物料、能源、设备、资金、技术、信息、人力等；在绿色制造环境下，制造资源的概念已大大拓展，不仅包括传统意义上的资源，而且包括被传统制造方式下认为是"废物"的物资。绿色制造的生产活动是围绕制造资源展开的，因此，绿色制造的根本途径是优化制造资源的流动过程，使得资源利用率尽可能高，废弃资源尽可能少。

（三）绿色制造过程

1. 绿色设计

包括材料选购、生产工艺设计、使用乃至废弃后的回收、重用及处理等内容，即进行产品的全寿命周期设计，要实现从根本上防止污染、节约资源和能源。在设计过程中考虑到产品及工艺对环境产生的副作用，并将其控制在最小的范围之内或最终消除。这要求设计人员必须具有良好的环境意识，既综合考虑了产品的 TQCS（Time、Quality、Cost、Service）属性，还要注重产品的 E（Environment）属性，即产品使用的绿色度。

2. 绿色采购

产品原材料的选择应尽可能地不破坏生态环境，选用可再生原料和利用废弃的材料，并且在采购过程中减少对环境的破坏，采用合理的运输方式，减少不必要的包装物等。

3. 工艺规划

产品制造过程的工艺方案不一样，物料和能源的消耗将不一样，对环境的影响也不一样。绿色工艺规划就是要根据制造系统的实际，尽量研究和采用物料和能源消耗少、废弃物少、噪声低、对环境污染小的工艺方案和工艺路线。

4. 材料选择

绿色材料选择技术是一个很复杂的问题。绿色材料尚无明确界限，实际中选用很难处理。在选用材料的时候，不但要考虑其绿色性，还必须考虑产品的功能、质量、成本、噪声等多方面的要求。减少不可再生资源和短缺资源的使用量，尽量采用各种替代物质和技术。

5. 产品包装

绿色包装技术就是从环境保护的角度出发，优化产品包装方案，使得资源消耗和废弃物产生最少。目前这方面的研究很广泛，但大致可以分为包装材料、包装结构和包装废弃物回收处理三个方面。当今世界主要工业国要求包装应做到"3R1D"（Reduce—减量化、Reuse—回收重用、Recycle—再生循环和Degradable—可降解）原则。

6. 回收处理

产品生命周期终结后，若不回收处理，将造成资源浪费并导致环境污染。面向环境的产品回收处理是个系统工程，从产品设计开始就要充分考虑这个问题，并做系统分类处理。产品寿命终结后，可以有多种不同的处理方案，如再使用、再利用、废弃等，各种方案的处理成本和回收价值都不一样，需要对各种方案进行分析与评估，确定出最佳的回收处理方案，从而以最少的成本代价，获得最高的回收价值。

7. 绿色管理

将环境保护的观念融入企业的经营管理之中，它涉及企业管理的各个层次、各个领域、各个方面、各个过程，要求在企业管理中时时处处考虑环保、体现绿色。具体要建立绿色企业文化、制定绿色管理战略、发展绿色组织结构；进行绿色设计生产、开展绿色营销、开发绿色投资、实行绿色会计审计等。

（四）全面推行绿色制造策略

绿色、智能是产业升级的主要方向。按照全生命周期的理念，革新传统设计、制造技术和生产方式，全面实现"绿色化"，加快构建起以"绿色"为特征的制造体系。

1. 加快实施传统行业绿色改造升级

全面推进钢铁、有色、化工、建材、造纸、印染等传统制造业绿色化改造，加快新一代可循环流程工艺技术研发，大力开发推广具备能源高效利用、污染减量化、废弃物资源化利用和无害化处理等功能的工艺技术，积极采用高效电机、锅炉等先进设备，用高效绿色生产工艺技术装备改造传统制造流程，加快实现重点行业绿色升级。广泛应用清洁高效铸造、锻压、焊接、表面处理、切削等加工工艺,实现绿色生产;加强绿色产品研发应用,推广轻量化、低功耗、易回收等技术工艺,持续提升电机、锅炉、内燃机及电器等终端用能产品能效水平。

2. 积极引领新兴产业高起点绿色发展

努力在新兴领域打造绿色全产业链,增强企业绿色设计、绿色生产、绿色技术、绿色管理能力,提高产品绿色运行、绿色回收、绿色再生产水平,鼓励应用绿色能源、使用绿色包装、实施绿色营销、开展绿色贸易。加快发展绿色信息通信产业,大幅降低电子信息产品生产、使用、运行能耗,推广无铅化生产工艺,发展绿色新型元器件,有效控制铅、汞、镉等有毒有害物质含量。积极建设绿色数据中心和绿色基站,统筹应用节能、节水、降碳效果突出的绿色技术和设备,加强可再生能源利用和分布式供能。加快推进新材料、新能源、高端装备、生物产业绿色低碳化发展,推广应用近净成形、快速成型、表面工程等绿色节材工艺技术,大力研发高性能、轻量化绿色新材料和绿色生物工艺、绿色生物制品。加快推进信息通信技术应用,带动智能电网、智能建筑、多网融合、智能物流等建设,促进节能减碳。

3. 推进资源高效循环利用

支持企业强化技术创新和管理,增强绿色精益制造能力,大幅降低能耗、物耗和水耗。不断提高绿色低碳能源使用比率,开展工业园区和企业分布式绿色智能微电网建设,控制和削减化石能源消费量。全面推行循环生产方式,促进企业、园区、行业间链接共生、原料互供、资源共享。推进资源再生利用产业规范化、规模化发展,强化技术装备支撑,提高大宗工业固体废弃物、废旧金属、废弃电子产品等综合利用水平。大力发展再制造产业,针对航空发动机、燃气轮机、盾构机、重型矿用载重车等大型成套设备及关键零部件实施高端再制造,利用信息化技术对传统机电产品以及通用型复印机、打印机实施智能再制造,对老旧和性能低下、故障频发、技术落后的在役机电装备实施在役再制造。推进再制造产品认定,进一步规范再制造产品生产,引导再制造产品消费,推动建立再制造产品认定国际互认机制,促进再制造产业持续健康发展。

4. 积极构建绿色制造体系

大力支持企业开发绿色产品,推行生态设计,显著提升产品节能环保低碳水平,引导绿色生产和绿色消费。建设绿色工厂,推动在重点行业建设千家绿色示范工厂，实现厂房集约化、原料无害化、生产洁净化、废物资源化、能源低碳化，探索可复制推广的工厂绿色化模式。发展绿色园区，推进工业园区（集聚区）按照生态设计理念、清洁生产要求、产业耦合链接方式，加强园区规划设计、产业布局、基础设施建设和运营管理，培育绿色工业园区。打造绿色供应链，引导企业不断完善采购标准和制度，综合考虑产品设计、采购、生产、包装、物流、销售、服务、回收和再利用等多个环节的节能环保因素，与上下游企业共同践行环境保护、节能减排等社会责任。壮大绿色企业，支持企业实施绿色战略、绿色标准、绿色管理和绿色生产。推动发展绿色金融，加强信贷政策与产业政策的衔接配合，引导资金流向节能环保技术研发应用和生态环境保护治理领域。强化绿色监管，健全节能环保法规、标准体系，加强节能环保监察。进一步转变职能，创新行业管理方式，推行企业社会责任报告制度，开展绿色评价。践行绿色理念，加强绿色产品和绿色服务供给能力，创造绿色需求，带动绿色消费，引领绿色时尚，弘扬绿色文化。

## 五　案例分析

### （一）柔性化生产案例

#### 1. 美的柔性化生产

家电销售渠道模式主要是代理制和直营零售两大类。近年来，国内家电渠道直营零售的比例越来越大。在这种趋势下，国内空调巨头——美的也概莫能外。据了解，2014 年，美的空调代理与直营零售比例已经达到4∶6。美的、国美等家电企业大多奉行大规模生产模式，即企业根据市场调研，开发出产品，在销售年度之初预定下一销售年度的销售机型，并按照既定机型进行排产、销售。

大卖场的崛起和伴随的大批量、低价策略挑战着家电企业传统的经营模式。此外，近年来，美的出口比例不断扩大，在国际市场，市场需求千差万别，如铭牌就有可能各地有不同的标准，制冷制热、性能外观的区别也很大。传统的生产线显然已经不能适应新的需求。大规模定制模式成为应对日益竞争激烈的市场需求。2002 年，美的专门成立了柔性生产的项目组，进行柔性化生产的规划。主要从人、机、（物）料和方法等方面进行突破。在设备上，美的引进了柔性生产线。美的以前使用的是上百米长的生产线，转一圈下来需要 1 分钟左右，物料通过悬挂链进行投放，适合批量规模生产，如内销机一个品种 1000 台。现在则是短线，每个工位放置多种物料，各自按需要投放。转一圈下来，一台成品组装完成。由于做出口机品种多，经常要不断切换品种，物料组织相对灵活。此外，生产和设备的柔性对人的柔性提出了要求。美的则在淡季加强对工人的培训。培养"多面手"，多技能工，能够适合不同岗位，在多种工位上工作，今天完成这种工序，明天做另一种工序。而柔性化最关键的在于配套资源的柔性。如供应商对于物料的配送能力。现在对供应商距离提出要求，控制采购半径。有些物料按照计划拉动，需要恰时供货的，必须提前3—4个小时送到生产线来。以前要送到很多仓库，现在是要多少，送多少，对供应商的配套能力、服务速度要求很高。它的布局必须在周边，类似丰田 JIT（实时生产）。柔性生产的回报很直接。以前美的的供货周期比较长，原来出口要接近一个月才能做出来，至少 25 天以上，内销以前也是平均 20天，至少半个月以上。柔性生产后，供货周期，内销可以按周计划实施，7 天交货，出口控制在 10—15 天交货。目前，在美的空调，柔性和传统长线并行，整体柔性机已经约占 1/3。其中出口全是柔性接单，柔性生产；内销还是小部分，如国美、苏宁等的定制机由柔性生产完成，而柔性化是今后内销发展的趋势。

流程协同。大规模定制模式强调流程的协同，只有部门间、内外部紧密协同才能柔性化地组织生产。美的家用空调顺德工厂的管理部长石果林认为，制造系统的运作复杂性不亚于营销。每一个环节必须环环相扣。近年来，美的在流程上重点进行优化和协同执行。如美的进行了来料质量异常处理流程的优化。以前在来料质量异常环节，部门之间相互扯皮。原来有些出口的物料各个部门走一圈下来，一两天还不能上线。通过流程优化，一两个小时解决问题、作出判断。美的从 2001 年开始启用了 PDM（产品数据管理）系统，包括所有的研发测试跟品质有关的技术文件都在系统里，书面规划较清晰，整个电子化数据流程比较通畅。

新一轮 JIT（实时生产系统）。大规模定制模式通常与"实时生产系统"和"零库存"如影随形。美的追求实时供货，首先关注的是缩短采购周期和检验周期。美的已经在 ERP（企业资源计划）系统基础上，上了一期 SCM（供应链管理）系统，在美的内部称为采购平台。采购员可以根据 MRP Ⅱ 里面的信息需求，将生产作业分解成采购订单后，通过SCM 系统传到供应商，供应商进行回执确认，确认后系统自动提交送货通知单。供应商送货到厂里后，仓管员对物料报检，什么时候报、什么时候检，通知单上面会准确地告知。比如重点物料要上线的，就会备注重点物料。总体检验周期比以前缩短了，在生产旺季，大部分物料在一个小时内检完。美的要求仓库收货员收货的物流单据电脑同步处理必须在一个小时内完成。避免系统数据和仓库实际数目"时滞"导致的不准。现在在各个环节有时间承诺，包括仓库送货、检验、物流配送等环节进行控制。采购员订单处理时间也缩短了。订单可以批量处理，特别是订单的变更：提前、延迟或者取消，系统批量处理速度很快，缩短了采购员采购事务处理的时间，可以把时间腾出来，用于供应链管理，如跟销售的衔接和与供应商的互动沟通。美的正在开发 SCM 的第二期。重点在于内部物料与作业的自动匹配、集成。如第二天的排产，排了 100 个作业号，这 100 个作业号到底物料有没有齐，系统可以自动提交信息给计划员：哪些物料齐了，哪些没齐；没齐的在什么状态，同时可以反过来提示计划员，这些物料可以优先满足哪些作业号。这样可以解放人力，改变过去凭经验、"拍脑袋"做计划的状况。二期 SCM 另一功能还在于对物料的全程跟踪。供应商一旦启动了送货通知，送货的环节中，供应商的仓库有多少、生产了多少、送货在途的有多少以及美的接受了多少、到底是在检验环节还是在装配环节或者是用完了等供应商的情况都能随时掌控。和供应商的门户交流、自动对账以及远程招标等功能也在二期 SCM 的规划之中。对美的来说，SCM 最大的收获在于流程更加规范化、可视化和可控化，内部速度加快。美的正在规划的还有 WMS（仓库管理系统），实现对于物料的扫码，扫码后，自动在系统中体现。这将缩短仓管员在系统里输入、处理数据的时间，提高正确率。同时对于物料在整个生产体系中的走向全程跟踪。

美的已经实施了 VMI 策略（供应商管理库存）。美的在周围设立了很多外租仓，外地供应商租赁仓储备库存，美的代保管，需要时进行实时配送。多数物料在空调生产线装配好才向供应商付款。在供应商管理领域，美的正在将质量控制方向向外部资源（供应商）转移，加大外检力度，帮助供应商提高机器设备标准，派驻人员到工厂先行检验，以期提高供货时效和质量。美的的长远规划是对于供应商，以战略物资供应联盟的方式，就近设厂、设仓。类似戴尔、海尔，工业园里就有生产厂房，厂房租给供应商（如海尔），供应商的生产围绕生产厂家的计划转，优先保证厂家。并可以因距离近便于进行质量控制。这种协同管理的方式已经在美的芜湖工业园区初露端倪。随着美的芜湖公司的扩大，很多供应商都在芜湖设立分厂，围绕美的提供配套。而芜湖园区预留的空地为美的实施这一策略留下了很多想象空间。目前美的以供应商送货（原材料）为主。而美的现在也在考虑以通用汽车等国际企业为模板，采取类似乳业公司收牛奶的方式自己去收货。生产时到各个供应厂商处跑一趟，美的物流车队自己收货。这样在送货频率上，美的可以把握控制，实现精益生产和更精确的实时供货。

2. 案例启示

（1）人员的柔性是核心。企业应当有优秀的企业文化和价值观，使企业内部形成和谐的合作氛围，这是调动员工的积极性与创造性的前提。公司应加强对员工的技术培训与继续教育，让更多的人员被组织在多功能交叉工作小组中工作，培养一专多能的具有创造性的多方面人才是柔性的要求；另外应建立合理高效的激励手段，科学、公平的绩效评估制度，来提高员工的积极性。培养生产多面技工与现场合理化改善活动都能够极大地调动员工的积极性与创造性。（2）柔性化最关键的在于配套资源的柔性。美的采取实时供货、供应商管理库存、柔性和传统长线并行销售模式等，同时注重对线体及工艺的改进，重点培养掌握多项生产技能的柔性生产多面手，全面导入柔性生产线以构建柔性制造系统。（3）组织管理的柔性是基础。改变企业内部单纯以职能部门为基础的静态组织管理，采用拥有一定决策权的、面向项目任务的多功能交叉工作小组形式的动态组织结构是企业高效率、高柔性的需求。美的正是采用团队（小组）工作方式来提高柔性管理效率。

（二）虚拟生产经营案例

1. 耐克（NIKE）虚拟生产经营

曾经流传一则家喻户晓的耐克神话：在美国俄勒冈州的比弗顿市，四层楼高的耐克总部里看不见一双鞋，员工们只忙着做两件事：一件事是建立全球营销网络，另一件事是管理它遍布全球的公司。不用一台生产设备，耐克总公司就缔造了一个遍及全球的帝国。一双耐克鞋，生产者只能获得几个美分的收益，而凭借其在全球的销售，耐克总公司却能获得几十美元甚至上百美元的利润。但那些将耐克视为企业杰出案例纷纷效仿的人们或许忘了，在1982年耐克曾经历过一个举步维艰的阶段，阿迪达斯、匡威、锐步强敌环伺，销售额大幅下滑。耐克的应对是将权力下放，增加了产品的品种，推动产品线的差异化。由原先的以篮球鞋为主转变到高尔夫运动用品系列，并以老虎·伍兹为代言人，同时加强足球鞋的推广，以迎合足球运动人口的增加。目前，足球运动用品系列的营业额已高达 10 亿美元，占有全球 25%的市场，在欧洲市场更高达 35%的市占率。在管理战略的转变之下，公司用 18 个月的时间使局势稳定了下来，从 1993 年到 1997 年，耐克的销售额呈爆炸式增长，从 20 亿美元上升到 90 亿美元。此外，和很多企业一样，耐克利用收购其他公司加速扩张，继 1988 年之后，耐克相继收购了 Cole Haan 公司，在 1995 年兼并了冰鞋制造商 Bauer 公司，2002 年收购滑板及服饰制造商 Hurley International 公司，以及在 2004 年收购了运动鞋制造商 Converse 公司。耐克进行收购的策略就是寻求那些产品能互补、经营风格相似，以及有一定研发能力的企业，并利用收购打压对手。在现在耐克公司的业务结构中，Cole Haan 的鞋已经实现销售额约 3 亿美元，而耐克最初买下该公司，只花了 8000 万美元；至于 Converse 公司，在被收购前，其销售额一直下滑，但是在收购后，反而出现了 25%的增长。不仅如此，Cole Haan 公司的鞋类产品正好可以融入耐克先进制鞋技术，而如 Bauer 和 Hurley International 公司都有自己的研发中心，耐克在推出新品时，大部分都是参照它们的专业设计意见，而 Converse 则恰好弥补了耐克在帆布鞋领域的空白。

在并购的过程中，耐克也曾经犯下不少错误：最初买下 Cole Haan 以后，耐克一厢情愿地把自己的想法贯穿到 Cole Haan 中，并沿用粗放型的管理模式，结果导致后者的强烈不满。在意识到自己的错误之后，耐克集团对并购的公司采取了开放的管理方式，并赋予其独立自主的权力。公司适时的反馈，让耐克保证了重新获得市场的能力。以并购作为企业扩张模式的同时，耐克继续在公司内部进行改造，把一个大的鞋类部门分为几个较小的部门，每个小部门分管一种体育项目运动鞋，加快产品的开发进程。对企业的整个运作链，耐克也在进行调整，尤其是存货控制体系和海外销售体系。耐克要求经销商必须提前 6—8 个月就预订其总销量的 80%，这样才给予 10%的折扣。这使耐克可以对订货情况了如指掌，并有足够的时间来安排，避免过多的存货，保证获得理想的出厂价。此外，耐克在生产上采取了一种虚拟化策略，所有产品都不由自己生产制造，而是全部外包给其他生产厂家加工。将公司的所有人才、物力、财力等资源集中起来，集中投入到产品设计和市场营销中去，培植公司的产品设计和市场营销能力。虚拟企业的优点是"用最大的组织来实现最大的权能"。

一个企业自身资源有限，组织结构功能有限，为实现某一市场战略而组成的虚拟企业中，每个成员只充当其中某部分结构功能，通过信息网络，支持为虚拟企业依空间分布的生产而设立的复杂的后勤保障工作，这样的企业结构和传统的组织结构相比，有较大的结构成本优势，大大提高了企业的竞争力。实施虚拟化生产，耐克公司将设计图纸交给生产厂家，让它们严格按图纸式样进行生产，然后由耐克贴牌，并将产品通过公司的行销网络销售出去。这种模式充分体现了优势互补的作用。

2. 案例启示

（1）耐克公司大力实施外包战略。耐克公司所有产品都不是自己生产制造的，而是全部外包给其他的生产厂家加工制造出来的。耐克公司的这一妙招，不仅节约了大量的生产基建投资、设备购置费用以及工人人工费用，而且充分发挥了其他生产能力强的厂家的能力。耐克公司则将所有人才、物力、财力等资源集中起来，然后全部投入到产品设计和市场营销这两大部门当中去，全力培植公司强大的产品设计和市场营销能力。耐克一方面强调产品开发设计能力的同时，更加注重公司营销能力的培养。这样，耐克公司就形成了强大的设计和营销部门，产品设计和品牌营销成了耐克的两件有力的竞争武器。（2）耐克公司实施成功的"虚拟经营"。耐克公司在生产经营上广泛采取虚拟经营方式，从而本部人员相当精简而又有活力，这样避免了很多生产问题的拖累，使公司能集中精力关注产品设计和市场营销等方面的问题，及时收集市场信息，及时将它反映在产品设计上，然后快速由世界各地的签约厂商生产出来满足需求。在体育用品日新月异和市场竞争日趋激烈的信息时代，对于我们一些已具备相当实力的企业而言，像厂房、设备等实物资产在某种程度上已并不重要，任何实体都会折旧，甚至因过时而成为包袱，所以，制胜的关键是立足于"虚"的东西、核心的东西，而实体部分则可通过外部采购、远程合作等方式交给市场上这方面做得最好的企业去完成。虽然虚拟策略作为一种管理方法被明确提出的时间并不长，但许多企业其实早已不自觉地加以应用。虚拟经营的精髓是将有限的资源集中在附加值高的功能上，而将附加值低的功能虚拟化。"虚拟经营"不以实物化产生的经营方式，是依靠品牌、商标、信誉、技术、网络等现代知识经济为特征的新的经营模式。当然，也需要面对一些新的情况。虚拟企业从传统的权力直线制变成了平等协调制，从传统的上下级关系变成了平等的协调关系。虚拟企业的经理不再是命令发布者，而是彼此的协调者，虚拟企业要想发挥它的优势，必须进行知识管理（KM），进行整个虚拟企业及相关合作单位之间的知识的挖掘、开发、保值、分享等业务，使个人的知识变为组织的知识，最大限度地整合资源。同时，文化冲突对虚拟企业的负面影响会使虚拟企业全球化战略失败。因此，创造文化协同效应尤为重要。面对不确定的合作伙伴，如何避免沟通中信息的缺失，进行跨文化、跨背景、跨地域的沟通将对虚拟企业的成败起到非常关键的作用。

（三）极端制造案例

1. 大连重工极端制造

大连船舶重工集团有限公司（以下简称大船重工）隶属于中国船舶重工股份有限公司。大船重工始建于 1898 年，百余年来，以"大船精神"为引领，"大船人"通过不懈努力和奋斗，成就了中国造船业发展进程中无数的荣耀与辉煌。大船重工是目前国内唯一有能力提供产品研发、设计、建造、维修、改装、拆解等全寿命周期服务的船舶企业集团，也是国内唯一汇聚军工、造船、海洋工程装备、修（拆）船、重工五大业务板块的装备制造企业集团。大船重工资产总额近 1000 亿元，年销售收入超过 200 亿元。大船重工造船基础设施完备，设计研发和生产建造实力雄厚，可以承担从千吨级渔船到 30 万吨级超大型油轮，从常规散货船、油船到万箱级集装箱船、大型 LNG 船等各吨级、各种类船舶的设计建造任务。大船重工是中国首家跻身全球造船企业前五强的世界著名造船企业，被誉为"中国造船业的旗舰"。2011 年 8 月，中国第一艘航母交付使用。对我们来说，虽然国内在航空母舰船体方面没能 100% 完成极端制造，但在船舶制造方面，我国正不断地在极端制造领域取得突破。在中船重工集团所属的大连船舶重工集团有限公司，30 万吨的超级油轮正加班加点建造。除 30 万吨油轮以外，大连船舶重工在极端制造领域不断取得突破，生产出中国第一座 3000 米深水半潜式钻井平台；号称"海上油气加工厂"的 FPSO（浮式生产储油卸油装置）；此外，大连船舶重工还制造了 400 英尺自升式钻井平台，多年来，这些属于极端制造的海洋船舶开出船坞，驶向大海。

2. 案例启示

（1）极端制造大力提升大连重工的核心竞争力。极端制造虽然只是某一个产品，但它拉动的是数不清的上下游产业链科技的提升和创新。极端制造给大连重工带来一系列的核心竞争力的提升。30万吨的超级油轮、全球最先进的钻井平台，都需要数不清的科技来支撑，比如细细的三条脚支撑着上万吨的平台，因此这些钢管和齿条都需要特殊的方法来建造。而30万吨油轮，以往是在船坞内一块块的钢板往上焊，费时又费力，成本高，但现在，工艺改成了省时省力的模块化拼接，但这又对加工的精度、工序的安排提出极高的要求。整船设计方面，如何在相同的燃油下，船跑得更快、结构更安全，这也要求设计人员不断开拓创新。再如全球公认高技术、高难度、高附加值的"三高"产品低温液化天然气运输船，如何在比较经济的情况下保持低温、不泄漏、保障安全性，也需要大量科技支撑。(2) 提升极端制造能力是实施制造强国战略的战略基石。如果把极端制造比作是金字塔塔尖的话，那么支撑极端制造的各种技术以及实现能力，就是金字塔塔尖下面的基石。在各种各样的技术当中，极端制造作为一种重兵器，将给我们的经济生活带来诸多意想不到的改变。早在2006年，国务院发布《国家中长期科学和技术发展规划纲要》，将"极端制造"纳入其中，极端制造作为具有前瞻性、先导性和探索性的重大技术，是制造强国建设重要基础。

(四) 绿色制造案例

1. 澳柯玛绿色制造

澳柯玛是世界知名的制冷装备供应商，是全球制冷家电、环保电动车和生活家电领先制造商之一。澳柯玛股份有限公司成立于1987年，2000年12月29日在上海证券交易所上市。澳柯玛坚持成为全球最受信赖的制冷装备供应商和"制冷专家"的战略目标，不断在制冷领域推动技术创新，形成了以冰柜、冰箱、商用冷链产品为核心业务，以超低温设备、电动自行车、洗衣机、生活电器、自动售货机为发展业务，以新能源电动工具车、冷链物流装备、新能源家电为未来业务，多层次、多梯度、国际化的产业格局，整体发展形势蓬勃向上。其中，冷柜产品截至2011年已连续16年国内同类产品产销量第一。在"打造制冷主业第一竞争力，成为绿色、环保、高品质生活的创造者"的发展战略指引下，澳柯玛从战略高度重视环保责任，绿色设计、绿色制造、绿色回收涵盖了产品生命周期的全流程，全面打造绿色产业链。公司与西门子、伊莱克斯、雀巢、可口可乐、中石化、伊利、蒙牛、农夫山泉等国内外知名品牌建立了长期合作关系。

绿色设计。澳柯玛长期坚定推行节能环保家电产品的设计和研发，实施"节能环保工程"，在结构设计、零部件选择、系统配置上，不断进行绿色环保化革新，重点加强了 VIP 航空真空保温材料、全优化制冷系统、模糊自动控制技术、用 LED 冷光源等多个方面的节能降耗的技术攻关。形成了 22 个大系列、168 个规格型号的节能环保产品，大大满足了全球市场需求。比如 2008 年推出的节能超人系列冰箱，全部达到国家一级节能标准，冰箱运转 4 天仅用一度电。

绿色生产。澳柯玛推行清洁生产模式，长期致力于转方式，调结构的生产线技改。从 20 世纪 90 年代初，澳柯玛就开始着手无氟替代项目。结合自有技术和对国外技术的引进吸收，2000 年，澳柯玛无氟改造全部完毕，由此成为世界最大无氟冰柜生产基地，并因此获得国家环保总局颁发的唯一一家"中国首届保护臭氧贡献奖"金奖企业。

绿色回收。澳柯玛实施产品全流程的生命周期管理。在对产品零部件材质选择上，积极寻找可替代的对环境危害更小的材料，从源头上做到生态环保。产品制冷剂采用 R600a 或 R134a 先进的无氟制冷剂，绿色节能更环保；发泡剂采用环保的环戊烷，保温性能好。外壳 90% 以上的产品采用一次成型的免喷涂 VCM、PCM 板材，绿色环保易回收。产品整体的可再生利用率指到 90% 以上。未来，澳柯玛将继续坚持"全力打造世界冷柜第一品牌，成为全球信赖的制冷专家"的目标，深入研究深冷、速冻技术，成为该技术领域的领导者和推动者；成为业内领先的冷链物流、生物冷链、超低温设备及装备的提供商和服务商。

2. 案例启示

（1）绿色制造是一个庞大的系统，贯穿生产、消费、流通整个产业链环节。打造绿色制造企业要系统设计绿色研发、绿色产品、绿色采购与供应链、绿色物流、绿色制造、绿色 IT、绿色经销与服务等。（2）加大绿色制造技术的研发很关键。澳柯玛结合企业发展实际，进一步加大绿色设计技术、绿色产品清洁生产技术、绿色产品回收利用技术、机电产品噪声控制技术、面向环境、面向能源、面向材料的绿色制造技术研发及推广应用。（3）倡导绿色消费方式。绿色生产还需要绿色消费。消费绿色节能、低碳环保产品，改变消费方式来引导生产模式发生重大变革，进而调整产业经济结构，促进产业升级。

# 第五章　商业模式创新导向下的产业升级

## 第一节　商业模式

### 一　商业模式的内涵特征

（一）商业模式的产生

商业模式是挂在创业者和风险投资者口头的一个热词。几乎每一个人都确信，有了一个好的商业模式，成功就有了一半的保证。那么，到底什么是商业模式？它包含什么要素，又有哪些常见类型呢？用最直白的话总结商业模式，就是公司通过什么途径或方式来赚钱？简言之，饮料公司通过卖饮料来赚钱；快递公司通过送快递来赚钱；网络公司通过点击率来赚钱；通信公司通过收话费来赚钱；超市通过平台和仓储来赚钱等。只要有赚钱的地方，就有商业模式存在。现代管理学之父彼得·德鲁克（Peter F. Drucker）曾经说过："当今企业之间的竞争，不是产品之间的竞争，而是商业模式之间的竞争。"商业模式创新被公认为后金融危机时代的制胜法宝，成功的商业模式创新能改变整个行业的竞争规则，创造巨大价值，打破既有的格局。

商业模式是一种包含一系列要素及其关系的概念性工具，用以阐明某个特定实体的商业逻辑。它描述了公司所能为客户提供的价值以及公司的内部结构、合作伙伴网路和关系资本（Relationship Capital）等借以实现（创造、推销和交付）这一价值并产生可持续盈利收入的要素。

20世纪90年代后期，商业模式的概念开始流行起来。因为在战略单元中加工、储存和共用信息变得越来越便宜了，使公司在经营方式上有了更多的选择：价值链被分拆并重组；众多新型的产品和服务出现；新的分销渠道出现；更广泛的客户群体。最终导致了更加激烈的竞争，同时也带来了许多新的经营方式。换言之，今天的公司在面对做什么、怎么做、为谁做这些问题的时候有了更多的选择。

这意味着对于经理人来说，他们拥有了一系列全新的方式来规划自己的企业，在每个行业都产生了许多新型的商业模式。以前，因为所有公司的商业模式都大同小异，只要确定一个行业就知道自己该干什么了。但是今天，仅仅选择一个有利可图的行业是不够的，还需要设计一个具有竞争力的商业模式。此外，日益激烈的竞争和成功商业模式的快速复制迫使所有公司必须不断地进行商业模式创新以获得持续的竞争优势。作为一个公司，必须深入了解公司的商业模式和组成商业模式的不同元素之间的关系，才能在自己的商业模式被复制前重新审视并再次创新。

商业模式是创业者创意，商业创意来自机会的丰富和逻辑化，并有可能最终演变为商业模式。其形成的逻辑是：机会是经由创造性资源组合传递更明确的市场需求的可能性，是未明确的市场需求或者未被利用的资源或者能力。①

（二）商业模式的内涵特征

商业模式是为实现客户价值最大化，把能使企业运行的内外各要素整合起来，形成一个完整的高效率的具有独特核心竞争力的运行系统，并通过最优实现形式满足客户需求、实现客户价值，同时使系统达成持续赢利目标的整体解决方案。

现有文献中使用"商业模式"一词的时候，往往模糊了两种不同的含义：一类将简单地用来指公司如何从事商业的具体方法和途径，另一类则更强调模型方面的意义。这两者实质上是有所不同的：前者泛指一个公司从事商业的方式，而后者指的是这种方式的概念化。后一观点的支持者们提出了一些由要素及其之间关系构成的参考模型用以描述公司的商业模式。

商业模式是一个非常宽泛的概念，通常所说的跟商业模式有关的说法很多，包括运营模式、盈利模式、B2B模式、B2C模式、广告收益模式等，不一而足。商业模式是一种简化的商业逻辑，一般的商业模式具有以下两个特征：

---

① 魏江、刘洋、应瑛：《商业模式内涵与研究框架建构》，《科研管理》2012年第5期。

1. 商业模式是一个整体的、系统的概念

商业模式是一个系统，而不仅仅是一个单一的组成因素如收入模式（广告收入、注册费、服务费）、向客户提供的价值（在价格上竞争、在质量上竞争）、组织架构（自成体系的业务单元、整合网络的能力）等，这些都是商业模式的重要组成部分，但并非全部。

2. 商业模式的组成部分之间具有内在联系

商业模式之间的内在联系把各组成部分有机地关联起来，使它们互相支持，共同作用，形成一个良性的闭合回路。

（三）商业模式的构成要素

"客户价值最大化"、"整合"、"高效率"、"系统"、"持续盈利"、"实现形式"、"核心竞争力"、"整体解决"是构成一个成功的商业模式的八个要素，缺一不可。其中，"整合"、"高效率"、"系统"是基础或先决条件，"核心竞争力"是手段，"客户价值最大化"是主观追求目标，"持续盈利"是客观结果（如图 5-1 所示）。

**二　商业模式创新的条件**

由于商业模式构成要素的具体形态表现、相互间关系及作用机制的组合几乎是无限的，因此，商业模式创新也有无数种。通过对典型商业模式创新型企业的案例考察，可以看出商业模式创新由以下三个条件构成。

（一）提供全新的产品或服务、开创新的产业领域

如 Grameen Bank（孟加拉乡村银行）面向穷人提供的小额贷款产品服务，开辟全新的产业领域，是前所未有的。亚马逊卖的书和其他零售书店没什么不同，但它卖的方式全然不同。西南航空提供的也是航空服务，但它提供的方式，也不同于其他的航空公司。

（二）商业模式至少有多个要素明显不同于其他企业

如孟加拉乡村银行不同于传统商业银行，主要以贫穷妇女为主要目标客户、贷款额度小、不需要担保和抵押等。亚马逊相比传统书店，其产品选择范围广、通过网络销售、在仓库配货运送等。西南航空也在多方面不同于其他航空公司，如提供点对点基本航空服务、不设头等仓、只使用一种机型、利用大城市不拥挤机场等。

（三）良好的业绩表现，体现成本优势、盈利能力、独特竞争优势等

如孟加拉乡村银行虽然不以营利为主要目的，但它一直是盈利的。亚马逊在一些传统绩效指标方面良好的表现，也表明了它的商业模式的优势，

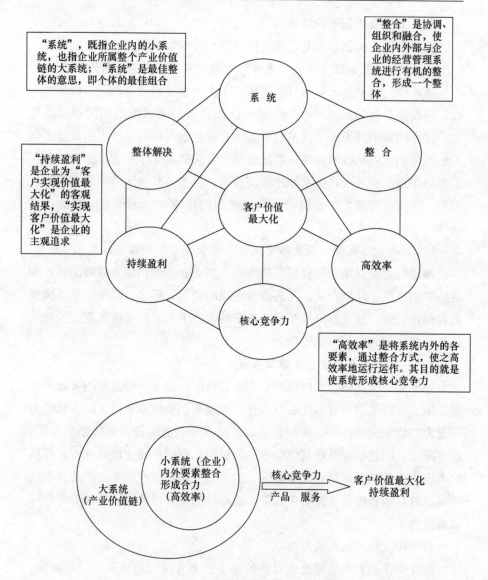

图 5-1　商业模式要素关系示意图

短短几年间亚马逊就成长为世界上最大的书店。西南航空公司的利润率连续多年高于其他全服务模式的同行。如今，美国、欧洲、加拿大等国内中短途民用航空市场，一半已逐步被像西南航空那样采用低成本商业模式的航空公司占据。

### 三　商业模式创新的特点

相对于传统的创新类型，商业模式创新体现如下特点：

（一）创新更加注重客户，更多注重和涉及企业经济方面的因素

商业模式创新的出发点是如何从根本上为客户创造新的附加价值。因此，它逻辑思考的起点是客户的需求，根据客户需求考虑如何有效满足它，这点明显不同于许多技术创新。用一种技术可能有多种用途，技术创新的视角，常是从技术特性与功能出发，看它能用来干什么，去找它潜在的市场用途。商业模式创新即使涉及技术，也多是和技术的经济方面因素关联，与技术所蕴含的经济价值及经济可行性有关，而不是纯粹的技术特性。

（二）创新不是单一因素的变化，体现企业系统和根本性变化

涉及商业模式多个要素同时的变化，需要企业做出较大战略调整。商业模式创新往往伴随产品、工艺或者组织的创新；反之，则未必足以构成商业模式创新。如开发出新产品或者新的生产工艺，就是通常所说的技术创新，技术创新则相对比较单一。

（三）创新更加注重企业绩效表现

如果提供全新的产品或服务，那么它可能开创了一个全新的可盈利产业领域，即便提供已有的产品或服务，也能给企业带来更持久的盈利能力与更大的竞争优势。传统的创新形态，能带来企业局部内部效率的提高、成本降低，而且它容易被其他企业在较短时期模仿。商业模式创新，虽然也表现为企业效率提高、成本降低，由于它更为系统和根本，因此，它也更难以被竞争者模仿，常给企业带来战略性的竞争优势，而且优势常常可以持续数年。

### 四　商业模式创新的方法

商业模式创新就是对企业以往的基本经营方法进行变革。一般而言，商业模式创新有四种方法：改变收入模式、改变企业模式、改变产业模式、改变技术模式。

（一）改变收入模式

改变一个企业的用户价值定义和相应的利润方程或收入模型。这就需要企业从确定用户的新需求入手。这并非是市场营销范畴中的寻找用户新需求，而是从更宏观的层面重新定义用户需求，即去深刻理解用户购买你的产品需要完成的任务或要实现的目标是什么。其实，用户要完成一项任

务需要的不是产品，而是一个解决方案。一旦确认了此解决方案，也就确定了新的用户价值定义，并可依次进行商业模式创新。国际知名电钻企业喜利得公司（Hilti）就从此角度找到用户新需求，并重新确认用户价值定义。喜利得一直以向建筑行业提供各类高端工业电钻著称，但近年来，全球激烈竞争使电钻成为低盈利产品。于是，喜利得通过专注于用户所需要完成的工作，意识到他们真正需要的不是电钻，而是在正确的时间和地点获得处于最佳状态的电钻。然而，用户缺乏对大量复杂电钻的综合管理能力，经常造成工期延误。因此，喜利得随即改动它的用户价值定义，不再出售而是出租电钻，并向用户提供电钻的库存、维修和保养等综合管理服务。为提供此用户价值定义，喜利得公司变革商业模式，从硬件制造商变为服务提供商，并把制造向第三方转移，同时改变盈利模式。戴尔、沃尔玛、道康宁、Zara、Netflix 和 Ryanair 等都是如此而进行商业模式创新的。

（二）改变企业模式

改变一个企业在产业链中的位置和充当的角色。也就是说，改变其价值定义中"造"和"买"的搭配，一部分由自身创造，其他由合作者提供。一般而言，企业的这种变化是通过垂直整合策略或出售及外包来实现。如谷歌在意识到大众对信息的获取已从桌面平台向移动平台转移，自身仅作为桌面平台搜索引擎会逐渐丧失竞争力，于是实施垂直整合，大手笔收购摩托罗拉手机和安卓移动平台操作系统，进入移动平台领域，从而改变了自己在产业链中的位置及商业模式，由软变硬。IBM 也是如此。它在 20 世纪 90 年代初期意识到个人电脑产业无利可寻，即出售此业务，并进入 IT 服务和咨询业，同时扩展它的软件部门，一举改变了它在产业链中的位置和它原有的商业模式。甲骨文（Oracle）、礼来（Eli Lilly）、香港利丰（Li & Fung Group）等都是采取这种思路进行商业模式创新的。

（三）改变产业模式

这是最激进的一种商业模式创新，它要求一个企业重新定义本产业，进入或创造一个新产业。IBM 通过推动智能星球计划和云计算，重新整合资源，进入新领域并创造新产业，如商业运营外包服务和综合商业变革服务等，力求成为企业总体商务运作的大管家。亚马逊也是如此。它正在进行的商业模式创新向产业链后方延伸，为各类商业用户提供如物流和信息技术管理的商务运作支持服务，并向它们开放自身的全球货物配发中心，并大力进入云计算领域，成为提供相关平台、软件和服务的领袖。其他如高盛（Goldman Sachs）、富士（Fuji）和印度大企业集团（Bharti Airtel）等都在进行类似的商业模式创新。

（四）改变技术模式

正如产品创新往往是商业模式创新的最主要驱动力，技术变革也是如此。企业可以通过引进激进型技术来主导自身商业模式创新，如当前众多企业利用互联网进行商业模式创新。当今，最具潜力的技术是云计算，它能提供诸多崭新的用户价值，从而提供企业进行商业模式创新的契机。另一项重大的技术革新是 3D 打印技术。如果一旦成熟并能商业化，它将帮助诸多企业进行深度商业模式创新。如汽车企业可用此技术替代传统生产线来打印零件，甚至可采用戴尔的直销模式，让用户在网上订货，并在靠近用户的场所将所需汽车打印出来。

当然，无论采取何种方式，商业模式创新需要企业对自身的经营方式、用户需求、产业特征及宏观技术环境具有深刻的理解和洞察力。这才是成功进行商业模式创新的前提条件，也是最困难之处。

**五　商业模式创新的维度**

瑞士亚历山大·奥斯特瓦德（Osterwalder）指出，在商业模式价值体系中，企业可以通过改变价值主张、目标客户、分销渠道、顾客关系、关键活动、关键资源、伙伴承诺、收入流和成本结构等因素来激发商业模式创新。[①] 也就是说，企业经营的每一个环节的创新都有可能成为一个成功的商业模式。由此一般商业模式创新可以从战略定位创新、资源能力创新、商业生态环境创新以及由这三种创新方式组合产生的混合商业模式创新四个维度进行（如图 5 - 2 所示）。

（一）战略定位创新

战略定位创新主要是围绕企业的价值主张、目标客户及顾客关系方面的创新，具体指企业选择什么样的顾客、为顾客提供什么样的产品或服务、希望与顾客建立什么样的关系，其产品和服务能向顾客提供什么样的价值等方面的创新。在激烈的市场竞争中，没有哪一种产品或服务能够满足所有的消费者，战略定位创新可以帮助企业发现有效的市场机会，提高企业的竞争力。在战略定位创新中，企业首先要明白自己的目标客户是谁，

---

① ［瑞士］亚历山大·奥斯特瓦德（Alexander Osterwalder）、［比利时］伊夫·皮尼厄（Yves Pigneur）：《商业模式新生代》，王帅译，机械工业出版社 2011 年版，第 68—69 页。

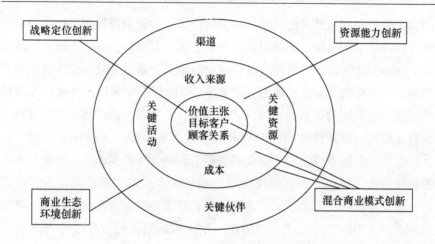

**图5-2 商业模式创新的四维模型示意图**

其次是如何让企业提供的产品或服务在更大程度上满足目标客户的需求，在前两者都确定的基础上，再分析选择何种客户关系。合适的客户关系也可以使企业的价值主张更好地满足目标客户。美国西南航空公司抓住了那些大航空公司热衷于远程航运而对短程航运不屑一顾的市场空隙，在美国的中等城市和各大城市的次要机场之间提供短程、廉价的点对点空运服务，最终发展成为美国四大航空公司之一。日本原宿个性百货商店打破传统百货商店的经营模式——每层经营不同年龄段不同风格服饰，专注打造以少男少女为对象的时装商城，最终成为最受时尚年轻人和海外游客欢迎的百货公司。

（二）资源能力创新

资源能力创新是指企业对其所拥有的资源进行整合和运用能力的创新。主要是围绕企业的关键活动，建立和运转商业模式所需要的关键资源的开发和配置、成本及收入来源方面的创新。所谓关键活动是指影响其核心竞争力的企业行为；关键资源指能够让企业创造并提供价值的资源，主要指那些其他企业不能够代替的物质资产、无形资产、人力资本等。在确定了企业的目标客户、价值主张及顾客关系之后，企业可以进一步进行资源能力的创新。战略定位是企业进行资源能力创新的基础，而且资源能力创新的四个方面也是相互影响的。一方面，企业要分析在价值链条上自己拥有或希望拥有哪些别人不能代替的关键能力，根据这些能力进行资源的开发与配置；另一方面，如果企业拥有某项关键资源如专利权，也可以针对其关键资源制定相关的活动；对关键能力和关键资源的创新也必将引起收入源及成本的变化。丰田以最终用户需求为起点的精益生产模式，改变了 20 世纪 70 年代以制造商为起点的商业模式，通过有效的成本管理模式创新，大大提高了企业的经营管理效率。20 世纪 90 年代，当通用发现传统制造行业的利润越来越小时，它们改变行业中以提供产品为其关键活动的商业模式，创新性地提出以利润和客户为中心的"出售解决方案"模式。在传统的经营模式中，企业的关键活动是为客户提供能够满足其需求的机械设备，但在"出售解决方案"模式中企业的关键活动是为客户提供一套完整的解决方案，而那些器械设备则成为这一方案的附属品。有资料显示，通用的这一模式令通用在一些区域的销售利润率超过 30%。另一方面，通用还积极扩展它的利润源，它们建立了通用电气资本公司。在20 世纪 80 年代中后期，通用电气资本年净收入达到 18%，远远超出通用其他部门 4% 的平均值。

（三）商业生态环境创新

商业生态环境创新是指企业将其周围的环境看作一个整体，打造出一个可持续发展的共赢的商业环境。商业生态环境创新主要围绕企业的合作伙伴进行创新，包括供应商、经销商及其他市场中介，在必要的情况下，还包括其竞争对手。市场是千变万化的，顾客的需求也在不断变化，单个企业无法完全完成这一任务，企业需要联盟，需要合作来达到共赢。企业战略定位及内部资源能力都是企业建立商业生态环境的基础。没有良好的战略定位及内部资源能力，企业将失去挑选优秀外部合作者的机会以及与它们议价的筹码。一个可持续发展的共赢的商业环境也将为企业未来发展及运营能力提供保证。20 世纪 80 年代，美国最大的连锁零售企业沃尔玛和全球最大的日化用品制造商宝洁争执不断，它们相互威胁与抨击，各种口水战及笔墨官司从未间断过。由于争执给双发都带来了损失，后来它们开始反思，最终促成它们建立了一种全新的供应商——零售商关系，把产销间的敌对关系转变成了双方均能获利的合作关系。宝洁开发并给沃尔玛安装了一套"持续补货系统"，该系统使宝洁可以实时监控其产品在沃尔玛的销售及存货情况，然后协同沃尔玛共同完成相关销售预测、订单预测以及持续补货的计划。这种全新的协同商务模式为双方带来了丰厚的回报。另一个建立共赢的商业生态环境的是戴尔。戴尔公司自己既没有品牌又没有技术，它凭什么在短短 20 多年的时间，从一个大学没毕业的学生创建的企业一跃成为电脑行业的佼佼者？就是因为它独特的销售渠道模式。但是，在其独特的销售模式背后是戴尔建立的共赢的商业生态模式，它在全球建立了一个以自己的网络直销平台为中心、众多供应商环绕其周围的商业生态经营模式。

（四）混合商业模式创新

混合商业模式创新是一种战略定位创新、资源能力创新和商业生态环境创新相互结合的方式。实际上，企业商业模式创新一般都是混合式的，因为企业商业模式的构成要素、战略定位、内部资源、外部资源环境之间是相互依赖、相互作用的，每一部分的创新都会引起另一部分相应的变化。而且，这种由战略定位创新、资源能力创新和商业能力创新两两相结合甚至同时进行的创新方式，都会为企业经营业绩带来巨大的改善。苹果公司的巨大成功，不单单在其独特的产品设计，还源于其精准的战略创新。它们看中了终端内容服务这一市场的巨大潜力，因此，它将其战略从纯粹地出售电子产品转变为以终端为基础的综合性内容服务提供商。从其"iPod + ITune"到后来的"iPhone + App"都充分体现了这一战略创新。在资源能力创新方面，苹果突出表现在能够为客户提供充分满足其需求的产品这一关键活动上。苹果每一次推出新产品，都超出了人们对常规产品的想象，其独特的设计以及对新技术的采用都超出消费者的预期。例如，消费者所熟知的重力感应系统、多点触摸技术以及视网膜屏幕的现实技术都是率先在苹果产品上使用的。另外，苹果的成功也得益于其共赢的商业生态模式。2008年3月，苹果公司发布开发包 SDK 下载，以便第三方开发商针对 iPhone 开发出更多优秀的软件，为第三方开发商提供了一个既方便又高效的平台，也为自己创造了良好的商业生态环境。

总之，商业模式创新既可以是四个维度中某一维度的创新，也可以是其中的两点甚至三点相结合的创新。正如 Morris 等（2005）提出的，有效的商业模式这一新鲜事物能够导致卓越的超值价值，商业模式创新将成为企业家追求超值价值的有效工具。

# 第二节　商业模式创新的趋势

基于国际经济环境深刻变化和企业发展趋势的分析，商业模式创新趋势越来越体现为价值创新、客户为中心、经济联盟、快捷、信息网络等特征。

## 一 以价值创新为导向

商业模式的灵魂在于价值创新。企业经营的核心是市场价值的实现，必须借助商业模式进行价值创造、价值营销和价值提供，从而实现企业价值最大化。商业模式应该回答一系列的问题：向什么顾客提供价值，向顾客提供什么样的价值，怎么样为顾客提供价值等。

### (一) 注重轻资产经营

轻资产经营就是在资源有限的基础上科学配置各种资源，以最少的投入实现企业价值最大化。轻资产是知识经济时代奠定企业竞争优势的各种资产，包括企业的品牌、企业的经验、规范的流程管理、治理制度、与各方的关系资源、客户关系、人力资源等。轻资产经营的核心是知识管理，是对智力资本的良好管理。要求有效率的知识型员工组合成高度绩效的工作小组，整合顾客与供应商等企业资源，利用网络技术做有效的沟通和协调，提供有价值的生产和服务。轻资产经营的行为主体是企业价值链上的所有利益共同体，它包括企业的员工、企业的供应商、企业的客户等。轻资产经营不仅要有战略规划、流程优化，更重要的是要有一种与轻资产经营相适应的企业文化，用相应的激励措施保证轻资产经营创造最大的价值。

### (二) 加强企业市值管理

提升公司投资价值，必须不断提高企业的经营素质。要突出企业的主营业务、构筑强势的行业地位，形成持续的盈利能力，最终体现在不断升高的公司市值上。同时，上市公司还应该通过建立严谨的治理结构、培育优秀的团队素质，规范公司的运作水平，增强公司的成长性、透明度和诚信度等举措，创造公司价值，促进市值升值。

### (三) 构造企业价值网

随着竞争的不断加剧，今后的竞争不再是企业与企业之间的竞争，也不是单一线性价值链之间的竞争，企业正从独立创造价值走向合作创造价值，用多条价值链构造企业价值网。在价值网中，企业可以将众多的合作商连在一起，通过有效的资源整合，构成快速、可靠、便利的系统，以适应不断变化的市场环境。最为典型的是思科公司，成功运用了"外部资源生产法"。思科公司的商业模式是：把产品制造的整个系统委托设计、委托制造、委托销售。利用网络使设计者、供货商看起来就像是自己的一个部门。这样无须建立新的工厂，就可将生产能力扩大4倍，使新产品推向市场的时间缩短1/3，员工只是传统企业的1/4，每年节省开支达5亿美元。

（四）为广义的客户创造价值

价值创造的目的是让企业价值链上的所有利益共同体受益。广义的客户包括顾客、股东、员工、社会。这就要求商业模式能创造四种价值：一是顾客价值。能够为顾客提供一流的产品和服务，努力为顾客创造价值。创造顾客价值是创造其他价值的基础和保障。二是股东价值。能够为股东提供持续、稳定、高水平的价值回报。三是员工价值。能够为员工创造良好的成长和发展空间，让员工与企业的发展共同成长。四是社会价值。能够努力回报社会，为社会发展作出积极贡献。

**二　以客户为中心**

以客户为中心的商业模式是一种旨在改善企业与客户关系的新型管理机制。通过向企业的销售、市场、服务等部门和人员提供全面及个性化的客户资料，并强化跟踪服务、信息分析能力，使它们能够协同建立和维护一系列与客户以及商业伙伴之间卓有成效的"一对一关系"，从而使企业得以提供更快捷和周到的优质服务，提高客户满意度，吸引和保持更多的客户，增加营业额，并通过信息共享和优化商业流程有效地降低企业经营成本。

（一）研究分析精准客户需求

以客户为中心，就是要精心研究客户需求，要从客户角度出发，重要的不是企业能够为客户提供什么，而是客户希望得到什么。客户的期望值比产品本身更重要，提高满意度的关键是企业必须按照客户的要求，有效地满足客户对自己产品或服务的期望值。客户的要求是多样化的，要进行筛选，针对客户的特殊需求，实现"差别化"、"个性化"服务。同时企业要预测需求、引导需求，挖掘客户的潜在需求，关键在于通过前瞻性的判断、适度超前的眼光、科技的手段对客户加以引导。通过研究客户、引导客户、服务客户，在市场上赢得先机，在竞争中赢得胜利。

（二）实施大客户管理

营销学中著名的漏斗理论表明：由于企业将管理重心置于售前和售中，造成售后服务中存在的诸多问题得不到及时有效的解决，最终会使现有客户大量流失。企业为保持销售额，必须不断补充新客户，如此不断循环。因为争取新客户的成本显然要比留住老客户高得多，所以从客户营利性的角度考虑是非常不经济的。对于企业而言，服务好已有的高价值大客户的重要性不言而喻。无论什么样的行业，大客户都具有收入贡献大和业务增长潜力大的特点，是企业的"黄金客户"，必须锁定大客户，建立客户经理制。对大客户实施个性化服务、顾问服务、终身服务。

（三）实施客户互动管理

以客户为中心必须深化服务，实施客户互动管理。让顾客在企业经营过程中占主导地位，将客户前置，让其参与产品或服务的设计、制作、定价等过程。通过这种方式产生的新产品才能真正满足顾客的需求，有效提高顾客的忠诚度。戴尔公司的整个设计、制造、销售过程都紧紧围绕着消费者。公司所建立的直销业务从电话拜访开始，接着面对面交流，现在则可以通过互联网沟通，这些做法可以及时得到顾客的反应，全面获得顾客对于产品、服务和市场上其他产品的建议，并知道他们希望公司开发什么样的产品。

（四）创造新的附加值

一个产品的价格，实际上是由"产品成本＋附加值"构成的。为什么同类型的产品，譬如手表，有的售价仅几十元，而有的却可以卖到数万元？这其中，"附加值"起着关键作用。如果不做任何限定，通过附加值给产品增值的方法非常之多，在实践中有三条主要途径：一是文化附加值。随着经济生活的提高，文化消费需求不断上升，人们不再满足于产品的使用，更多地追求视觉的、听觉的或者其他感官的享受，这就是所谓的"体验消费"。二是服务附加值。新的经营环境下，产品和服务相比，服务更为重要。比尔·盖茨认为，今后微软80%的利润将来自产品销售后的各种升级换代和维修咨询服务，只有20%的利润来自产品销售本身。三是附件附加值。现在产品本身获利越来越小，而主要的盈利点在于附件。最为典型的就是越来越多的网络游戏，提供给玩家免费使用，真正的卖点是买卖道具。业内人士评价：传统的价格战是在做"减法"，缩减行业的规模和市场的容量，抢竞争对手的地盘，对行业有害无益。但免费网游实际上是在做"加法"，吸引了更多的玩家，创造新的需求，扩大了整个行业的规模。

### 三　以联盟为载体

当今科技的高速发展和产品的日益复杂化，无论企业实力多么雄厚，单独控制所有产品和所有技术的时代已一去不复返。而传统的价值链中可挖掘的潜力已越来越少，向组织内部寻找有效的生产力提高的来源也越来越难。据统计，目前企业创造的价值曲线，1/3 源于企业内部，2/3 源于企业之间。新的商业模式不再是企业孤军奋战，必须以联盟为载体，发展联盟经济。通过合作，聚合彼此价值链上的核心能力，创造更大的价值和形成更强的群体竞争力。企业要发展联盟经济，需要做到以下三点：

（一）强化供应链管理

供应链是 20 世纪 90 年代以来，国际上出现的一种新的企业组织形态和经营方式。它是由消费者的需求出发，经过产品设计、原材料供应、生产制造、批发、零售、售后服务等环节，到最后把产品送到最终用户的各项制造和商业活动所形成的网链结构。香港利丰集团是国际上实施供应链管理的典范。长期以来，生产商、贸易商与销售商都是从自身的角度考虑成本，很少理会整个产销流程的总成本，它们向来都是分段承担。进入90 年代后，利丰集团在商业模式上大胆创新，公司以客户需求为中心，由"供"、"产"到"销"串成一"链"，形成整体解决方案，协调各个环节，务求应市产品快速、时宜、质优、量适、价廉、利润高。

（二）打造企业核心竞争力

核心竞争力是企业在市场竞争中，取得并扩大优势的决定性的力量。它的表现形式多种多样，可以是设计能力、制造能力、分销能力、运输能力、品牌或商誉，但究其本质，企业核心竞争力是企业深层次的能力结构，是企业特有的知识和资源，是企业获得竞争优势的特殊能力，是一种资源的异质性。核心竞争力必须对顾客所重视的价值有关键性的贡献，且有独特性、持久性和延展性等特征。

（三）外包非核心业务

业务外包是供应链管理中的重要构成。在有限的资源条件下，为取得竞争中的最大优势，企业仅保留最为关键的核心业务，将非核心业务外包出去，交由专业公司打理。与全球范围内的合适企业建立战略合作关系，借助外部的资源力量进行整合，来实现更大的自身价值。对于很多大企业来说，外包业务已成为企业战略的一部分。如耐克公司，作为世界上驰名的运动鞋制造商，公司未生产一双完整的运动鞋，只生产其中最关键的部分——耐克鞋的气垫系统，而其余部分都是由外部供应商提供的。

### 四　以速度为关键

达尔文曾经说过："并不是最强壮的物种得以生存，也不是最有智慧的得以存留，只有那些最能适应变化的物种才能繁衍不断。"自然法则也同样适用于当今所有的经济实体。如果说商业模式决定了企业的成败，应变能力则是商业模式成败的关键。应变能力是企业面对复杂多变市场的适应能力和应变策略，是竞争力的基础。

#### （一）时间是第一成本

现代社会，已不光是规模经济的竞争，更是速度经济的竞争，时间是第一成本。企业必须因时、因地、因竞争对手、因顾客消费心理的变化等作出快速调整，要在变化中把握方向和机遇加快发展自己。为了达到这一目标，企业搜集市场信息时要突出"早"和"全"，做应变决策时要突出"快"和"准"，这样才能争取主动，抢占先机。在实践中要能灵敏地掌握信息，准确作出判断、正确作出决策、快速行动并敢冒风险。实践证明，能够取得持续发展的企业，都是那些应变能力强，具有先发效应的企业。目前，网络即时通信工具越来越多，但是这些工具都很难撼动腾讯QQ的垄断地位。因为腾讯 QQ 一直注重研究用户需求，在产品、服务、经营三方面千方百计地满足用户的需求，从语音聊天到视频聊天，从网络游戏到网上拍卖，每一次推出的新服务都契合时代的发展，抓住了用户的心，从而保持了先发优势。

#### （二）实时生产系统（JIT）随需而变

企业必须随市场需求而变，要紧随市场，以有限的资源获取最大的收益。JIT 正是在这一背景下应运而生，它是一种应市场需求而变的"拉动式"管理体系，这一观念的确立可以促使企业按市场规律办事，要求企业在各个环节做到在准确的时间、准确的地点提供准确的产品，达到消除浪费、节约时间、节约成本和提高物流服务质量的目的。JIT 从顾客的角度而不是从企业或职能部门的角度来研究什么可以产生价值；按整个价值流确定供应、生产和配送产品所有必需的步骤和活动；创造无中断、无绕道、无等待、无回流的增值活动流；及时创造由顾客拉动的价值；随市而变，不断消除浪费，追求完善。

#### （三）个性化定制

随着全球经济的发展，市场竞争的加剧，原先相对稳定的市场变成了动态多变的市场，即产品的生命周期缩短、品种增加、批量减小，顾客对产品的交货周期、价格和质量的要求也越来越高。在这种背景下，个性化定制日渐风靡，企业传统的商业模式受到了挑战。

这种新的生产方式全面考虑了制造运作系统控制的需求集合，包括产品品种的迅速增加、批量变小和订单的随机性增大等。其主要优点有：使企业能够提供满足客户个性化需求的产品，更好地适应市场的快速变化，有利于降低生产成本，有利于过程和产品的持续改善，有利于企业的长期生存和发展。

**五　以网络为平台**

随着互联网的迅速崛起，全球经济网络化、数字化已成为时代发展主旋律，网络经济正以经济全球化为背景，以现代信息技术为手段，深刻地影响着人类经济和社会的发展。新的商业模式必须重视信息网络的力量，脱离信息网络平台，企业将无竞争力可言。

（一）构造虚拟经济的竞争力

由于互联网技术的飞速发展，全球上网企业和用户的迅速增长，网络虚拟空间正在为世界经济提供一个全新的、倍增的利润来源。越来越多的企业日益关注自身在网络环境的生存与发展，构造网络虚拟空间的竞争力已刻不容缓。信息社会，网络平台可以造就无数神话。企业必须具有敏锐的商业意识，抓住商机，驰骋在网络世界，同时很好地与现实相衔接。号称网络第一食品的"QQ能量枣"，以"虚拟＋现实"的商业模式被业界广为称道。传统食品企业绿盛公司与天畅科技公司合作，首次在网络游戏中销售真实物品，游戏玩家可以在游戏中的虚拟食品店，下单购买真实物品，通过专门配送系统，可立即送到购买者手中，买家还可选择事前信用卡付款或货到付款。这是国内首次将传统产业嵌进网游产业，形成网络内外的互动对接，在网络时代首次实现了"真实生活"与"虚拟生活"的对接。

（二）加快企业商务电子化

当今，企业的竞争力与企业的信息化水平日益密切相关。传统企业管理只有与信息技术有机融合，通过企业商务电子化，强化物流、资金流、人员流及信息流的集成管理，推动企业全面的管理变革，才能不断提高运行效率和应变速度，为企业的发展带来新的增长空间。企业商务电子化是一种全新的商业模式，它将企业经营的全部商务活动，通过信息技术实行电子化、数字化运作，以大大提高效率，降低成本，缩短周期，增强竞争能力。

（三）推动流程再造

信息技术的飞速发展，从根本上改变了组织收集、处理、利用信息的方式，从而推动组织形式的巨大变革。重构企业组织结构的核心是实施流程再造：原有的金字塔形结构正在被精良、敏捷，具有创新精神的扁平化"动态网络"结构所取代。在这种结构中，一方面，计算机系统将取代中层管理和控制部门的大量职能，加强决策层与执行层的直接沟通，使中层管理减少层次，削减机构规模。另一方面，各种"工作小组"成为企业的基本活动单位，管理方式从控制型转为参与型，实现了充分授权。

# 第三节　新兴商业模式

## 一　服务型制造模式

### （一）服务型制造的内涵

服务型制造是为了实现制造价值链中各利益相关者的价值增值，通过产品和服务的融合、客户全程参与、企业相互提供生产性服务和服务性生产，实现分散化制造资源的整合和各自核心竞争力的高度协同，达到高效创新的一种价值增值模式。

服务型制造是知识资本、人力资本和产业资本的高度聚合，使得服务型制造摆脱了传统制造的低技术含量、低附加值的形象，使其具有和以往各类制造方式显著不同的特点：一是在价值实现上，服务型制造强调由传统的产品制造为核心，向提供具有丰富服务内涵的产品和依托产品的服务转变，直至为顾客提供整体解决方案；二是在作业方式上，由传统制造模式以产品为核心转向以人为中心，强调客户、作业者的认知和知识融合，通过有效挖掘服务制造链上的需求，实现个性化生产和服务；三是在组织模式上，服务型制造的覆盖范围虽然超越了传统的制造及服务的范畴，但是它并不去追求纵向的一体化，它更关注不同类型主体（顾客、服务企业、制造企业）相互通过价值感知，主动参与到服务型制造网络的协作活动中，在相互的动态协作中自发形成资源优化配置，涌现出具有动态稳定结构的服务型制造系统；四是在运作模式上，服务型制造强调主动性服务，主动将顾客引进产品制造、应用服务过程，主动发现顾客需求，展开针对性服务。企业间基于业务流程合作，主动实现为上下游客户提供生产性服务和服务性生产，协同创造价值。

（二）服务型制造的形态

在价值链延伸的服务创新思路指导下，服务型制造创新的典型模式有三种形态：

1. 制造衍生服务

企业通过价值链延伸丰富整体产品的内涵，为原来制造产品增加更多的服务含量，使产品价值构成中服务部分比重逐步上升，甚至成为产品价值构成的主体。海尔就是从产品到基于产品的全面服务价值提升的代表。现在，海尔家居领行业概念之先，推出 Haier Home 即"整体家居集成服务"。它们将通过整合海尔集团家电、部品、室内装修、智能化等生产及研发资源，从事家居商品的深度开发和销售，满足消费者对家居功能与美化的一体化需要，提供"一站式"完整家居服务，实现整个住宅行业产业化的进一步发展。海尔集团董事局主席明确提出，海尔将放弃大部分生产业务，采用外包的形式，并向服务业转型，把精力用在研发和渠道服务上。汽车制造商通用、福特、丰田三家公司，在以汽车制造为主的基础上，还设有集团旗下的金融服务公司，为企业客户提供融资帮助，这是制造企业与银行连手为顾客提供的金融服务。制造衍生服务是制造业服务创新的初级形态，也是当前我国许多制造企业服务创新采用的基本模式。

2. 制造辅助服务

企业在制造领域的领导地位是其产业拓展的根基，但其主营业务并非简单制造，而是向服务转型，依托制造提供集成化的产品服务和系统集成解决方案，从而使服务成为本企业经营业务的主体。如 IBM 从计算机制造商转变为解决方案提供商。众所周知，IBM 曾经是著名的计算机硬件制造商，但是经过十余年的业务整合，IBM 将其个人电脑硬件制造业务出售给我国联想等企业，而自身专注于 IT 服务，现已成功转型为全球最大的"提供硬件、网络和软件服务的整体解决方案供应商"。在 IBM 全球的营收体系中，目前大约有 55% 的收入来自 IT 服务。

罗尔斯—罗伊斯公司是著名的航空发动机公司，是波音、空客等大型飞机制造企业的供应商，但是罗尔斯—罗伊斯并不直接向飞机制造商销售发动机，而以"租用服务时间"的形式出售，并承诺在对方的租用时间段内，承担一切保养、维修和服务。发动机一旦出现故障，不是由飞机制造商或航空公司来修理，而是发动机公司在每个大型机场都驻有专人修理。罗尔斯—罗伊斯通过改变运营模式，扩展发动机维护、发动机租赁和发动机数据分析管理等服务，通过服务合同绑定用户，增加了服务性收入。该公司民用发动机订单有 80% 都含有服务协议，服务收入达到公司总收入的 55% 以上。

3. 放弃制造的纯粹服务

制造企业或其部门基本放弃制造业务，专注于服务业务，脱胎成为纯粹的服务供应商。虚拟经营的代表耐克公司通过产业链重组，逐渐将企业的经营重心从加工制造转向诸如提供流程控制、产品研发、市场营销、客户管理等生产性服务，以无形资产驾驭有形资产，从制造企业转型为服务提供商。作为全球最大的独立柴油机制造商和领先的电力系统提供商，康明斯开辟向服务转型的"特区"。2000 年，该公司成立了独立的能源解决方案业务部门（Energy Solution Business，ESB），向客户提供一整套系统的能源解决方案的服务，内容包括前期的可行性研究、投资分析与融资，政府政策优惠的获取，发电机组设备与外围设备的提供，设计安装、运营维护、托管和代管等全方位解决方案的服务。ESB 整合企业内外部资源，不但提供康明斯自身的产品，还根据客户的需求提供其他公司的配套产品，甚至提供其他厂家的发电机组。ESB 项目从以往的产品销售思路中完全跳出来，以提供整体能源服务的形式来满足客户的真正需求。ESB 为康明斯在服务转型中占据了一席之地。

制造和服务都是构成价值链不可或缺的环节，二者不能代替。在价值链的诸多环节中，并不是每一个环节都同等创造价值，顾客需要的价值往往集中于价值链上某些特定的价值活动，即价值链的战略环节。抓住了战略环节，也就抓住了整个价值链。对于我国制造企业来说，进行服务创新，目的也在于此。当然，制造业进行服务创新，并不是单纯强调要从制造业转向服务业，更不是放弃制造环节而只做服务环节，而是要注重制造与服务的一体化发展，通过服务使制造增值，通过服务提升中国制造企业在国际产业链中的地位。

二 团购商业模式

（一）团购商业模式的内涵

团购也叫集采，是团体购买和集体采购的简称，其实质是将具有相同购买意向的零散消费者集合起来，向厂商进行大批量购买的行为。团购是一种基于网络的商业模式，通过团购网站集合足够人数，便可以优惠价格购买或使用第三方公司的物品、优惠券或服务，卖家薄利多销，买家得到优惠，节省金钱，而运行团购网站的公司则对卖方收取佣金。

（二）团购商业模型的主要类型

1. 社区团购

社区团购是真实居住社区内居民团体的一种购物消费行为，是依托真实社区的一种区域化、小众化、本地化的团购形式，由居丫网 2013 年 6 月正式推出，通过社区商铺为周围（社区内）居民提供的团购形式的优惠活动，促进商铺对核心客户的精准化宣传和消费刺激，实现商铺知名度和美誉度的迅速提升，对商铺的营销产生重大效果。

2. 分级团购

分级团购是网民和商家都可以从自己的需求出发，发起团购或团批，根据不同团购级别量体裁衣，设立各级团购或团批价格，等待卖家或买家前来参与团购，从而为广大网民提供与商家"砍价"的话语权，也为卖家通过做分级团购扩大销售额提供了一种崭新选择，是网上团购商业模式的一个重大创新。2009 年，快好多网在国内首创"分级团购"模式。

3. 单品团购

网站每天推出一单精品消费，涉足领域横跨培训课程、户外活动、餐饮美食等服务行业。用户如果对团购有兴趣可以点击购买按钮，在限定时间内凑够最低人数，网友就能享受到超低的团购价，并且通过下载、打印、发送手机短信等方式获得优惠券，并使用优惠券进行消费。目前，美团网、拉手网、324 券都在推行单品团购模式。

（三）团购模式发展趋势

1. 与位置服务（LBS）相结合

2011 年，团购鼻祖 Groupon 向外界推出了基于位置服务的 Groupon Now! 产品。简言之，就是无论用户走到哪里，只要拿出手机，点 Groupon Now! 按键，附近餐馆打折的信息就会出现，通过现有的 Groupon 账户，用户可以一键购买，随后可以获取用于折扣的二维码，让用户就近、高效地解决吃饭问题。"团购"本来不光要让用户省钱，更要让用户用着方便。Groupon Now! 服务使用户不用再为了找"便宜"而做很多功课，实现了无论走到哪里，"便宜"就在身边。

### 2. 由单一产品团购演变成商城

"团购"发起的初始目的是商家集中资源（或利用闲置资源），打出低价，换回的是广告宣传效应，设置截止时间是为了让消费者感觉仅此一次，捡到了便宜，而不会影响商家的正常定价。设置截止时间让用户有一种消费的紧迫感，刺激了用户的冲动消费，但也可能失去很多因为不知道信息而错过购买的用户。于是乎国内操盘者纷纷转向专业商城模式。比如，聚美优品，在大家都团购吃喝玩乐的时候，它另辟蹊径，在化妆品领域独树一帜，所以现在的消费者对聚美的印象都是化妆品专家的角色。而窝窝团经过砸下大量广告费，宣传自己"精挑细选"的理念后，现在又明确提出要转型商城。

### 3. 买家主导的反向团购

从国外的 Priceline（杀价帮）开始，人们得知原来交易还可以反向进行，消费者给出一个能接受的价格，网站来提供符合需求的产品。目前，国内杀价帮 Fview 网站也已经正常运行。杀价帮的运作模式是提出一个产品的团购，同时有几家该产品的经销商进行低价竞争，最终最低出价的商家赢得本次订单。该模式的出现让团购导入良性竞争，让消费者享受最大的价格优惠。

### 4. 团购与社交相结合

人人网利用用户资源，将社交与团购进行结合，给人以无限想象的空间。的确，国内人买东西，非常重视口碑效应，往往一句"这个不错"，胜过厂商几百万元的广告投入。另外，还有人们之间的攀比心理。将社交与购物联系在一起，的确非常符合国内人的消费心理。在购物与社区相结合的层面上，"美丽说"给我们提供了很好的案例，这个很有人情味的购物网站值得其他团购网站学习。

## 三　众筹商业模式

### （一）众筹模式的内涵

众筹在欧美发展得较早，2009 年，在美国成立的 Kickstarter 是最有名气的众筹网站。之后，伴随着股权制众筹、借贷制众筹的相关法律法规政策在很多国家和地区陆续出台，众筹在海外呈爆发式的发展态势。经过几年的迅速发展，众筹已经逐步形成股份制众筹、募捐制众筹、借贷制众筹和奖励制众筹等多种运营模式，也涌现出一批诸如 Kickstarter、Rockethub、Indiegogo、GoFundMe、Seedrs、Smallknot、Appsplit 的众筹网络平台。

众筹，英文词为 Crowdfunding，即大众筹资，是指用"团购＋预购"的形式，向网友募集项目资金的模式。众筹利用互联网和 SNS（社会性网络服务）传播的特性，让小企业、艺术家或个人对公众展示它们的创意，争取大家的关注和支持，进而获得所需要的资金援助。相对于传统的融资方式，众筹更为开放，能否获得资金也不再是由项目的商业价值作为唯一标准。众筹主要包括三个参与方：筹资人、平台运营方和投资人。其中，筹资人就是项目发起人，在众筹平台上创建项目，介绍自己的产品、创意或需求，设定筹资期限、筹资模式、筹资金额和预期回报率等。平台运营方就是众筹网站，负责审核、展示筹资人创建的项目，提供服务支持。投资人则通过浏览平台上的各种项目，选择适合的投资目标进行投资。

（二）众筹发展的趋势特征

1. 服务综合化

如今，各家众筹平台都不再局限于单一融资环节，纷纷延伸服务链条。这不仅仅抓住了创业项目方的需求，有利于保障投资人的利益，对众筹平台本身也是打破盈利模式桎梏的最好尝试。服务综合化无疑是未来众筹行业最重要的发展趋势。例如，点名时间就为优秀项目提供项目包装、媒体公关、投资人推荐、渠道对接等一系列的综合定制服务。云筹网也是注重于对平台上的项目提供一整套投后孵化服务，持续扶持项目成长。大家投更是宣称要"翻开新的篇章"，引入六大机制：项目整合机制、估值市场化机制、领投人与跟投人制约机制、投后管理机制、退出机制、风险补偿机制等。

2. 社交化

众筹与购买行为的重要区分就在于购买者与出售者之间是弱关系，而众筹双方则应是相对来讲的社交强关系，我投资你是因为我欣赏你的创意、你对梦想的追求或者我本就是你的粉丝。而众筹平台很明显应该为这种社交强关系提供互动的便利，甚至是加强这种社交关系。Head Funder 就是众筹社交化趋势的典型。从某种程度上讲，众筹超越了"投资—回报"的固有金融关系，伴随着一种微妙的情感投入，双方之间又附着理想主义色彩的情感。如果能够加强双方的社交关系，增强这种情感，则投资所产生的溢价便会提升，从而形成共赢。同时双方的交互加强也可以让项目方更精确地把握用户需求，有利于优化项目、改良产品。

### 3. 垂直化

最典型的当然是点名时间全面转型为智能硬件首发平台。这种变化源于点名时间创始人兼 CEO 张佑对智能硬件成长空间极度看多。垂直化众筹精确的定位相当于过滤了用户。而细分用户有利于形成独特的社区文化与基因。这既可以增强平台的黏性，又能让投融资关系更融洽。

### 4. 营销化

比较极端的案例是乐视网众筹 1 万元（每人一元）签约 C 罗的活动，几乎没有融资的味道，为的就是粉丝经济的营销效果。当然，还有娱乐宝也类似。有人说这样的众筹变了味道，甚至不能称其为众筹。

### 5. 企业化

大型公司、协会等开始把目光投向众筹集资，探索这一融资方式如何帮助团体提高社会知名度，检验市场，使创业公司融入市场。这些团体采用众筹融资的好处不仅在于为众筹平台吸引额外的资金，还将原本由公司内部做出的决定放到民主化决策平台上。

### 6. 产业化

众筹行业得到快速发展的不仅是平台，与众筹有关的第三方服务平台也随之兴起。众筹联结中小微企业、金融机构、消费群体、政府部门，涵盖农业、工业、服务业等众多领域，涉及一个庞大的产业链条。随着众筹从业人员的不断增多，众筹产业链的逐步丰富，产业化发展浪潮已然到来。

### （三）众筹模式的形态

在众筹形态方面，目前较为普遍的说法是，债权型众筹、股权型众筹、回报型众筹和捐赠型众筹。其中，债权型众筹是投资者对项目或公司进行投资，获得其一定比例的债权，未来获取利息收益并收回本金，其实质即是"P2P 网络借贷"，目前在国内发展得最多和最快，典型代表如第一 P2P、有利网、陆金所、宜信、开鑫贷、积木盒子、拍拍贷、人人贷等。回报型众筹，是投资者对项目或公司进行投资，获得产品或服务，如众筹网、点名时间、京东众筹等。捐赠众筹，是投资者对项目或公司进行无偿捐赠，一般是慈善类，目前在我国发展得相对较为缓慢。而股权型众筹，是投资者对项目或公司进行投资，获得一定比例的股权，如我国的天使汇、原始会、大家投、36kr 等。

这样的界定存在一些缺陷。一是边界模糊，债权与股权的本质是投融资，没必要分成两类；二是行为缺失，在众筹实施过程中，销售作为一个非常重要的行为没有体现出来；三是将捐赠、打赏归类于众筹，显得太过牵强。

为了便于公众更清晰地理解与认知众筹，将众筹的表现形式分为三类：投资众筹、消费众筹、销售众筹。

投资众筹，即投资者在众筹平台的推动下，以闲散资金入股小微企业、创业企业，将在很大程度上解决相关企业的融资难问题，减小金融机构的压力，也将让投资者获取丰厚的回报，包括股权众筹、债权众筹。

消费众筹，即目前较为普遍的产品预购。大批量消费者通过众筹平台，以大额订单向生产厂家预订产品，这样，不仅大幅降低了生产成本，还能撇开经销环节，实现真正意义上的直销。不仅能让消费者买到货真价实的产品，也能令生产厂家稳定获利。

销售众筹，即销售人员在众筹平台的推动下，以自身精力及客户资源参与众筹项目，将不仅帮助销售人员更好地服务自己的老客户，也能令其在不增加投入的情况下，实现创业，将在很大程度上增加收入，更能令销售人员的客户通过众筹平台买到货真价实的产品。

（四）国内众筹的发展现状

2011年，众筹模式来到国内，一大批众筹网站相继成立并快速发展。互联网金融创新正在改变以往创业投资的传统理念，各类众筹模式的兴起也正日益拓宽大众投资的新兴渠道。截至2015年上半年，我国众筹平台总数量已经逾211家，其中53家属于2015年上半年新诞生的平台，成功募集46.66亿元人民币。目前，正常运营的众筹平台分布于全国19个省市，多数位于经济较为发达的沿海地区。北京作为众筹行业的开拓地，多达58家。广东地区则位居第二位，运营平台数量达49家。上海则紧随广东、北京之后，目前运营众筹平台达35家。另外，浙江、江苏、四川、山东、重庆五地众筹平台数量介于5—15家。

国内外资本大佬也开始纷纷进驻国内众筹行业，国内一大批众筹平台如天使客、众投邦，获得了资本的宠幸拿到了融资。2015年上半年众筹行业得到快速发展的不仅是平台，与众筹有关的第三方服务平台也随之兴起，之前提供单一信息服务的机构开始增添众筹板块，机构研究重点明显向股权类众筹倾斜。随着第一张股权众筹牌照的落地，工信部旗下具有众筹功能的"创客中国"上线，齐鲁股交中心首推众筹服务平台新增"众创板"，以及阿里、京东、腾讯、平安、万达等国内知名大企业络绎不绝地涉足众筹。

时至今天，众筹涵盖的领域日渐增多，包括互联网、电子商务、移动互联网、金融、文化、地产、服务、销售等领域。众筹产业链已日渐丰富，具体体现在：上游——项目、资金、产品、技术供应方、各级政府及相关部门；中游——众筹平台、产业基地、宣传推广团队、服务团队、销售团队；下游——项目、资金、产品需求方。

随着众筹的快速发展，众多有实力的机构加入众筹行业，进一步扩大众筹市场，点燃了众筹创业激情。此外，国内众筹行业的规范化、阳光化也会进一步提升。国务院、有关部委规范政策的陆续出台，将为众筹行业带来良好的发展机遇。

可以预期，"十三五"国内众筹将在积极引导、规范管理中稳步壮大。

销售众筹将逐步盛行，并成为主要众筹表现形式之一。一是销售众筹是投资众筹与消费众筹的完善与补充。在人们的商业行为中，投资、消费及销售出于同等重要的地位。同样地，在众筹模式中，销售众筹也应该引起我们的重视。其实现路径是商家就某产品或项目，向社会公众（尤其是销售团队）发起销售众筹，销售团队在无须投入资金的情况下参与众筹，认销约定份额的产品或项目。二是销售众筹是投资众筹（消费众筹）的推动力量。从项目运营及产品销售来看，无论是投资众筹还是消费众筹，都离不开销售环节。众筹平台是销售平台，众筹平台的推广是销售推广，众筹参与者是众筹产品或项目的义务销售员。从众筹项目的推进来看，若能在投资众筹（消费众筹）推进的同时，将销售众筹设计进去，激发销售团队成员的参与积极性，将在很大程度上促进投资众筹（消费众筹）的顺利开展。

投资众筹、消费众筹将逐步完善。一是有担保的投资众筹将成为主流。目前，限制投资众筹高速发展的一个原因就是项目信息严重不对称，严重依赖领投人的能力，投资人的资金高度不安全，缺乏保障。因此，有担保的投资众筹（由第三方公司或个人提供一定期限的担保，来吸引投资人）将逐步风行，并将成为主流运营模式。比如，360董事长周鸿祎担保奇酷手机的投资众筹，就会在粉丝经济以外，增加一份保障的魅力，对潜在投资人产生更大的吸引力。二是降低投资门槛，让投资众筹更亲民。在未来的众筹产业发展过程中，将会出现一种运作的方式：由专业投资机构将股权众筹项目打包成资产包，进行风险分散，同时也可降低投资门槛，使得股权投资更亲民，而且有专业机构的信誉"背书"，对于股权众筹的加速发展大有益处。三是消费众筹的产品售价大幅降低，真正惠及消费者。目前，很多众筹平台推出的消费众筹，从产品销售价格来看，优惠幅度并不大，对于消费者并没有太大的吸引力。而真正的消费众筹，应该是击穿价格底线，实现从厂家到消费者的真正意义上的直销。比如，北京天安信通推出的儿童智能定位腕表手机，将众筹价定位为 199 元，较之 799 元的传统售价低很多。

众筹产业化能力将大幅度提升，众筹对经济发展的作用及影响力将日渐加大。"大众创业，万众创新"时代的到来，众筹将触及经济社会的各行各业，参与人数、关注人群将越来越多，众筹模式创新将更加活跃。逐步兴起的圈子经济、粉丝经济等众筹经济范式将逐步形成。

**四　众包商业模式**

（一）众包产生的时代背景

1. 信息技术的发展为众包提供了技术条件

信息技术可以使知识被编码化、标准化和数字化，使企业面临的一些创新问题可以被分割成各个部分提供给问题解决者。

2. 差异化、多样化的顾客需求为众包提供了市场条件

多元化的社会塑造多元化的个体，因而要求多元化的个性需求，从而要求企业比以往任何时候都要去接近市场，以顾客需求为导向，进行创新研发，而众包无疑具有这种优势。

3. 互联网的发展是个体之间取得了时空一致性的联系

各种网络社区、网络平台将各方面、层次人才聚集起来，从而为企业进行相关的创新提供了一个广阔的创新源泉。

（二）众包的内涵特征

众包（Crowdsourcing）属于合作创新的一种模式，是指一个公司或机构把过去由员工执行的工作任务，以自由自愿的形式外包给非特定的（而且通常是大型的）大众网络的做法。众包的任务通常是由个人来承担，但如果涉及需要多人协作完成的任务，也有可能以依靠开源的个体生产形式出现。"众包"这一概念实际上是源于对企业创新模式的反思。传统的产品创新方法是，首先由生产商对市场进行调查，然后根据调查结果找出消费品的需求，最后再根据需求设计出新产品，但这种创新的投资回

报率通常很低，甚至血本无归。而如今，随着互联网越发普及，消费者的创新热情和创新能力越发彰显出更大的能力和商业价值，以"用户创造内容"（user-generated content）为代表的创新民主化正在成为一种趋势。目前，"众包"已经被视为掀起下一轮互联网高潮，并且正在颠覆着传统商业模式。

众包具有如下特征：

1. 众包是互联网力量彰显的产物

众包是社会差异性、多元性带来的创新潜力，倚重的是"草根阶层"，相信"劳动人民的智慧是无穷的"。

2. 众包蕴含着"携手用户协同创新"的理念

众包意味着产品设计由原来的以生产商为主导逐渐转向以消费者为主导，这是因为没有人比消费者更早、更准确地了解自己的需求。因此，如果在产品设计过程中尽早吸收消费者的主观意见，尽早让消费者参与进来，企业的产品将更具创造力，也更容易适应市场需求并获得利润上的保证。位于美国芝加哥的"无线（Threadless）T恤公司"饱尝了利用众包设计新T恤的甜头。该公司网站每周都会收到上百件来自业余"粉丝"或专业艺术家的设计，然后它们把这些设计放在网站上让用户"评头论足"，4—6件得分最高的T恤设计将会进入量产备选名单，然而能否量产还要看公司是否收到足够多的预订单。这样一来，"三赢"局面基本形成：外部设计者的创意得到发挥，得分最高者除了获得奖牌和奖金，其名字也将印在每件T恤上；消费者的参与度和满意度都大大提升；无线T恤不仅省下了雇用专职设计师的费用，而且只生产获得足够预订量的产品，几乎是稳赚不赔。

3. 众包延伸了创新边界

以往，企业的研发和创新模式基本上都是"各搞各的，老死不相往来"。如今，越来越多的企业采用了"内外结合"的方式，纷纷放眼外部，借助于社会资源来提升自身的创新与研发实力。创立于2001年的InnoCentive网站就是顺应这一需求而生，目前已经成为化学和生物领域的重要研发供求网络平台。由宝洁、波音和杜邦在内的众多跨国公司组成的"寻求者（Seeker）阵营"纷纷把各自最头疼的研发难题抛到"创新中心"上，等待隐藏在网络背后的9万多名自由科研人才组成的"解决者（Solver）阵营"破译。一旦成功解决这些问题，这些"解决者"将获得

1万—10万美元的酬劳。宝洁公司通过充分借助"创新中心"以及 Your Encore 和 Nine Sigma 等外部研发交流平台，获得了丰硕的成果：内部研发人员依然维持在9000人，但外部研发人员却高达150万人；外部创新比例从2000年的15%提高到2014年的50%；公司整体研发能力提高了60%。

**4. 民主化创新成为主流**

轰轰烈烈的软件开源运动充分证明，由网民协作网络写出的程序，质量并不低于微软、Sun 等大公司的程序员开发的产品。

**（三）众包的构成及运作模式**

**1. 众包的基本模式**

众包一般由三部分构成：一是发包方。通常是企业或者拥有工作任务需要解决的个人。二是接包方。数量众多的互联网用户，在国内有一个特定的新名称，叫威客。三是中介机构。沟通发包方和接包方的桥梁。中介机构主要就是网络平台，可以由企业自己经营也可以由外部经营。

**2. 众包基本的运作模式**

拥有任务的企业或个人通过与中介机构（通常是网站）签订合约，并缴纳保证金，在中介平台——任务库中发布需要解决的任务、课题及其相关要求。威客通过注册的方式进入任务库寻找适合自己的课题并投标，课题完成后提出的解决方案由中介反馈到发包方，发包方对方案进行筛选并审核通过后，中介机构兑现奖金，若没通过则返回到任务库，进入下一个任务解决过程。

企业选择众包进行研发创新并不是要放弃独立的封闭式创新以及其他的合作创新模式，而是根据企业的业务特点和创新资源的禀赋，将创新过程中的不同层面、不同环节的任务进行合理分配，采取封闭式的企业主导式、合作创新型的企业俱乐部式或众包模式。采取众包模式也要根据企业是要解决设计、生产中的问题还是研发中的问题而选择不同的模式，选择一些专业性的网络平台还是自己创建网络平台，自己创建选择什么样的参与者、创新的产权归属、方案的筛选、参与者的激励等问题。

**五　定制营销模式**

**（一）定制营销的内涵**

定制营销（Customization Marketing）是指在大规模生产的基础上，将市场细分到极限程度——把每一位顾客视为一个潜在的细分市场，并根据每一位顾客的特定要求，单独设计、生产产品并迅捷交货的营销方式。它的核心目标是以顾客愿意支付的价格并以能获得一定利润的成本高效率进行产品定制。著名营销大师科特勒将定制营销誉为现代市场营销最新领域之一。在网络经济环境下，兴起了一大批像 Dell、Amazon、P&G 等为客户提供完全定制服务的企业。在宝洁的网站能够生产一种定制的皮肤护理或头发护理产品以满足顾客的需要。

随着经济的快速发展，居民收入、购买力水平和消费同步提高，表现为消费需求向高级阶段发展。人们的消费需求，消费观念发生着变化。从感情消费（消费者对商品的要求不满足于达到规定的质量标准，而是要求满足个人的需求与期望）逐渐转变为差别消费，世界市场营销中一个非常明显的趋势便是消费越来越从共性消费向个性消费转变。"定制"方式在早期市场上并不鲜见。生产者分别为不同的顾客制造他们所需要的产品。如裁缝师根据顾客的身高、体形、喜欢的式样分别对布料进行加工，即所谓的"量体裁衣"。鞋匠根据顾客每一只脚的尺寸、宽度及形状来设计鞋样等。现代定制营销是指企业在大规模生产的基础上，将每一位顾客都视为一个单独的细分市场，根据个人的特定需求来进行市场营销组合，以满足每位顾客的特定需求。它是制造业、信息业迅速发展所带来的新的营销机会。定制营销的适用范围十分广泛，不仅可以用于汽车、服装、自行车等有形产品，也可以用于无形产品的定制，如金融咨询、信息服务等，企业可根据本企业产品生产特点与顾客参与程度，选择不同方式的定制方式。

（二）定制营销的类型

1. 合作型定制

当产品的结构比较繁多、可供选择的零部件式样比较丰富时，顾客的选择比较困难。他们不知道何种产品组合适合自己的需要，在这种情况下可采取合作型定制。企业与顾客进行直接沟通，介绍产品各零部件的特色性能，并以最快的速度将定制产品送到顾客手中。如以松下电器公司为首的一批企业，开创"自选零件，代客组装"的业务。在自行车商店，销售人员帮助客户，挑选各种零件、部件外形颜色；然后将各种数据输入计算机，几分钟内将自行车的蓝图描绘出来；根据顾客要求再进行调整，直至满意。商店将数据传真到工厂，立即投入生产。两个星期后，顾客便可骑上体现自己风格的定制自行车。

2. 适应型定制

如果企业的产品本身构造比较复杂，顾客的参与程度比较低时，企业可采取适应型定制营销方式。顾客可以根据不同的场合，不同的需要对产品进行调整，变换或更新组装来满足自己的特定要求。如灯饰厂可按顾客喜欢的式样设计，再按顾客对灯光颜色强度进行几种不同组合搭配，满足顾客在不同氛围中的不同需求。

3. 选择型定制

在这种定制营销中，产品对于顾客来说其用途是一致的，而且结构比较简单，顾客的参与程度很高，从而使产品具有不同的表现形式。例如，许多文化衫，印上顾客所喜爱的图案或卡通画或幽默短语，可以使消费者个性得以突出表现。现在很多商场设有电脑绘制艺术照，可以按顾客喜好选择设计自己的形象。

4. 消费型定制

在这种情况下，顾客的参与程度很低，他们一般不愿意花费时间接受公司的调查，但他们的消费行为比较容易识别。这时公司可通过调查，掌握顾客的个性偏好，再为其设计好更能迎合其口味的系列产品或服务，这样便可以增加消费数量或次数。

（三）定制营销的优势特征

与传统的营销方式相比，定制营销体现出特有的竞争优势。

1. 以顾客为中心的营销观念

从顾客需要出发，与每一位顾客建立良好关系，并为其开展差异化服务，实施了一对一的营销，最大限度地满足了用户的个性化需求，提高了企业的竞争力。由于它注重产品设计创新与特殊化，个性化服务管理与经营效率，实现了市场的快速形成和裂变发展定制营销。在这种营销中，消费者需要的产品由消费者自己来设计，企业则根据消费者提出的要求来进行大规模定制。

2. 充分体现以销定产，降低成本

在大规模定制下，企业的生产运营受客户的需求驱动，以客户订单为依据来安排定制产品的生产与采购，使企业库存最小化，降低了企业成本。因此，它的目的是把大规模生产模式的低成本和定制生产以客户为中心这两种生产模式的优势结合起来。可以说，它将确定和满足客户的个性化需求放在企业的首要位置，同时又不牺牲效率，它的基本任务是以客户愿意支付的价格并以能获得一定的利润的成本高效率地进行产品定制。在一定程度上减少了企业新产品开发和决策的风险。

3. 有利于促进企业持续创新发展

创新是企业永葆活力的重要因素。但创新必须与市场及顾客的需求相结合，否则将不利于企业的竞争与发展。传统的营销模式中，企业的研发人员中通过市场调查与分析来挖掘新的市场需求，继而推出新产品。这种方法受研究人员能力的制约，很容易被错误的调查结果所误导。在定制营销中，顾客可直接参与产品的设计，企业也根据顾客的意见直接改进产品，从而达到产品、技术上的创新，并能始终与顾客的需求保持一致，从而促进企业的不断发展。

## 六　体验营销模式

### （一）体验营销的内涵

体验营销是指企业通过采用让目标顾客观摩、聆听、尝试、试用等方式，使其亲身体验企业提供的产品或服务，让顾客实际感知产品或服务的品质或性能，从而促使顾客认知、喜好并购买的一种营销方式。这种方式以满足消费者的体验需求为目标，以服务产品为平台，以有形产品为载体，生产、经营高质量产品，拉近企业和消费者之间的距离。随着体验经济的到来，消费需求已朝着多样化与个性化方向发展，消费者在满足自己对商品功能的需求之外，开始更加关注对消费过程本身的体验。在这一强大的经济浪潮下，体验营销已成为目前最有竞争力、最具说服力的营销模式。那么，体验营销有哪些要素组合？企业该如何进行体验营销？体验营销又有哪些模式呢？肖苏（2009）指出，基于顾客角度的体验营销组合可以分为六大要素，也就是体验营销的6E组合策略：体验、情境、事件、浸入、印象、延展。吴峰与何岑成（2009）将体验营销模式归纳为情感体验模式、审美体验模式、情景（氛围）体验模式、过程体验模式、文化认知体验模式、生活方式体验模式、虚拟体验模式。①

综上所述，企业在进行体验营销时，需要认清体验营销的关键要素，从营销观念、流程设计、产品设计及优化指标等方面入手，采用最佳模式营造出与目标顾客心理需求相一致的产品和服务，帮助顾客形成或完成某种内心渴望的体验。人类的体验需求是多样化的。派恩和吉尔摩将体验划

---

① 金依明：《对体验营销模式和思路的探讨》，《北方经贸》2007年第11期。

分为娱乐体验、生活体验、审美体验和氛围体验四个方面，史密特（Bemd Schmitt）则将体验分为感官体验、情感体验、思考体验、行动体验和关联体验五种形式。要创造出令人难忘的顾客体验，企业须深入研究顾客的体验需求，制定和实施有针对性的营销策略。

（二）体验营销的类型

1. 感官体验营销

传统的企业提供产品，而以顾客为导向的企业，会注重产品在顾客心目中的价值。它们不是向市场推销"牛排"，而是向顾客提供一种体验——"煎牛排时发出的嗞嗞声"。在当今社会里，大量的媒体工具，以及交互式、充满感觉的多媒体，使通信量十分巨大，因此产品的性能和价值、品牌的名称和联想是不足以引起注意并吸引顾客的。能够吸引顾客的企业提供的是能够使顾客享受到企业、产品或服务的定位相一致的、令人难忘的感官体验。正是由于这些原因，品牌营销逐渐失去了生命力，并被感官体验营销所替代。

理查特（Richart）公司制作的巧克力被英国版《时尚》（Vogue）杂志称为"世界上最漂亮的巧克力"。理查特首先定位自己是一家设计公司，接着才是巧克力公司。其商标是以艺术装饰字体完成的，上面特别将"A"作成斜体，用来区分"富有"（rich）与"艺术"（art）这两个单词。理查特巧克力是在一个类似精致的珠宝商展示厅销售，巧克力装在一个玻璃盒子中，陈列于一个广阔、明亮的销售店。产品打光拍摄，在其产品的宣传资料中就像是件精致的艺术品或是珠宝。促销品用的是光滑、厚实的纸张，包装非常优雅。巧克力盒子使用光泽的白色、附着金色与银色的浮雕字，红色丝带封着包装盒，盒子衬里分割成格，每个巧克力艺术品摆设于自己的间隔中。就视觉感而言，巧克力本身就是个盛宴。它们有漂亮的形状，并且以不同的花样与彩饰装饰。其中，个别的特殊产品系列展示着一组迷人的儿童绘画，并且可以根据顾客的要求制造特别的巧克力徽章。这些巧克力是如此的贵重，因此理查特甚至还销售附有温度与湿度表的薄板巧克力储藏柜，这个柜子如同雪茄保湿器，售价650美元。

由此可见，感性不是物的实体，而是某种意识、心中的状态。商品的感性化现象是与顾客意识有关的一种心理现象。感官体验营销的诉求目标就是创造知觉体验的感觉，它包括视觉、听觉、触觉、味觉与嗅觉。感官体验营销可以区分公司和产品的识别，引发顾客购买动机和增加产品的附加值等。

2. 娱乐体验营销

娱乐体验营销是以顾客的娱乐体验为诉求，通过愉悦顾客而有效地达成营销目标。娱乐是人类最古老的体验之一。人们生来都愿意寻求欢乐与避免痛苦，几乎没有人会排斥促使其开怀大笑的娱乐瞬间。娱乐体验营销要求企业巧妙地寓销售于娱乐之中，通过为顾客创造独一无二的娱乐体验，来捕捉顾客的注意力，达到刺激顾客购买和消费的目的。娱乐体验营销相对于传统营销方式，它的最大特点是摒弃了传统营销活动中严肃、呆板、凝重的一面，使营销变得亲切、轻松和生动起来，因此比传统营销方式更能激发顾客的购买欲望。苹果公司最早认识到快乐是电脑的基本要素之一。面对微软的垄断地位，有许多用户一直对苹果机痴情不改，原因是麦金托什电脑友好的、个性的界面，在"便于使用"方面领先其他个人电脑，成为客户品牌忠诚度的关键因素。

3. 情感体验营销

"人非草木，孰能无情。"情感营销就是以顾客内在的情感为诉求，激发和满足顾客的情感体验。人们的情感可分为感情与情绪两个方面，从正面的情绪到负面的感受，从温和的心情到强烈的感情，从喜怒哀乐到爱恨悲愁，都可纳入情感的范畴。营销人员的任务在于，认真探究顾客的情感反应模式，努力为他们创造正面的情感体验，避免或消除其负面感受，从而引导顾客对公司及其产品和服务产生良好印象，直至形成偏爱的态度。与传统营销方式相比，情感营销是更人性化的营销，它真正从顾客的感受出发，细心体察与呵护顾客的情感。从这个角度说，营销人员并不是产品或服务的推销者，而是美好情感的缔造者。倩碧（Clinique）在创牌7 年之后所推出的第一款名为"欢乐"的新香水，就是一个很好的情感营销的例子。销售点的录像广告中通过展示产品阳光健康的橙色包装以及模特嘉莉·巴丝（Kylie Bax）跳跃的身影和欢快的微笑，进一步强化了产品名称所蕴含的意义。其电视广告把运动和音乐完美地融合在了一起。借"欢乐"营销之势，倩碧倡导了欢乐时尚的潮流。倩碧还为"欢乐"品牌香水制作了限量发行的 CD 作为搭售产品，其中包括朱迪·嘉伦（Judy Garland）所演唱的《享受欢乐》和韩国组合 Turtles 的《齐欢乐》。"欢乐"带给顾客无尽欢乐。

与感觉相对比时的情感特征不是五种感觉器官的单独活动，而是复合了多种感官信息的东西和记忆。情感是复合感官作用的结果。感觉虽然是单一器官的作用，但情感是由各种感官形成信息而被合成时创造的意识，还有在情感中的大脑发挥着记忆和学习、比较和判断等作用。情感比感觉具有更强的价值和记忆，因此情感因人而异。在情感中也有高层次。美、魅力、威严、动感等情绪是高层次的。像艺术的情感容易理解一样，高层次的情感给人很大的不同的感觉。因此情感要研究的是产品与顾客的感情、心理、意识的共同部分。情感化最为可能性的产品应该是与大众直接相连的工业制品领域、最终消费资料领域。

巴诺（Barnes & Noble）书店是同星巴克合作最成功的公司之一。它们认为书籍和咖啡是天生的一对。巴诺书店发起一项活动——把书店发展成人们社会生活的中心。为吸引更多的顾客，需要建造一个休闲咖啡店。1993 年巴诺开始与星巴克合作，星巴克在书店里开设自己的零售业务，双方都从中受益。早晨星巴克把人流吸引进来小憩而不是急于购书；而书店的人流则增加了咖啡店的销售额。

情感体验营销是在营销过程中，要触动顾客的内心情感，创造情感体验，其范围可以是一个温和、柔情的正面心情，如欢乐、自豪，甚至是强烈的激动情绪。情感体验营销需要真正了解什么刺激可以引起某种情绪，以及能使顾客自然地受到感染，并融入这种情景中来。一句"孔府家酒让人想家"，引起在外游子对父母、对家乡无限的思念之情。使得顾客在消费中也感受了"想家"的体验。俗话说，朋友多了路好走，友谊天长地久。"喝杯青酒，交个朋友"，陈酿贵州青酒的这句广告语，让你在宴请宾朋的时候多了一份"友情"的体验。一位清纯、可爱、脸上写满幸福的女孩子，偎依在男朋友的肩膀，品尝着他送给她的"水晶之恋"果冻，就连旁观者也会感受到那种"美好爱情"的体验。

4. 美学体验营销

美学体验营销是以人们的审美情趣为诉求，经由知觉刺激，提供给顾客以美的愉悦、兴奋、享受与满足。爱美之心，人皆有之。凡是美丽的事物，都会使人欣赏、喜欢和留恋。营销人员可通过选择利用美的元素，如色彩、音乐、形状、图案等，以及美的风格，如时尚、典雅、华丽、简洁等，再配以美的主题，来迎合顾客的审美需求，诱发顾客的购买兴趣并增加产品的附加值。在产品或服务越来越同质化的今天，美学体验营销能有效地吸引顾客的目光，实现企业及其产品、服务在市场上的差别化，赢得竞争优势。

在星巴克人们品尝的不仅仅是咖啡，或者就不是咖啡，而是一种超值的"星巴克体验"。目前，星巴克已经成长为人们去咖啡馆娱乐、休闲的首选地。星巴克咖啡馆现场钢琴演奏、经典音乐背景、流行时尚报纸杂志和精美欧式饰品，为消费者带来更多的轻松高雅的感觉。当顾客看到的、感觉到的、体验到的这些东西和谐地糅合在一起时，他们会被一种美感所吸引。因而，喝咖啡变成一种生活体验，一种很时尚、很有文化气息的感觉。就这样，在各种产品与服务风起云涌的时代，星巴克公司将美学体验营销经营运作得炉火纯青。

5. 生活体验营销

生活体验是人们展现出的关于自身活动、兴趣和看法的模式。每个人都有自己认同和向往的生活方式。有的人喜欢自由奔放和无拘无束，有的人喜欢豪华与尊贵，有的人喜欢挑战和冒险，有的人喜欢恬淡与安逸……无论哪种生活方式，都是人们生活历程中的一种宝贵体验。生活体验营销就是以顾客所追求的生活方式为诉求，通过将公司的产品或品牌演化成某一种生活方式的象征甚至是一种身份、地位的识别标志，而达到吸引顾客、建立起稳定的消费群体的目的。

近年来，国内休闲服饰的领导品牌——美邦服饰加大营销模式创新，在全国布点生活体验店。在美邦生活体验店里，消费者可以找到从成人到儿童的所有美邦服装品类；并且消费者还可以在体验店坐下来享受咖啡，同时阅读美邦提供的免费书籍，或是连接店内的高速无线网络，进入邦购网或登录美邦 App，继续线上选购。同时，为了满足消费用户个性化需求，美邦推出"时尚顾问"。美邦营造了一种生活体验氛围，从而吸引了大量消费群体及关联企业，使一个传统企业焕发出新的发展活力。

6. 氛围体验营销

氛围指的是围绕某一团队、场所或环境产生的效果或感觉。好的氛围会像磁石一样牢牢吸引着顾客，使得顾客频频光顾。氛围体验营销就是要有意营造这种使人流连忘返的氛围体验，服务场所尤其适合采取此种策略。氛围其实就是一种品位、一种格调，它像美妙动人的旋律，只能出自高超的演奏者之手。因此，氛围不能从别的企业去照搬，也不可随意地拼凑，企业只有在具备了过硬的素质和丰富的创造力之后，才可期望氛围营销行之有效。

耐克公司能够领先于其他的运动服装制造商的重要举措之一是设立了一座经营零售的"耐克城"。这不仅仅是一个销售产品的场所，而且是一个更为个性化的体验中心。在耐克城里，任何物品——从运动鞋、运动服装到门的把手和栏杆，都有耐克的标志。耐克公司的体验中心面积很大，建筑物外部拼写着耐克名称以及红色和白色的旋动标志。一走进"耐克城"，消费者会立即产生正在享受仓储式朴实无华的购物和定价如此整齐的印象。运动鞋按尺码陈列于大房间四周的搁架上，存货位于陈列品下方墙的里面。在零售店里，一般把运动鞋放在展示柜上，存货则放在下面的柜子里。你可以挑选出你喜欢的运动鞋，然后在下面寻找适合你的尺码。搁放运动鞋的搁架周围也可能没有存货——这是看到什么买什么的销售方式。零售店十分明亮但美学标准相当简单，正适合其销售目的。在这里，你看不到精心抛光的木头、金属和玻璃，找不到复杂或难以捉摸的照明设计，看不到装饰性的体育运动展示品；除了直截了当的体验用品定位，再找不到其他任何明显的主题。进入"耐克城"，你会体会到体现体育、力量和运动的美学理念。开放式正厅给人一种体育馆的感觉，或仿佛进入了一个非常有趣的体育俱乐部：地板上铺着垫子，看上去像篮球场，拥有外部砖墙、木制座位、时钟以及保护性挡球网。形成这种风格的识别要素包括无光和抛光铝（标示高科技），浅色的磨光木制地板（代表明亮、洁净的体育馆地板的颜色），尖角形装饰（就像运动员轮廓鲜明的脸），所有这些设计都是为了创造出高技术与不同凡响的运动保险相匹配的整体形象。耐克体验中心为消费者提供了更为个性化和相互作用的体验。它的经营方式超出了一般销售产品的意义，而更像是健身、激励和推动人们成功的地方。置身于这样的环境中，能给你的眼、耳和指尖带来无数的惊喜，它带给人们以健身知识和体育历史知识，用鼓舞人心的话语和关于人类成就的故事来催人奋进。这些感官的、理智的和情感的交流相互重叠，紧密结合，产生了非常感人的效果。人们之所以对"耐克城"情有独钟，留恋不舍，是因为耐克把它的商店变成了人们体验和旅游的胜地。

上述各种营销类型分别以不同的顾客体验作为营销侧重点。值得强调的是，它们之间并非互相排斥、互不包容。体验营销的最终目标，不是单纯构筑某一类型的体验，而是为顾客创造一种整体体验。企业应将各种体验领域恰如其分地组合在一起，模糊它们之间的界限，这样才会创造出更真实、更具感染力的体验。

## 七 案例分析

### (一) 服务型制造案例

#### 1. 陕鼓服务型制造

西安陕鼓动力股份有限公司（以下简称陕鼓动力）属于陕西鼓风机（集团）有限公司的控股公司。公司成立于 1999 年 6 月，是以陕西鼓风机（集团）有限公司生产经营主体和精良资产为依托发起设立的股份公司。2010 年 4 月，陕鼓动力在上海证券交易所挂牌上市。目前，陕鼓动力已经成为国内透平机械龙头，技术与国际同步发展。公司为冶金、石油、化工、空分、城建、环保等多个产业领域提供透平机械系统问题解决方案和系统服务的专业化公司。公司目前 90% 都是成套设备销售，BPRT 同轴机组、硝酸装置透平成套机组、3H – TRT 系统技术已达到国内领先水平。近年来，陕鼓致力于商业模式创新，打造服务型制造企业，实现了"从单一产品制造商向系统解决方案商转变，从产品经营向品牌经营、资本运营转变"的发展战略，企业经济效益显著提升。分析陕鼓服务型制造模式，主要体现以下内涵：

工程总包运营模式。以设计为龙头，以技术为核心，以管理为工具，以关联技术、系统技术为纽带，将主导产品与配套产品有机结合，运用系统设计和项目管理方式，发挥系统设计、集成、供货、施工、安装调试的优势，把相关产品和"单一服务"有机串连整合，向客户提供系统、完整的功能服务，紧紧把握市场终端，建立市场链主导地位。组建了陕鼓工程公司和陕鼓工程设计研究院。从宝钢项目开始到 2013 年 12 月底，陕鼓已经在冶金石化、空分、余热发电、市政水处理等领域承揽了 151 个工程项目，工程合同额达 63.34 亿元，90% 以上为节能减排项目。

融资服务运营模式。以陕鼓为主导，对关联配套企业、金融企业等资源整合，结成产业链联盟，将产业服务与金融服务有机结合，为有条件的客户提供包括融资服务的系统问题解决方案，引导客户需求。陕鼓根据客户需求、项目特征，探索了 14 种融资服务模式，已成功运作包括卖方信贷、融资租赁、信托贷款、BOT 等八种融资服务模式。使客户缺乏资金的项目得以启动，同时通过提供金融服务拓展了市场。陕鼓与金融机构、配套商、工程商等产业链联盟合作，实现了"共赢发展"。截至 2013 年年底，陕鼓已为 75 家客户 142 个项目提供了融资服务，累计合同金额 107.41 亿元、融资达 70.24 亿元。

系统服务运营模式。以"打造工业服务产业"为目标，以陕鼓全部产品及关联产业为基础纽带，面向系统流程开展服务，主要内容有：（1）安装调试服务；（2）检修维修服务；（3）再制造服务；（4）维护保养服务；（5）备件零库存服务；（6）无图纸机械零部件逆向设计服务；（7）设备专用润滑油、动力油服务；（8）机组阻垢技术改造；（9）高炉系统 3H -TRT 改造；（10）机械震动分析与处理服务；（11）柔性转子高速动平衡与超速试验服务；（12）水泵变频节能改造服务；（13）全托式保运服务等。实现了从主机维修拓展到备品备件、远程在线监测、液体销售、备件零库存、专业化维保等，2013 年服务产业订货达到 12.21 亿元。

设备全生命周期健康管理模式。为了实现用户服务过程信息沟通顺畅、技术支持到位，组建工业服务技术支持中心，通过研制开发旋转机械过程监测及故障诊断系统，对机组的运行情况进行动态监控，提供能量转换设备全生命周期健康管理，使机组保持长周期的安全、高性能运行；为透平产业链上的所有企业提供准确、优质、及时的协同服务支持，促进透平产业链整体安全生产能力和节能减排水平提高。陕鼓已为近千台机组安装了远程在线监测系统，现有 305 位技术专家在服务中心为 58 家客户、228 台套设备机组提供 24 小时在线服务。该技术可使现场故障率降低80%，达到国际先进水平。

投资运营模式。利用专业技术优势、设备制造优势、总承包经验优势，投资工业气体项目、水处理、工业园区（水、气、暖、固废）综合能源服务项目等，按照市场需求由"卖奶牛"（设备）转为"卖牛奶"（运营），通过提供气体、水、电、暖等产品回收投资，约定运营若干年后，到期无偿移交。是典型的在利用核心优势资源对整个产业链进行延伸，增强陕鼓为客户提供系统问题解决方案能力的同时，通过长周期的运营服务获取稳定的收益的模式，是企业向服务型制造转型的标志性飞跃。

2. 案例启示

（1）结合市场和顾客需求的变化，实现了商业模式的创新。陕鼓突破自我，改变了"做制造、卖产品"的传统经营思路，转向从用户顾客需求出发，聚焦"制造—成套—总包—服务—运营"和"品牌—资本"，通过为用户提供全面、系统的问题解决方案和全程、专业的系统服务，不断提高企业满足市场和顾客需求的能力。同时，陕鼓创新性地提出"金融企业 + 核心企业 + 客户企业"三位一体的融资服务模式，帮助用户突破原有的资金支撑"瓶颈"限制,保证项目的顺利实施。(2)资源系统整合和配置。当今的市场竞争已不再是企业个体之间的竞争,竞争形式已经发展到供应链与供应链、战略联盟与战略联盟之间的竞争。因此,善于借用内外部资源,找到跳得更高的撑杆,并对资源进行系统的整合和配置,对于提高企业的核心竞争力以及促进企业转型升级具有重要意义。基于此,陕鼓积极利用企业内外部资源以及资本手段,以向客户提供系统解决方案和服务为目的,构筑和完善自身的产业链条。通过整合管理、技术等内外部资源,与产业链上最优秀的专业供应商合作,构建起了稳固的、高质量协作的供应链,向客户提供高质量的完整方案。通过参股、并购、合作等方式,广泛开展对外合作,强化关键技术、引进高端人才,为企业发展构筑核心和关键业务环节。通过有效利用"撑杆",使企业个体的单打独斗方式变成了供应链联盟的"集团军作战",大大提升了陕鼓在市场中的竞争力。(3)文化创新是商业模式转型的关键。在陕鼓转型中,面临员工观念、认识转变,组织机构调整,业务流程再造,管理体系创新等多方面的转型阻力,需要通过文化建设统一全员的价值观,从而坚定地推动转型战略的贯彻实施。以流程再造为例,陕鼓坚持"有所不为和有所作为"的思想,先后放弃了下料、铸造、铆焊等10项业务,平稳地实施员工分流安置。重新配置资源,组建了投融资业务的项目策划和实施、新能源市场业务开发、物流采购、配送及供应链管理等10项新业务,为商业模式转型做好了充分准备。同时在转型中,陕鼓通过文化引导和多种方式的宣贯,倡导员工全局意识的建立,使转型战略得到了全体员工的一致认可,并使员工愿意主动放弃旧的业务,接受企业培训,学习新的能适应企业发展需求的技能,发挥自己最大的潜能,为自己和为企业创造新的未来。

(二)团购模式案例

1. 聚美优品团购网

聚美优品的前身是团美网,2010年3月成为国内第一家专业化妆品团购网站,也是国内最大的化妆品团购网站。聚美优品的商业模式是团购类的 B2C 模式。聚美优品关爱女性,以女性需求为主导,来锁定具体的团购项目。

产品与服务。聚美优品是专业的垂直化的团购网站,所提供的产品是各类化妆品(品牌类);提供团购信息,提供在线付费模式,下单发货,从控制进货渠道、与供应商和代理商的紧密合作，物流输送，到售后服务，确保用户的体验；为客户免费提供美容知识如香水使用方法；完备的售后服务，提出化妆品行业前所未有的最高售后标准——30天拆封无条件退货。所有从聚美优品购买的商品，自收货之日起，30天内可无任何条件退回货物并获得全额退款——即使用户已开封甚至已使用，退货运费也完全由聚美承担（退回货品的全款和寄回的费用，不包含聚美优品邮寄给用户的运费）；中华财险全程保证百分百正品，顶级采购团队，绝对正品保障。

盈利模式。聚美优品利用团购的形式来运营B2C，聚美优品是一个专业的女性化妆品网站，所以它的盈利模式与一般网站相似。它的盈利模式分为直接销售商品带来的收入（聚美优品有自己的货源、仓库以及物流渠道）和合作商家的广告收入（合作商家在网站上面做广告，以赢取广告收入以及交易抽取的佣金）。聚美优品的核心能力体现在是中国第一家也是最大的专业性女性化妆品网站，每天有50万频次的用户浏览，注册用户近100万，占女性化妆品团购市场份额的60%以上，稳居行业龙头的地位，成为国内领先的女性时尚限时折扣购物平台。聚美优品自建渠道、仓储和物流，自主销售化妆品，以团购形式来运营垂直类女性化妆品B2C，打造另类的时尚购物平台。与兰蔻、雅诗兰黛等国际品牌合作，拥有更权威的合作伙伴；官方认证确保进货渠道正规；通过申请试用体验装，切身了解新产品的功效。完备的客户服务，针对女性特点设计了一系列的客户服务模式，更显亲和力。

经营模式。以团购形式来运营垂直类女性化妆品B2C，这是聚美优品经营模式的核心。（1）每日多团。聚美优品从开始的每日一团到现在的每日多团，增加了客户的选择，同时也吸引了更多的女性。（2）以女性为主打。聚美优品网站专注于服务女性，根据女性的特点来设计整个网站，比如网站的界面采用粉色，代表着高雅、温柔、甜美可爱的形象，是众多女性喜欢的颜色，同时粉色也有舒缓精神压力的作用，让女性顾客一边浏览商品，一边放松心情。而且网站还有一些男性的化妆用品，这很好地展示了女性顾客顾家的形象；在关爱自己的同时，也不忘关心家人。（3）推广渠道的多样性。利用明星代言推广，娱乐营销；博客、微博推广；奖励会员推广；利用其他媒体进行推广；用口碑来传播等。

2. 案例启示

（1）差异化是团购网站经营运作长远之道。目前，团购网站营销类型均属于烧钱型营销，不断投资推广。团购网站要想生存，盈利至关重要。但是，由于目标受众的重叠，产品的相似性，导致同质化竞争越来越激烈，一部分实力较弱的企业必定难以长久生存下去。从聚美优品的成功可以看出，其差异化最主要表现在定位上。聚美优品着力于女性化妆品消费市场，明确产品定位，就有了明确的消费群体定位，紧跟着是营销活动的精准性，这既节省了营销成本，又达到了营销效果，并且能够与公司的后台供应链、服务水平一致，使企业的发展获得公司的全力支持而不会产生战略目标与公司实力不能匹配的危机。（2）对细分市场的深度挖掘，创建自有品牌核心竞争力。购物网站的核心竞争力归根结底来自核心产品的竞争力，对于可替换性高的化妆品行业更是如此。聚美优品正在尝试扩大自有品牌的影响力，尽管目前自有品牌产品的价格明显低于其他品牌产品，但是这只是短期的，一旦其自有品牌在消费者中获得了口碑效应，自有品牌产品利用其成本低的优势，加之网站有倾向性的营销，可以形成核心竞争力，同时核心竞争力会作用于网站形象，促进网站的发展。（3）线上与线下相结合，走 O2O 路线。聚美优品同很多购物网站一样，专注于线上营销、经营活动。线上活动具有成本低、更便捷等特点，但是，垂直型团购网站各方面的实力比大型综合购物网站要弱，其营销的突破点可以拓展到线下，线下营销最重要的益处是能够增加消费者的消费体验，尤其是对可感性高的产品，线下销售可以消除消费者对产品品质、安全性等的疑虑，加强顾客黏性。线上的便捷与线下良好的消费体验相融合，可以增强企业的竞争力，获得更好的发展。（4）注重专业服务、主导供应链的发展。垂直型购物网站与大型综合购物网站相比，资金实力均有限，但是一个购物网站要想成立，离不开专业的管理团队、技术团队、营销团队等职能团队。聚美优品专业化营销队伍能够根据公司战略、公司发展水平及目标消费群的特点采取不同但高效的营销手段，进行产品营销推广。同时，专业化的服务能够给消费者带来满意的购物体验，提升企业形象。另外，聚美优品不仅与生产商、供应商保持良好的合作关系，而且尽可能在整个供应链中取得主导地位，左右供应商的供应水平，不断提升自己的实力和企业知名度。聚美优品作为垂直团购网站的成功典范，主要源于其精准的定位以及与目标消费群体接受习惯相适应的营销手段。它的成功对国内一些正在存亡关口徘徊的团购企业有一定的借鉴意义，未来网络购物的竞争点将更专注于专业化、精品化、全域化。聚美优品和其他团购网站更应在这一方面做足文章。

（三）众筹案例

1. 会籍式众筹——3W咖啡

互联网分析师许单单从分析师转型成为知名创投平台3W咖啡的创始人。3W咖啡采用的就是众筹模式，向社会公众进行资金募集，每个人10股，每股6000元，相当于一个人6万元。那时正是玩微博最火热的时候，很快3W咖啡会集了一大帮知名投资人、创业者、企业高级管理人员，其中包括沈南鹏、徐小平、曾李青等数百位知名人士，股东阵容堪称华丽，3W咖啡引爆了中国众筹式创业咖啡在2012年的流行，几乎每个城市都出现了众筹式的3W咖啡。3W很快以创业咖啡为契机，将品牌衍生到了创业孵化器等领域。

3W的游戏规则很简单，不是所有人都可以成为3W的股东的，也就是说不是你有6万元就可以参与投资的，股东必须符合一定的条件。3W强调的是互联网创业和投资圈的顶级圈子。而没有人是会为了6万元未来可以带来的分红来投资的，更多的是3W给股东的价值回报在于圈子和人脉价值。试想如果投资人在3W中找到了一个好项目，那么多少个6万元就赚回来了。同样，创业者花6万元就可以认识大批同样优秀的创业者和投资人，既有人脉价值，也有学习价值。很多顶级企业家和投资人的智慧不是区区6万元可以买到的。

2. 案例启示

会籍式的众筹方式在国内创业咖啡的热潮中表现得淋漓尽致。会籍式的众筹适合在同一个圈子的人共同出资做一件大家想做的事情。比如3W开办一个有固定场地的咖啡馆方便进行交流。其实会籍式众筹股权俱乐部在英国的M1NT Club也表现得淋漓尽致。M1NT在英国有很多明星股东会员，并且设立了诸多门槛，曾经拒绝过著名球星贝克汉姆，理由是当初小贝在皇马踢球，常驻西班牙，不常驻英国，因此不符合条件。后来M1NT在上海开办了俱乐部，也吸引了500个上海地区的富豪股东。创业咖啡注定赚钱不易，但这和会籍式众筹模式无关。实际上，完全可以用会籍式众筹来开餐厅、酒吧、美容院等高端服务场所。这是因为现在圈子文化盛行，加上目前很多服务场所的服务质量都不尽如人意，通过众筹方式吸引圈子中有资源和人脉的人投资，不仅是筹措资金，更重要的是锁定了一批忠实客户。而投资人也完全可以在不需经营的前提下拥有自己的会所、餐厅、美容院等，不仅可以赚钱，还可以在自己朋友面前拥有更高的社会地位。

（四）开放式创新案例

1. 宝洁公司开放式创新网络

宝洁公司简称 P&G，是目前全球最大的日用品公司之一，成立于1837 年，拥有 170 多年的历史。宝洁在 160 多个国家拥有 300 多个品牌，其中包括纺织物及家居护理、美发美容、婴儿及家庭护理、健康护理、食品及饮料等。

20 世纪 90 年代末期宝洁的发展遇到了危机，一方面，传统的优势产品面临着市场份额的下降，如宝洁的明星产品佳洁士牙膏和帮宝适纸尿裤，已经将市场首位的宝座让给了高露洁和金佰利的好奇纸尿裤；另一方面，巨额的研发费用也给宝洁带来巨大的成本压力，其研发费用大大高于竞争对手，其每年在这方面的投资超过 20 亿美元，几乎是联合利华的两倍，约为雅芳、高乐士、劲量、汉高、金佰利、欧莱雅和利洁时的总和。其专利的利用率却只有 10%，而真正在市场上获得成功的创新产品比率，也仅维持在 35% 左右的行业平均水平。2000 年，雷富礼出任宝洁 CEO。在调研的基础上，雷富礼将打破困境的突破口瞄准了研发部门。当时面临的难题是要么重整研发部门，让宝洁拥有旺盛的创造力；要么削减研发成本。很多公司高管认为这是个二选一的问题，但雷富礼认为可以"兼容并蓄"，他提出了"开放式创新"的概念，将宝洁的心脏——研发改名为联发，即打开公司围墙，联合外部松散的非宝洁员工组成群体智慧，按照消费者的需求进行有目的的创新，然后再通过网络平台，让各项创新提案在全球范围内得到最优的配置。

当时，尽管众包概念还没有提出来，但众包的商业模式已经在运行，像 InnoCentive.com、NineSigma.com、Yet2.com、yourEncore.com 等一些中介网站。宝洁从这些网站上充当"求解人"的角色，通过这种途径宝洁跟全世界的科学家和工程师建立了联系，宝洁的研发团队迅速获得了爆炸式增长，相应的宝洁公司研发生产力也提高了近 60%，创新成功率提高两倍多，而创新成本下降了 20%。正是看到了这一未来创新的脉搏，雷富礼提出了"开放式创新"的理念，从外部引入了更多的高端产品和技术思想，宝洁公司的研发成功率提高了85%。

随着开放式创新理念的实践，宝洁众包模式也在不断完善和成熟。2007年，宝洁建立了"C＋D"英文网站，这实际上相当于宝洁的创新资产集市，2009年，又推出中文网站和日文网站。在构建中介网站的同时，宝洁还创建了一支创新型猎头组成的团队，他们不隶属于任何一个部门，也不受既有制度的约束，这些从实验室里解放出来的技术经纪人由一名总经理领导，他们被分别派到欧洲、中国、日本、印度和拉丁美洲，搜索能够创造新消费的机会。通过这支"猎头部队"，宝洁公司与政府和学校的实验室、主要的科学家和教授，与社会中可能存在的任何对公司有益的创新资源建立了联系。通过自己开发的网络平台和其他的专业网络平台以及这支"技术经纪人"团队，宝洁公司构建了一个高效运行的、外部的开放式创新网络，这个网络主体包括公司、个人、独立的企业家、政府实验室、合同实验室、研究院所、金融机构、主题专家、供应商、学院、电子网络研发人员。创新网络是一个互动的网络，宝洁公司作为需求方，既是主动的，又是被动的。主动表现在，宝洁在自己的"C－D"创意集市及其他的网络平台上发布需要解决的研发难题，以及"猎头"团队主动地在世界范围内搜寻解决方案。这个过程中，发包方的问题比较专业，需要的是专业的解答，而通过互联网络平台中的专业接包方就可以得到解决，紧迫重要的问题还可以通过"猎头"团队来解决。被动表现在，宝洁给对公司发展具有重大意义的创新方案的创新主体一个自由表达的空间和平台，通过这个平台，宝洁会得到更多以消费者需求为导向的创意和成熟的技术、包装设计等，通过其主题专家的筛选，最终得到的创新方案会更具有市场前景，以此进行产品、技术研发，从而提高研发的效率、降低研发的风险和成本。

2. 案例启示

（1）宝洁公司开放式创新就是众包商业模式的实践。众包不仅减少了企业研发创新成本，而且聚集了更多智慧，使企业实现了永续发展。（2）注重网络平台下的用户需求。以用户为中心的创新，将比数年来占主流地位的制造商为中心的创新更有价值。产品设计由过去的以生产商为主导，转向以消费者为中心。因为没有人比消费者自己更早了解其真正的需求，他们领先使用者比任何一家企业的研发部门都更活跃、更具有创造力。众包的核心也包含着与用户共创价值的理念。忽略用户需求的企业，最终只会在竞争中被市场遗忘和抛弃。（3）众包创造了一种新的创业方式。依靠集体力量共同创作完成的众包项目，利用互联网实现任务分解，整合完成，上市交易，收益分配等过程，共同完成创业。

（五）定制营销模式案例

1. 隆力奇定制营销

隆力奇集团是目前国内规模最大、技术最先进的日化产品、保健品的研究、开发和产销基地。为了使公司的产品能更广泛地进入千家万户、远销国内外，在原有的销售渠道基础上，2010 年，隆力奇公司推出定制营销模式，采用连锁加盟店推广模式满足千家万户消费者对于家居日用品的消费需要。并且隆力奇以"公司总部＋爱家生活店＋业务代表＋会员顾客"为核心市场运作模式，完整有效地实现公司与营销人员、企业与顾客、营销人员与顾客之间的多向互动合作。公司斥巨资打造和完善一流的企业文化、一流的教育培训系统、一流的物流体系等，全面支持和配合定制营销，全力以赴帮助创业者开拓市场，获得财富。定制营销商业模式为隆力奇带来无限商机，近年来，隆力奇公司规模、利润实现翻番增长。

2. 案例启示

（1）定制营销的核心是创新。创新的手段即聚合，这种聚合战略更加体现了隆力奇"服务无限"的经营理念，将店铺销售、会议营销、顾客联盟、会员营销、零售推荐、连锁经营、电子商务、数据库营销等各种销售模式与方法组合与运用，在为不同层次的消费者提供更贴心的服务的同时，也为每个加入隆力奇的工作伙伴创造一个良好的创业平台和致富的捷径，让它们在这个透明、公正的制度下，充分发挥无限的潜能和实现人生价值。（2）"隆力奇"是合作制胜、借力发展的经营典范。隆力奇定制营销采用"总部＋分支机构＋爱家生活店/服务网点＋业务代表＋优惠顾客"的营销模式。每个部分承担不同的市场功能，它们之间形成一种密切的互动关系，并有机结合成为一个完整体系。通过这种多渠道互动运作模式能迅速地整合市场资源，形成四通八达的终端消费服务系统，满足消费者的综合需求，形成忠诚消费者群体，从而保证企业、经销商、顾客联盟多方共赢的可持续发展。（3）借力发展。在社会分工越来越细的今天，许多事情靠个人的力量是难以完成的，孤军作战难以成就大业，只有借助团队的力量才能走向成功。

（六）体验营销案例

1. 星巴克体验营销

星巴克出售的不是咖啡，而是人们对咖啡的体验。从 1971 年西雅图的一间小咖啡屋发展至今成为国际著名的咖啡连锁店品牌，星巴克（Star-bucks Coffee）的成长可称得上一个奇迹。拥有 25 年历史、全球连锁店达 4000 多家的星巴克，1992 年在美国上市，如今，股票价值早已超过当初的 10 倍以上。

咖啡王国传奇的塑造非一朝一夕之功，源于其长期以来对人文特质与品质的坚持：采购全球最好的优质高原咖啡豆以提供给消费者最佳的咖啡产品，有其深厚的文化底蕴；更源于其不懈的品位追求，时时处处体贴入微，提供给顾客最舒适、最优雅的场所。这也是星巴克的独特魅力所在，同时也体现了体验营销的威力，星巴克正是以"体验营销"的方式带领消费者体验其所塑造的文化。

用最好的咖啡，煮出不同的口味。星巴克的咖啡具有一流的纯正口味。为保证星巴克咖啡的质量，星巴克设有专门的采购系统。它们常年旅行在印尼、东非和拉丁美洲一带，与当地的咖啡种植者和出口商交流、沟通，为的是能够购买到世界上最好的咖啡豆。它们工作的最终目的是让所有热爱星巴克的人都能品到最纯正的咖啡。星巴克的咖啡品种也是繁多的，既有原味的，也有速溶的；既有意大利口味的，也有拉美口味的，顾客可凭自己的喜好随意选择。

使星巴克文化渗入人心。所有在星巴克咖啡店的雇员都是经过严格且完整的训练，对于咖啡知识及制作咖啡饮料的方法，都有一致的标准。星巴克使顾客除了能品尝绝对纯正的星巴克咖啡之外，同时也可与雇员们产生良好的互动。星巴克咖啡连锁店有一个很特别的做法：店里许多东西的包装像小礼品一样精致，从杯子、杯垫和袋装咖啡豆、咖啡壶上的图案与包装，到每天用艺术字体展示的当日主推销产品等，都可以看出构思精心与匠心独具，于是会有顾客对这些小杯子、杯垫爱不释手，并带回家留做纪念，这个不在市场销售的赠品便成了顾客特别喜爱星巴克的动力，也成了体验营销的经典应用。星巴克吸引消费者的另一个重要因素就是其内部幽雅独特的人文环境：木质的桌椅，清雅的音乐，考究的咖啡制作器具，为消费者烘托出一种典雅、悠闲的氛围。同时，高科技的应用也使星巴克与众不同，它成功实施了微软 NET My Services 的商业模式，星巴克的顾客可以通过互联网预订想喝的咖啡，踏入星巴克店门后不用等待，自己想喝的咖啡就会立即端上来。同时无线宽带网络技术已进入星巴克连锁店，顾客在饮用一杯星巴克咖啡的同时，可以悠闲地使用具有无线功能的智能手机、掌上电脑和其他手提设备接入宽带内容及服务，各种流行的国内外报纸杂志及免费上网的服务，让人在某个需要释放心情的日子里享受到真正意义上的轻松与愉悦，那时星巴克的形象中又会加入一种时尚、尖端的因素。目的是为顾客提供方便，而这也形成了星巴克不同于别处的特殊体验。每一个星巴克连锁店都设有顾客意见卡，其顾客关系部每年都收到成千上万的电话，星巴克总是做出让顾客满意的回答和服务。可以看出，在与顾客接触的任何时刻，星巴克都不忘将其独特的文化特色渗入人心。

不同的体验，共同的享受。来过星巴克咖啡店的人都会产生一些独特的经验，这些心得和故事都是值得与其他人分享的共同经验。当你坐在任何一家星巴克咖啡店里，品尝着手中第一杯，或者第一千杯星巴克咖啡时，都会见到一位女子躲在手中的星巴克咖啡杯中向你微笑，她看上去天真无邪但却无比妩媚动人。"她是谁呢？"你不禁会想，"是来自哥伦比亚的咖啡公主，还是地中海里的美人鱼呢？"不管她来自哪里，都肯定带着一个五彩斑斓和充满浪漫气息的故事。星巴克的 Logo 形象设计则来自多数人都熟悉的古老的海神故事。荷马在《奥德赛》中描述了海神如何将水手引诱到水中，让他们在销魂的声音中幸福快乐地死去。中世纪的艺术家们把这些生灵刻画成美人鱼，从此这些生灵传遍了整个欧洲，人们用它们装饰大教堂的屋顶和墙壁。星巴克徽标中那个年轻的双尾海神，便是中世纪的演绎。于是，星巴克充满传奇色彩的名称和徽标很容易在顾客头脑中形成一种印象，并由好奇而最终转变为好感，这种联想式的体验也是众多星巴克迷的钟爱之处。

星巴克，您的邻居。在世界上有星巴克咖啡店的地方，都是人们在工作、居家之外最喜爱停留的地方，在店里可以与其他的星巴克爱好者产生视觉、听觉的互动；或是单纯地喝一杯咖啡，享受独处的悠闲，星巴克是一个可以放松身心的地方。在国内几十平方米的咖啡店里，常常可以看见衣着光鲜的白领手捧咖啡杯，或聊天、或摊开资料、打开手提电脑讨论工作。如果运气好的话，还可以看见一些身着棉布衬衫、留着 IT 寸头的网络精英，其中一位很可能就是名气不小的"数字富豪"。与星巴克在国内的定位不同，在美国，星巴克把自己定位为"您的邻居"，而绝非白领阶层的专属，但仍然是其家庭客厅的延伸、价廉物美的社交场所、工作和家庭之外的第三个最佳去处。在西装革履的金融区，在花花绿绿的黑人区，都可以看到它的踪影。在价格上，一杯咖啡最便宜的1.5美元左右，最贵的也只有4美元左右。除了最便宜的"星巴克当家咖啡"外，还有淡淡甜酸果味的女神天韵咖啡、口感厚重的哥伦比亚纳瑞诺咖啡、可配甜点的维罗娜咖啡等。

2. 案例启示

星巴克以为顾客创造"第三空间"为主题，营造了一个全新的体验，通过情景，星巴克来创造"体贴"，正是真正地了解了这些可以刺激顾客内心情感的细枝末节，星巴克才将体验式营销用到极致，并成为其中经典。

# 第六章 产业组织模式创新导向下的产业升级

## 第一节 产业组织

### 一 产业组织的内涵

1890 年，英国经济学家马歇尔出版的《经济学原理》一书中，提出生产要素不仅有劳动、资本和土地，还有第四种生产要素——"组织"。产业组织概念正式出现在 20 世纪现代制造业兴起后，早期学者将"产业"和"制造业"等同，把产业视为生产同一或相似产品的企业集合。马歇尔认为，产业组织是一种能够强化知识作用的要素，其内容包括企业内部组织、同一产业间的组织形态以及政府组织等。①

产业组织是指同一产品价值链上各种企业之间的竞争或合作关系结构的具体表现形态。从理论上说，产业组织形态可以按照两条标准作进一步划分。其一，产业组织内部企业之间的竞合关系性质及其侧重点。即企业之间是竞争关系还是合作关系？其二，企业之间合作的基础或方式及其侧重点。即企业之间的合作是以契约、股权（资本）为基础，还是两者兼有，各自相对地位如何？这两条标准大体决定了特定产业组织形态内部市场交易与科层管理这两种治理机制的相对地位，从而可以确定其具体类型。进一步分析，产业组织形态存在着一个从"纯市场形态"到"单一的完全一体化企业"之间的形态谱系，该谱系中依次分布着"纯市场形态"、"网络组织"、"战略联盟"、"企业集团"和"单一的完全一体化企

---

① ［英］阿尔弗雷德·马歇尔（Alfred Marshall）：《经济学原理》导读，孙利译，天津人民出版社 2010 年版，第 32 页。

业"等典型产业组织形态。

## 二 产业组织的机理

### (一) 降低综合成本

企业形成某种形态的产业组织，能有效地降低产业组织内企业的综合生产成本。科斯认为，企业和市场是两种资源配置方式，两种方式都是有交易费用（成本）的，企业方式有企业交易费用，市场方式有市场交易费用；交易费用主要由市场方式的不确定性、经常性和企业方式的资产专用性而形成。产业组织是介于企业和市场之间的一种资源配置手段，一方面可以减少市场方式中不确定性而形成的市场交易费用，同时也可以减少企业方式中专用性资产投资而形成的企业交易费用。马歇尔在《经济学原理》中提出，企业组织起来在特定的"产业区"内集聚形成某种产业规模，可形成"外部规模经济"效应。当企业难以单独依靠自身力量达到经济规模、产生规模效应时，可通过组织起来进行联合采购、联合销售、联合开发或共同投资基础设备等，降低劳动力搜寻成本和辅助生产成本；同时可将资金集中在核心业务上，保持多方面的灵活性，避免规模扩张带来的大企业病，降低企业整体成本，帮助集聚起来的企业共同实现规模经济效应。同时，由于社会分工越来越细，企业必须专注于专业化以形成核心竞争力，从而使企业间的合作越来越紧密，技术标准等知识产权成为竞争的重要内容，加上本土市场全球化和全球市场本土化，不仅导致企业生存发展越来越依赖环境，而且产生了技术共享、产业链配套、业务交叉、产品融合等共性问题。从单个企业看来，这些共性问题是外部问题，一般情况下，单个企业既缺乏外部共性问题解决的积极性，更缺乏外部共性问题解决所需要的技术、市场、资本、品牌、关系等能力，而只能由相关企业组织起来协同解决或由政府来解决。理论和实践都证明，政府通过支持产业组织比政府直接干预效率要高得多，产业组织既是企业共同投入资源解决外部共性问题的有效方式，也是企业获取外部资源的重要载体。

### (二) 提高核心竞争力

合理的产业组织形态，能有效地提高产业组织内企业的核心竞争力。亚当·斯密认为，劳动时所表现的更熟练、劳动生产率上的增进，都是分工的结果。劳动分工是国民财富增进的源泉，是经济生活的核心现象。分工有三种，一是企业内分工；二是企业间分工；三是产业分工或社会分工。马克思认为，建立在协作基础上的企业分工，可以产生比分散企业更高的生产效率。原因有二，一是协作性的集体生产在相同产量的条件下比分散生产节约了空间；二是协作性的集体生产提高了生产资料的利用率。企业间分工协作是产业组织形成的理论基础之一。正是因为分工，产业才会具有单个企业都无法具备的生产效率，同时，企业对高效率的追求是企业组织起来形成产业组织的原动力。

（三）产业协同创新

熊彼特认为，创新不是孤立事件，而是趋于"成簇"地发生，因为创新是一个学习过程，在成功创新之后，接着是大多数企业会步其后尘；并且，首次创新的失败教训和成功经验，会使后来者少走弯路。产业组织是企业共同学习的平台，可使企业较快掌握新的知识和技能、提高企业生产组织效率、形成竞争优势，获得超过社会平均盈利能力的机会。

**三 产业组织形态的演进**

按照历史顺序，一般地，产业组织形态的演进路径是：企业集团—产业集群—产业联盟—模块网络—生态产业。

（一）企业集团

企业集团是以一个或多个实力强大、具有投资中心功能的大型企业为核心，通过企业购并重组等产权安排、人事控制、商务协作等方式，联合若干个在资产、技术、营销上有密切联系的企业形成的产业组织模式。企业集团的出现是在反垄断法出台后，企业的一个应对性反应，目的是在反垄断法的边界中、在法律的红线内形成"准垄断性"产业组织，以达到垄断性产业组织一样的效果。谋求持续、稳健、高额的利润，是任何市场经济制度中企业永恒的追求，也是任何产业组织的基础性目标；这符合市场经济理论假定厂商作为稳定性偏好、自利性行为最大化的理性人的行为逻辑。普尔、卡特尔和辛迪加形式的联合由于没有资产关系，比较松散，托拉斯"船大难掉头"，组织结构不灵活，这些企业联合形式都不能满足现代市场经济的需要。于是，继托拉斯之后，一批批不同行业的公司，以某巨型公司为核心，通过横向和纵向联合购并重组而结合在一起，形成跨行业、跨地区的企业集团，如通用、三星、壳牌公司等。

（二）产业集群

从产业组织形态的角度分析，产业集群实际上是在地理区域中的产业链纵向一体化。从20世纪70年代开始，很多欧美国家实行了产业集群战略，通过政策引导将区域内的企业、政府和研究机构结成伙伴，共同促进产业集群的发展。国内在改革开放以后，广东、福建、浙江、江苏、山东等沿海、沿江地区成千上万中小企业迅速崛起和不同类别的产业集群形成，而后在中西部省份推进实施产业集群战略。

（三）产业联盟

产业联盟一般由行业内企业、产业链上跨行业企业和相关机构组成。自 20 世纪 70 年代末起，产业联盟开始在美国、欧洲、日本等发达国家和地区蓬勃发展。产业联盟已成为一种重要的产业组织形式，对产业发展、企业成长具有重要意义。进入 20 世纪 90 年代以来，产业联盟在我国也初见端倪。目前我国已经成长形成存在中国创意产业联盟（CCIA）、TD-SCDMA 联盟、中关村科技园内的软件出口联盟、中国 IT 产业的闪联等一大批具有国际影响力的产业联盟。

（四）模块网络

模块网络，是基于某类产品与服务的标准、规范、通用性的模块化设计，通过互联网关联形成的跨区域、跨行业的全球化生产组织。20 世纪 70 年代末，丰田的生产方式开启了模块网络组织时代。如今，模块化设计思想已经渗透到许多领域，广泛应用于机床、电子产品、航天、航空等设计领域，在每个领域，模块及模块化设计都有其特定的含义。在模块组织层面上基于核心能力的进一步模块化分工与网络化整合，是企业组织演进的最新趋势。随着垂直型产业组织解体趋势的加深，基于模块化的网络产业组织形式已经成为全球产业的一个主导模式。产业价值链的模块化分解与网络化整合，是当今产业组织演进的基本逻辑。伴随着基于模块化的组织网络形成，价值链也同步模块化，形成基于价值模块的价值网。

（五）产业共生网络（ISN）

当下，随着互联网以及新技术、新工艺的迅猛发展，一种以生态产业为基础、综合模块网络、产业联盟和产业集群优势的产业组织形态——产业共生网络（ISN）应运而生。产业共生网络（ISN）是在政府规划和资本市场引导下，以谋求环境友好、资源节约、稳健盈利为目标，依据产业生态学原理，创造性地运用现代高新技术而形成的规模适度、高循环关联、内外需求平衡的可持续发展产业社区。产业共生网络（ISN）是当下最高级的区域产业组织形态。

从上述产业组织演进历程，我们不难看出产业组织发展趋势：一是在形成动机上，从市场竞争压力向资源环境压力方向发展，从降低成本、化解风险、稳健盈利向谋求可持续发展方向发展，从盲目追求规模向追求适度经济规模方向发展。二是在形成方式上，从自发形成向政府规划引导方向发展，从技术和资源引导向资本市场主导方式发展。三是在构成成分上，从单类产品服务向多类产品服务方向发展，从产业园区向产业社区方向发展。

## 第二节　新兴产业组织模式

### 一　产业集群模式

#### （一）产业集群的内涵

产业集群理论是 20 世纪 20 年代出现的一种经济理论。麦克尔·波特认为，产业集群是指在一个特定区域的一个特别领域，集聚着一组相互关联的公司、供应商、关联产业和专门化的制度和协会，通过这种区域集聚形成有效的市场竞争，构建出专业化生产要素优化集聚洼地，使企业共享区域公共设施、市场环境和外部经济，降低信息交流和物流成本，形成区域集聚效应、规模效应、外部效应和区域竞争力。[①]

从产业结构和产品结构的角度看，产业集群实际上是某种产品的加工深度和产业链的延伸，在一定意义上讲，是产业结构的调整和优化升级。从产业组织的角度看，产业集群实际上是在一定区域内某个企业或大公司、大企业集团的纵向一体化的发展。如果将产业结构和产业组织二者结合起来看，产业集群实际上是指产业成群、围成一圈集聚发展的意思。也就是说在一定的地区内或地区间形成的某种产业链或某些产业链。产业集群的核心是在一定空间范围内产业高度集中，这有利于降低企业的制度成本（包括生产成本、交换成本），提高规模效益和范围效益，提高产业和企业的市场竞争力。从产业集群的微观层次分析，即从单个企业或产业组织角度分析，企业通过纵向一体化，可以用费用较低的企业内交易替代费用较高的市场交易，达到降低交易成本的目的；通过纵向一体化，可以增强企业生产和销售的稳定性；通过纵向一体化行为，可以在生产成本、原材料供应、产品销售渠道和价格等方面形成一定的竞争优势，提高企业进

---

① ［美］M. 波特：《竞争论》，高登第、李明轩译，中信出版社 2003 年版，第 68 页。

入壁垒；通过纵向一体化，可以提高企业对市场信息的灵敏度；通过纵向一体化，可以使企业进入高新技术产业和高利润产业等（如表6-1所示）。

表6-1　　　　　　　　　　　产业集群竞争优势的构成

| 资源优势 | 成本优势 | 创新优势 | 市场优势 | 扩展优势 |
|---|---|---|---|---|
| 资源集聚效应<br>素质提升效应<br>优化资源配置<br>提高资源利用率 | 降低生产成本<br>节约物流费用<br>减少信息费用<br>减少产品试制费用 | 创新的激励效应<br>创新的学习效应<br>创新的文化氛围<br>创新的服务体系<br>创新的人文环境 | 促进专业市场建设<br>促进品牌建设<br>有利于开拓国际市场 | 横向规模扩展<br>纵向规模扩展<br>整体合力扩张 |

（二）产业集群的特征

有关产业集群的基本特征，最早还是来自马歇尔对产业区的认识。马歇尔将产业区定义为一种由历史与自然共同限定的区域，其中，中小企业积极地相互作用，企业群与社会趋向融合。马歇尔认为产业区具有六个特征：一是与当地社区同源的价值观念系统和协同创新的环境；二是生产垂直联系的企业群；三是最优的人力资源配置；四是产业区理想的市场，不完全竞争市场；五是竞争与协作并存；六是富有特色的本地信用系统。随着经济和技术的不断发展，对产业集群特征的认识也在不断深入。① 总的来说，产业集群不是众多企业的简单堆积，企业间的有机联系是产业集群产生和发展的关键。概括起来，产业集群一般具有以下特征：

1. 特定区域空间上的集聚

产业集群是对应于一定的区域而言的，是经济活动的一种空间集聚现象，地理上的邻近不仅带来了运输成本的节约，还有企业间直接的交流、竞争以及实时信息的传递。如德国的钢铁生产集中在多特蒙德，刀具生产集中在佐林根，工具车床则集中在雷姆萨伊德等。

2. 生产专门的产品

产业集群聚集在一起要生产具体的产品，且地方优势明显，如诸暨大

---

① ［英］阿尔弗雷德·马歇尔（Alfred Marshall）：《经济学原理》导读，孙利译，天津人民出版社2010年版，第102页。

唐镇的袜业、河北清河的羊绒业、浙江嵊州的领带业等，不仅有专业的产品而且形成了规模化的产业形势。

3. 企业间分工

单个集群企业内部一体化程度很低，大量的企业在集群中只做产品作业链条上的一个环节。如浙江苍南县金乡镇标牌产业集群包括设计、熔铝、写字、刻模、晒版、打捶、钻孔、镀黄、点漆、制针、打号、装配以及包装等十几道工序，全部由当地独立的企业或加工专业户来完成，而且每道工序生产的半成品都通过市场来交易，共有 800 多家独立企业参与分工协作。

4. 产业链的相对完整性

产业集群是一个包含了某一产业从投入到产出以至流通的各种相关行为主体完备的经济组织系统，它们处于相同或是相近的产业链上，具有前后向或横向的产业联系。企业和机构之间的分工协作关系是决定集群效应和本质的主要特征，集群经济使同一产业内部分工更为精细化，使一家企业可以集中于该产业的某一道工序或某一种中间产品的生产。不但有生产性的企业，还有大量为生产提供辅助性服务的机构，如大学、研发机构、咨询公司紧密地联系在一起，形成利益共生体。

5. 众多企业形成复杂的网络关系

企业数量足够多，竞争与合作并存。集群所在地存在着复杂稠密的社会网络关系，人与人、企业与企业之间发生着频繁的互动活动和知识交流，人们通过正式和非正式的交流渠道共享知识和创新。产业集群内部综合了市场和政府的功能，综合了技术创新和组织设计的因素，但是在整合力、竞争力、影响力上又超过了市场和政府。

（三）产业集群的形式

产业集群的形式多种多样，没有统一和固定的模式。可以根据产业集群的概念和特征对其进行分类。

1. 按照专业化产业性质，集群分为三类

第一类是高科技产业集群，主要依托当地的大学和研究机构发展高新技术产业。如美国的电子信息产业集群硅谷、波士顿 128 公路；德国的奥斯汀电子工业基地；印度的班加罗尔地区软件外企基地；以色列的特拉维夫；英国的剑桥工业园；法国的索非亚等。第二类是传统产业集群，以传统的手工业和劳动密集型的传统工业部门为主。如我国嵊州的领带、诸暨市大唐镇的袜业、海宁的皮装、柳市的低压电器等。第三类是一般资本与技术结合型产业群，主要包括资本密集型的重化工业和制造业。如日本大田机械产业集群、德国佐林根刀具产业集群。

2. 根据企业网络关系，集群分为两类

一类是中小型企业为主的产业集群，如意大利、浙江的许多集群属于这种情况。另一类是以大企业为核心的中小企业集群，如长春的汽车产业集群、陕西榆林能源化工产业集群等。此外，根据企业的所有权结构，集群可分为外向型产业集群、民营经济为主的产业集群以及国有企业产业群等。

（四）传统产业集群的升级

传统产业集群区别于高新技术产业集群，是以传统产业为主导的、众多中小企业及相关机构在一定的空间范围内聚集而形成的经济群落。目前，我国绝大多数产业集群都属于传统产业集群。传统产业集群的蓬勃发展对于我国产业走向世界，促进区域经济发展、推动城乡一体化和区域一体化、扩大就业、技术创新等方面发挥着至关重要的作用。但是，我国传统产业集群面临着资源集约利用、国际贸易环境、环境保护和宏观调控等外部环境的挑战，受到资金、技术、组织结构等内部因素的约束，传统产业集群的升级迫切而必要。

1. 传统产业集群升级面临的突出问题

（1）产品同质化严重，竞争过度。美国伊坦·谢辛斯基和罗伯特·J. 斯特罗姆对 19 世纪末 20 世纪初美国玻璃产业集群区域内企业的创新产出进行研究，发现产业集群并不是企业创新能力提高的充分条件，产业集群降低了原创企业技术创新收入现值的期望值，出现产业集群对技术创新的负效应。[①] 在我国不少产业集群中，产品、价格、营销模式、广告模式等方面都存在着严重的同质化、低质化现象。甚至在品牌命名、商标设计上都存在模仿。过度的模仿往往使得创新产品的供应在短期内达到饱和，创新企业还来不及享受创新带来的利润，就不得不马上陷入激烈的恶性竞争之中，从而导致集群内自主创新动力不足。目前多数集群产品技术含量低，竞争优势大多建立在低成本、低价格基础上，面临较大市场风险。

---

① ［美］伊坦·谢辛斯基、罗伯特·J. 斯特罗姆、威廉·J. 鲍莫尔编：《自由企业经济体的创业、创新与增长机制》，刘志阳、吴桂兴译，东方出版社 2009 年版，第 203 页。

（2）企业组织规模较小，创新能力不强。我国传统产业集群中，鞋类、纺织、服装、陶瓷、玩具、家具、五金等类型的劳动密集型制造业占多数，技术门槛较低。与发达国家的产业集群相比，我国产业集群的发展成熟度、技术装备水平、产品技术含量存在较大差距。企业的技术创新需要一定的人力和资本条件。企业规模较小、实力较弱、现金流量和专业技术人员不足是企业进行产品研发和工艺改进的一个内部约束。小企业普遍缺乏科技创新人才和资金支持，难以进行大规模的设备投资、技术改造和人力资本的投资。另外，创新具有较大的风险，即存在技术和市场方面的不确定性，如果创新的外部性很强，企业的技术模仿动机会超过创新动机。总之，一个由大量中小企业构成的产业集群，企业平均规模较小，规模分布离差也小，企业自主技术创新的内在动力就会较弱。

（3）集群内分工程度较低，没有形成良好的创新合作机制。我国多数集群产业链条过短，纵向分工程度较低。集群内中小企业之间还没有建立起上下游完整的产业链，企业从原材料到最终产品的过程中相关的加工、处理活动等都是在该企业内部完成的。"小而全"的企业创新成本较大，创新效率也难以提高。即使在一些分工程度较高的集群中，由于最终产品生产企业处于低成本和价格竞争阶段，企业往往关注中间品的价格而不关注产品的质量和创新，其他相关企业也难以有较强的创新动力。横向分工的企业也可以通过合作引进新技术和开发新产品，但由于在多数集群中存在企业规模的相近性、产品的相似性和群内资源的有限性等特点，同时企业也缺乏合作创新的现代理念，因此，较少出现企业合作引进新技术和开发新产品等创新行为。

（4）缺乏关键的支持机构，创新体系不健全。大学、研究机构、政府和中介机构是创新网络的重要节点，也是集群企业创新的外部环境因素。区域内共有的知识、技能、人才、市场、公用设施及地域的专有文化等要素构成区域创新的必备条件。但在一些传统产业集群中，基础设施较差、缺乏关键服务和支持机构，如金融服务、生产力中心、研发中心、设计中心、质量检测中心、人才培训中心、信息平台等；多数集群现有的中介组织服务水平、服务质量满足不了产业集群发展的需要，直接制约了产业集群的创新发展；大学和研究机构目前还很少有针对传统产业集群的专业设置和人才培训计划。我国多数传统产业集群形成于乡镇，由中小民营企业组成，软硬环境条件明显劣于大中城市，难以吸引和留住需要的人才。总体来看，传统产业集群中普遍存在高级生产要素，特别是高级人力资本缺乏问题。

2. 传统产业集群升级的思路

产业集群升级贯穿于集群发展的始终，是一个由量变到质变的发展过程。产业集群升级的主体是集群中的产业，升级是指集群不同发展阶段的演替，根据国际上产业集群升级的实践，传统产业集群的升级应遵循如下思路：（1）产业集群的经营方式从粗放型升级为集约型；（2）产业集群的产品结构从低附加值升级为高附加值；（3）产业集群的产业链从低端的制造环节升级为高端的研发、营销、服务等环节。

3. 传统产业集群升级的路径

伴随全球价值链在不同空间范围内的持续整合，传统产业集群升级应遵循区域一体化整合、价值链全球整合和价值链虚拟整合三个阶段。

（1）区域一体化整合。依托某种产业集群内的大量企业，基于价值链的垂直分工，各自专注某个或某几个价值实现环节，并通过集群内各种正式和非正式的网络联系达到产业的地域内一体化整合。在这个阶段，集群内部包含着相对完整的生产过程和价值实现过程，其产品往往被提供给最终消费者，目前我国多数传统产业集群都属于这种模式。然而，当集群发展到一定时期，内外部压力会迫使传统产业集群产业链出现地域断裂，成功迈向高附加值的关联产业链，实现集群"链条升级"，开启传统产业集群价值链全球整合阶段。

（2）价值链全球整合。伴随着经济全球化进程的加快，产业活动的分离与整合日益在更大的空间尺度上演，作为区域经济发展载体之一的传统产业集群正在快速地以不同方式嵌入全球产业价值链。嵌入全球价值链的传统产业集群，通过频繁的外部联系获取丰富的信息和知识，根据自身的特点和优势，逐渐专注于价值链的高端环节，而放弃或弱化部分非核心经济活动，出现了集群整体产业活动基于全球价值链的垂直分离。于是整个集群逐渐专注于价值链"战略环节"，弱化和转移低端环节，实现了全球尺度上集群基于价值链的产业整合。

（3）价值链虚拟整合。伴随着知识经济的深入发展，技术创新速度加快，传统产业集群分工继续发展，价值链继续裂变，原来一体化整合和价值链全球整合阶段中相对稳定的产业结构和关联方式正在逐渐被打破，集群之间的关系变得更加难以预测，并出现一系列的重叠、替代、交叉、融合等特征，逐渐形成了以产业为纽带、以互联网互连的创新网络，为最终顾客提供完整统一的解决方案，构成一种"虚拟"的整体，即价值链虚拟再整合模式。信息技术的发展成为传统产业集群虚拟再整合的催化剂，全球联系和交叉投资则是传统产业集群虚拟再整合的主要机制。典型的如长宁创意产业集群，其东部、中部、西部三大园区在虚拟环境中通过信息基础服务平台连为一体，在地理环境中以地铁2号线贯通，形成各有特色又互动发展的文化创意产业带。

## 二　平台组织模式

### （一）平台组织模式的内涵

目前理论界对平台经济尚未有清晰定义。一些学者运用"双边市场"的内涵对平台组织模式进行解释，认为双边使用群体通过使用平台使彼此受益，形成平台经济。比如信用卡市场、在线拍卖平台、在线销售平台等都属于平台的范畴，通过这些平台，实现了市场信息的集聚和交易的集中。

实际上，平台组织模式是一种虚拟或真实的交易场所，平台本身不生产产品，但可以促成双方或多方供求之间的交易，收取恰当的费用或赚取差价而获得收益。平台组织模式最初是基于电子信息技术提出并发展起来的。随着苹果、阿里巴巴等一批平台型企业的快速发展，平台组织模式在现代经济系统中显现出越来越重要的作用，成为新经济时代一种重要的产业组织模式。

平台推动商业模式、经济形态的彻底改变。一是通过平台的发展，不仅产生了更多新的经济概念、经营方式（如团购等），还带动了业态创新（如第三方支付的发展）。第三方支付在解决平台经济发展"瓶颈"的同时，也推动了自身的发展，涌现出一批知名的第三方支付中介公司，如支付宝、快钱、财付通、银联电子支付等。二是平台的发展也使企业组织模式发生了变化。在越来越多平台企业出现的同时，一些传统企业也通过搭建平台，成功开拓了新的增长点。如 App Store 作为软件销售平台，使苹果从纯粹的电子产品生产商转为以终端为基础的综合性内容服务提供商，成为苹果战略转型的重要举措，成为苹果重要的盈利模式。此外，平台之上又衍生出新的平台，形成新的商机。比如返利网把众多网络购物平台整合，成为平台之上的权威平台。可以说，平台正在推动商业模式、经济形态和人们的消费习惯彻底改变，使整个经济的微观基础发生根本性变化。

（二）平台模式的特征

分析和研究国内外一些知名平台企业的成长过程，归纳总结平台组织模式主要呈现以下特征（如表6-2所示）。

表6-2 国内外一些知名平台企业

| 名称 | 创建时间 | 所在地区 | 业务发展 |
|---|---|---|---|
| 苹果<br>App Store | 2008年 | 美国加利福尼亚州 | App Store是苹果有限公司的一种商业模式，实现了其由产品生产商向服务提供商的转型 |
| 亚马逊 | 1995年 | 美国华盛顿州 | 由网上书店扩展到包括电子产品、生活用品等相当广的范围 |
| 阿里巴巴 | 1999年 | 中国杭州 | 为全球企业首选的商务平台，旗下包括阿里巴巴、淘宝、支付宝等知名平台类企业 |
| 京东商城 | 1998年 | 北京朝阳区 | 从光磁产品代理商起步，通过京东多媒体网发展至京东商城，成为以IT产品为主要特色，涵盖生活用品等的3C网购专业平台 |
| 快钱 | 2005年 | 上海浦东 | 国内首家基于E-mail和手机号码的综合支付平台，通过多币种、多种支付品种、多种支付方式，满足各类企业和个人的不同支付需求 |
| 1号店 | 2008年 | 上海张江 | 国内首家网上超市，通过在系统平台、采购、仓储、配送和客户关系管理等方面大力投入，快速成长为国内领先的B2C网上的购物平台 |
| 易贸 | 1999年 | 上海长宁 | 以电子交易平台为核心提供交易相关的多元化服务，包括融资、物流、支付、会展及资讯等服务 |
| 银联支信 | 2002年 | 上海长宁 | 依托其跨行交易清算系统，实现银行卡系统互联互通；目前业务已从国内拓展到国外 |

1. 平台具有集聚辐射性

平台集聚的方式主要有两种：一种是信息的集聚。通过构建平台，众多分散的信息被聚集到平台中，实现信息集聚效应。另一种是实体的集聚。通过构建平台，使上下游关联方汇集一起，形成集群，实现"捆绑式"发展。通过资源和信息的聚集，平台经济涉及的产业链也不断延伸，平台企业的发展带动周边产业，产生商业流、信息流、物流、人流和现金流，形成辐射效应，促进相关产业发展，提升产业竞争力，增强了实体经济的活力。

**2. 平台具有专业独特性**

平台在聚集信息或者经济实体时，通常都有明确定位，只有与之相关的专业信息或者关联企业才能够聚集到平台上，从而使平台具有专业性特征，形成其独特的竞争力。

**3. 平台具有开放拓展性**

平台作为一个开放的空间，任何与平台有关的企业或消费者都可以加入，通过使用平台，获得相关信息，达成交易。

**4. 平台具有共享共赢性**

平台的价值是由使用平台的实体来决定的，平台通过共享为使用群体创造价值，并在共赢的基础上实现自身增值。也只有实现增值性，平台企业才可能生存壮大。

**5. 平台具有快速成长性**

平台企业即便初创时很小，但是一旦抓住商机，便能迅速发展壮大，从一个小企业成长为一个跨区域的大型企业，如淘宝、快钱等公司短短几年已经成长为全国性甚至全球性的撮合平台。

**6. 平台具有生态系统性**

平台企业的成长壮大及竞争力的提高依赖于其创造的生态系统，随着企业的成长，生态系统的影响力越大，平台的竞争力也越来越强。

**（三）平台运营模式**

分析国内外已有的平台企业运营模式，通常提供产品或服务的平台有以下几种运营模式：

**1. B2B 模式**

B2B 指的是 Business to Business，as in businesses doing business with other businesses，商家（泛指企业）对商家的服务，即企业与企业之间通过平台进行产品、服务及信息的交换。

**2. B2C 模式**

B2C 指的是 Business to Customer，即商家通过平台为用户提供一个新型的服务模式。由于这种模式节省了用户和服务提供者之间的时间和空间，可以提高交易效率。

3. C2C 模式

C2C 指的是 Consumer to Consumer，同 B2B、B2C 一样，都是平台运营的几种模式之一。不同的是 C2C 是用户对用户的模式，C2C 平台运营就是通过为用户双方提供一个交易服务平台，使用户双方可以通过平台完成相应服务或交易。

4. B2B2C

B2B2C 指的是 Business to Business. to Customer，指由一个商家将其产品或服务提供给另一个商家，再由另一个商家将产品或服务通过平台提供给最终用户。

（四）平台运营示例

1. 公共服务类平台运营

如预约挂号平台，实现医院号源资源的管理和用户挂号服务的提供。

2. 商务交易类平台运营

如阿里巴巴、淘宝等提供特定模式的平台运营，通过平台运营，促成双方的交易。

3. 社交类平台运营

如新浪微博、微信等社交服务平台，通过平台运营为人与人之间提供沟通、交往等方面的服务。

三　总部经济模式

总部经济是国际分工的高端环节，知识含量高、产业关联度强、集聚带动作用大，已成为城市竞争力和现代化水平的重要标志。

（一）总部经济的内涵

总部经济是一种新型产业组织形态，也可称为首脑经济。从广义上理解，总部经济是经济与非经济的、官方与非官方的，带有总部性质或总部派出性质的，各种机构和组织相对集聚所产生的社会经济活动的统称。这些机构包括政治、文化、教育、科研组织，也包括生产、研发、营销、管理等各种经济组织。从价值形态上看，总部经济是这些机构和组织各种社会经济活动所产生的直接和间接的经济价值的总和。从狭义上理解，总部经济是一国内外带有总部或总部派出性质的各种经济组织相对集聚所产生的社会经济活动的统称。总部经济是特有的资源优势吸引企业将总部在该区域集聚布局，将生产制造基地布局在具有比较优势的其他地区，而使企业价值链与区域资源实现最优空间耦合，以及由此对该区域经济发展产生重要影响的一种经济形态。总部经济是高科技发展的必然趋势，是世界经济高度发展的产物，是工业时代向后工业时代转变而产生的一种经济现象。总部经济表现出知识经济和区域经济深度融合的发展特征。

（二）总部经济特征

1. 知识性

企业总部集中了企业价值链中知识含量最高的区段，研发、营销、资本运作、战略管理等，属于高度密集的知识性劳动。

2. 集约性

企业按照收益最大化原则布局产业空间结构，最大限度地发挥中心城市服务业发达、智力资源密集的优势，最大限度地利用了土地、劳动力、能源等要素聚集优势，形成产业配套，最大限度地降低了成本。

3. 层次性

总部经济模式在不同城市、不同区域，其产业、功能、规模有所不同，一般地，具有全球总部、地区总部、国内总部以及行政总部、营销总部、研发总部等多种层次。

4. 延展性

总部经济形成了第二产业与第三产业之间的经济链条，不但能够实现第二产业向第三产业的延展，而且能够实现知识性服务业向一般性服务业的延展。

5. 辐射性和共赢性

在总部经济模式下，可以通过总部—加工基地链条实现中心城市的信息、技术、人才等区域资源向欠发达区域辐射，增强中心城市对周边地区的带动能力。同时，总部经济模式改变了区域之间对同一产业在企业、项目上"非此即彼"的简单争夺，实现不同资源优势的区域之间通过功能链不同区段的再分工进行合作，实现共同发展。

（三）国际发达城市总部经济发展启示

纽约、新加坡、中国香港是全球总部的主要集中地，总部经济促进了这些城市（国家）的经济发展和繁荣。

1. 国际发达城市总部经济的发展

（1）纽约。全球总部经济的成功典范。纽约是目前公认的国际城市，也是全球总部经济的成功典范。这座国际大都市的竞争优势和独特魅力来自它在银行、证券、保险、外贸、咨询、工程、港口、新闻、广告、会计等领域为美国甚至全球提供的优质服务及其由此奠定的难以取代的国际地位。这里不仅云集了全球相当数量的金融机构，特别是外国银行及从事金融交易的其他公司，而且也是世界大型跨国公司总部最为集中之地。在财富500强中就有46家公司总部选在纽约。纽约制造业总部云集，与其发展形成了配套的新型服务业。纽约总部经济形成的主要城市资源因素有：纽约具有高素质的人力资源和科研教育资源；纽约具有支持总部经济发展的交通运输网络设施；纽约金融、保险业非常发达；纽约新型服务业发达；纽约文化、生活环境优越。

（2）新加坡。东南亚及全球总部集中地。今天的新加坡已俨然成为东南亚乃至全球最为著名的总部聚集地之一，在全球贸易和国际金融业务中发挥着举足轻重的作用，几乎所有的外域跨国公司都选择了以新加坡为进军东南亚的起点，也有越来越多的跨国公司在新加坡设立地区总部来实施其海外扩张战略。最新统计显示，全球有6000多家跨国公司的区域总部设立在新加坡，仅我国就有超过230家企业在此投资，美国和欧洲投资的企业分别超过了2000家，日本企业1800家，印度企业800家，澳大利亚和新西兰企业800家。新加坡在发展中国家（地区）中对于跨国公司总部最具吸引力，而且其发展规模已远远超过部分发达国家，成为亚太地区当前极具实力的"总部基地"。

（3）中国香港。亚太总部集中地。中国香港的总部经济已经初具规模，对于香港地区经济已经产生相当的影响。随着香港经济与内地经济联合的进一步加强，总部经济对于香港地区产生了更深远的影响。作为一个国际化大都市，香港地区拥有107个国家的领事馆或总领事馆，比纽约的93个还多。而作为亚太地区传统的"总部经济"中心，目前有超过3800家跨国公司在香港地区设立地区总部或办事处，在整个亚太地区位居榜首。在香港地区设立地区总部的跨国公司主要从事商业及服务业方面的业务，这也充分显示了香港地区作为国际金融贸易中心，在吸纳跨国公司设立地区总部方面具有较明显的优势。在香港地区种种优势之中，现在最为跨国公司看重的是紧贴内地这个庞大的市场。尽管内地某些城市在某些方面或许超过香港地区，但总体来说，香港地区在开放度、商业、服务、通信和交通等商业环境方面仍处于优势。如香港地区具有独特的自由港地位，能做到经营自由、货物进出口自由、资金进出自由。此外，香港地区还具有低税率、金融体系健全、法制环境理想、产权观念牢固等优势。因此，香港地区已连续多年被世界权威机构评为全球经济自由度最大的地区。

2. 纽约、新加坡、中国香港发展总部经济的策略

在总部经济的形成过程中，纽约、新加坡和中国香港政府都采取了各有特色的促进措施，确保对全球总部的吸引，并促使经济转型。为了扭转总部外迁不利局面，纽约 1976 年开始实施调整战略，其中主要包括实施城市工业园区战略。一是建立"袖珍工业园区"；二是建立"高科技产业研究园"；三是全面改善与提高该市的投资环境和生活质量，营造更好的"总部环境"，努力使人口和外迁的企业总部回流、落户纽约。新加坡政府在发展总部经济采取两方面的措施：一是大力发展金融和商业服务业。政府先后制定《1972 年度预算报告》、《20 世纪 80 年代经济发展规划》(1981 年) 和《新加坡经济：新方向》(1986 年)，确立了亚太地区金融中心和商贸中心的地位。二是制定吸引"总部"的差别性优惠政策。包括特准国际贸易计划、商业总部计划、营业总部地位、跨国营业总部奖励等。香港特区政府从各个方面改善经营环境，以期吸引企业总部入驻。一是香港地区兼具良好区位条件和完善的基础设施条件，不仅拥有全球最繁忙的货柜港，而且其国际机场空运能力名列前茅；二是香港地区具有健全的法律制度，香港地区的法律原则、法治精神和司法独立性、稳健性为国际社会普遍认可；三是香港税收制度、金融环境良好，香港地区拥有一个简单易行和具吸引力的税制；四是香港地区坐拥亚洲及中国大陆天然腹地，成为香港地区吸引大公司地区总部或亚太总部入驻的重要条件和优势资源。

3. 发展总部经济的一般性条件

通过总结纽约、新加坡、中国香港等城市发展总部经济的经验，一个城市发展总部经济需要具备以下五个方面条件：

(1) 拥有高素质的人力资源和科研教育资源，能够使得公司总部以较低的成本进行知识密集型价值活动的创造。提高城市的人力素质，同时，制定优惠政策，吸引更多优秀人才到城市创业发展，是发展总部经济的重要条件。发展总部经济需要国际化人才和开放式的知识创新氛围。丰富的人力资本和教育资源，可以满足公司总部知识密集型价值创造活动的特定需要。纽约、中国香港、新加坡以及北京、上海等这些城市良好的区位优势、完善的基础设施条件有利于吸引大批集团公司总部所需的管理人员、技术人员入驻，这是其发展总部经济具有的优厚条件。

（2）具有良好的区位优势和交通运输网络设施。比如纽约、中国香港、新加坡等城市，公司总部在这些城市聚集很大程度上得益于这些城市天然的区位条件。这些城市天然的港口，为总部物流提供了便利。另外，便利的交通运输，完善的交通网络体系，也是决定总部区位选择的重要因素。便利的交通网络，有利于公司总部与公司内其他分部、子公司、加工基地之间的各种联系，这能够使公司主要决策者与相关人员之间有良好接触，掌握公司运营脉搏，及时发现问题，解决问题。

（3）具有便捷的信息获取以及高效的信息沟通通道，同时在基础性资源条件方面能够同周边地区形成较大的差异。便捷的信息、网络可以大大节约公司总部与加工基地分离导致的空间成本，进而有力地吸引银行、集团公司总部的落户。如三个全球性城市，即纽约、中国香港、新加坡集中了数量极多的大跨国公司的总部，这与其便利的信息获取和沟通渠道是密不可分的。与此同时，在基础性资源方面，比如土地、劳动工人等，该区域与其周边地区形成较大的落差。这样可以使企业利用区域之间资源禀赋的比较优势进行获利，从而促使总部经济在该区域形成。

（4）具备良好高效的法律制度环境及多元的文化氛围。发展总部经济，除了城市建设等硬件要达到较高标准，更重要的是在城市管理、文化氛围等软件方面具备良好的素质。发展总部经济要具备适应现代化城市管理的制度。城市决策层要努力营造一流的投资发展环境，使城市的综合营运成本最佳，并不断提高政府的服务效率，法律法规要与国际通行规则接轨，提高政府办事效率，增加政府的透明度，为投资商创造良好的法律环境。同时，城市的社会服务体系、市场秩序、通关秩序、诚信体系、社会治安状况、城市文明程度等也要达到相当高的水平。同时宽容的多元文化、多元梦想的城市性格正是一个城市发展总部经济的必备条件。宽容多元的人文环境可以降低企业空间成本，而语言和文化习惯的相同或相近，有助于信息的沟通、情感的交流。

（5）具备逐步形成围绕总部服务的专业化服务支撑体系。与总部经济相适应的专业化服务支撑体系应覆盖金融、保险、会展、商贸、航运、物流、旅游、法律、教育培训、中介咨询、公关、电子信息网络等诸多领域。事实上，国际化程度高、对公司总部吸引力强的城市，服务业在其国民生产总值中所占的比重都相对较高。比如中国香港，它的服务业比重已达到了82%。高度发达的服务业、连贯性的鼓励竞争制度、完整的服务业发展战略，是提高城市经济效益与经济实力的必然选择，也是发展总部经济的重要条件之一。

（四）国内总部经济的发展

1. 国内总部经济发展格局

国内总部经济发展格局呈现如下特点：一是以上海、北京、广州等为代表的全国性中心城市，发展跨国公司亚太地区总部、中国地区总部、研发中心及国内大型企业集团总部。二是以深圳、杭州、成都、青岛、武汉、大连、西安等为代表的大区域性中心城市，发展部分跨国公司在华分支机构、国内大企业总部或区域总部、省级大企业集团总部等。三是以宁波、济南、厦门、郑州等为代表的省级中心城市，发展国内大企业地区总部、省市知名企业总部及某些优势产业国内大型企业总部等。

2. 国内总部经济发展特点

国内总部经济起步较晚，但发展趋势良好。目前全国各大城市发展总部经济热情高涨，呈现出强劲发展的势头。主要有四大特点：一是经济发展水平较高的中心城市成为国内总部经济发展的主导力量，如北京、上海、广州等；二是跨国公司成为推动国内总部经济发展的重要力量；三是中小城市企业总部向大城市迁移，大城市的企业生产基地向欠发达地区转移的双向流动趋势；四是区域性"总部—生产基地"模式初步形成。

3. 加大总部经济发展的政策设计

全球化的浪潮在全球价值链的治理和整合下，不断朝着功能一体化和国际性分散活动的协作方向深化。目前我国制造业的优势正在被环境的变化所削弱，说明我国建立在初级要素基础之上的竞争优势是不稳定的。东部沿海地区若应对失当，使得产业外移效应大于产业成长效应，则产业的空洞化和产业衰退就很难避免；中西部地区若无法降低产业梯度转移的黏性，错失承接产业转移机会，则地区差距将会持续下去。为此，应加大以下几方面政策举措建设，促进总部经济发展。

（1）加大扶持我国大型企业特别是跨国公司的发展。总部经济在研发、营销和治理等高附加值环节形成竞争优势需要长期的、大规模的投入。由于技术具有隐含性知识的特征，因此其不容易被学习、模仿或转移，那么在不可知的创新过程中，就需要大量的投入。国内的代工企业由于产品的同质化导致的激烈竞争，在为世界市场带来中国价格的同时，也使自身的利润极其稀薄。这种主导型企业纵向压榨下的盈利模式不利于代工企业积累资源投入高附加值的环节。因此，发达地区应该努力提高市场集中度，支持大型企业兼并重组，以增强其在全球价值链中的定价能力，从而增加自己的分工获利所得，为总部经济的发展奠定物质基础。

（2）完善地方政府的激励机制。经济分权和政治集权的改革模式，为地方政府提供了为增长而竞争的激励机制，在地方政府之间形成了标尺竞争，从而成为推动中国经济增长的源泉。但是由此带来的市场分割对国内经济活动的一体化却产生了阻碍作用。总部经济的发展，要求总部基地与制造基地在空间上协同定位和分工协作的基础上参与国际竞争，也就是完成由价值链低端向价值链高端转变；由短链条向长链条转变；由承包者向发包者转变；由外资为主向内资为主转变；由全球价值链向国内价值链转变；由东部率先发展向区域协调发展转变。进一步建立和完善地方政府的激励机制，使地方政府之间从目前的互相竞争转向互相协作，从替代关系转向互补关系，打破市场分割和减少重复建设，以利用国内的市场规模和产业梯度，充分发挥大国经济的优势。

（3）降低企业功能分离后所出现的协调成本。制造基地和总部基地的分离，会给企业带来严重的交流和协作成本。因此，在发展总部经济的过程中，一方面要加强产业的集聚和上下游的关联，另一方面改善商务环境，降低企业的交易成本，即要从交通、物流、信息、政府效率、信用、合约执行、融资和税收等方面着手，降低企业的协调成本。

（4）注重城市转型升级。城市作为高级生产要素的汇聚点和销售市场的主体，首先，可以将消费者偏好和竞争对手的情况等信息迅速传递给企业，帮助其快速反应和即时创新。其次，城市集聚的高级和多样的生产要素，高效完备的供应链和营销网络，为企业从事高附加值的活动提供了基础。最后，企业之间的许多高附加值活动需要各种专业人员面对面交流和沟通，并且各种专业人员之间的交流往往是溢出和创新的源泉，而城市作为高级人力资本的集聚地，无疑为这些活动的顺利进行提供了可能和便利。东部地区要发展总部经济，就必须将城市从生产型提升为服务型，从实体型提升为虚拟型，从程式化提升为柔性化，通过高级生产要素的集聚和整合，使其成为总部经济发展的平台和基地。

（5）推行国内市场一体化战略，形成统一和开放的国内大市场。总部经济的发展要求生产要素和贸易可以在全国范围内自由流通，以实现总部基地和制造基地的协作。而不同区域之间基本一致的公共服务体系则是自由流通和协作的基础。为此，通过适当的财政转移支付制度的设计，缩小区域之间的财政支付能力，确保建立基础公共服务的全国最低标准，从而促进要素流动，形成统一和开放的国内大市场，为总部经济的健康发展提供充足的市场空间。

总而言之，我国应该利用自身在全球价值链环节所形成的优势，将制造基地的要素成本优势与总部基地的交易成本优势相结合，通过构建国内价值链，发挥大国经济的效应，最终实现总部基地和制造基地在完成双重任务上的双轮驱动。

**四　产业联盟模式**

（一）产业联盟的兴起

从 20 世纪 50 年代开始，全球产业联盟呈现快速发展趋势。产业联盟快速发展有其深刻的社会经济背景。

1. 技术进步和全球化推动全球经济结构变化

技术进步和全球化是推动全球经济结构变化的两大引擎。全球经济结构变化表现出如下趋势特点：第一，市场层面的变化趋势。随着全球化的深入和信息技术的发展，市场竞争呈现两个重要特点。一是本地市场竞争的全球化，即本地市场上本土企业要和全球跨国公司直接竞争。二是企业市场的全球化，即原来只在本土市场生存的企业越来越重视国际化经营，以利用国内国外两种资源和两个市场，提高企业竞争力。第二，产业层面的变化趋势。区域产业集群现象日益突出，推动了产业的全球分工布局；产业链越来越长，产业分工越来越细，产业内部的合作越来越紧密；许多高新技术产业表现出技术和资本密集的特点，创新的投入大、风险高；技术的融合推动产业间的融合，即产业间出现技术共享、业务交叉、产品融合的趋势；技术标准对产业发展和企业竞争的影响越来越大。第三，企业层面的变化趋势。企业为应对全球化和产业结构的变化，在战略上越来越专注于核心竞争力，在业务上不断重组以提高公司的效率；企业的专业化发展趋势使得企业日益依赖整个产业的发展环境，企业在战略上表现出越来越强的外部化特征。第四，科技创新层面的变化趋势。基础研究、应用研究和产品研究之间的关系越来越密切，而且相互之间的转换周期越来越短，产、学、研之间的合作日益重要；发达国家推动建立全球知识产权保护制度，知识产权的竞争成为企业竞争乃至国家竞争的重要内容。

2. 经济结构变化导致产业共性问题日益突出

全球经济结构的变化导致产业共性问题日益突出，即单个企业的发展越来越依赖整个产业的发展水平和产业的发展环境。产业共性问题主要表现在五个方面：一是共性技术的研发。全球化促使企业和政府重视联合研发共性技术。市场开放前，国内企业在共性技术上的竞争有利于产业技术进步。市场开放后，国内企业在共性技术上的重复投入可能降低产业的国际竞争力，国际竞争促使各国开始重视联合研发共性技术。一些国家将共性技术研发作为产业政策（技术政策）的重要内容。另外，技术进步的加快也促使企业重视联合研发共性技术以降低创新不确定性带来的风险。二是技术标准的制定。根据国际化标准（ISO）的定义，技术标准指"一种或一系列具有强制性要求或指导性功能，内容含有细节性技术要求和有关技术方案的文件，其目的是让相关的产品或者服务达到一定的安全标准或者进入市场的要求"。技术标准本身是公共产品，但是部分技术标准特别是信息产业的技术标准包含了大量知识产权，成为产业竞争的重要武器。三是产业链配套。产业链配套是产业内企业通过产品上下游合作共同为用户提供产品或服务。由于产业分工越来越细，专业技术越来越深，技术投资越来越大，单个企业没有力量完成整个产业链投资。产业链配套是发展中国家产业追赶过程中的常见问题，因为发达国家已经主导了产业链的发展，发展中国家企业的创新产品必须与发达国家的成熟技术竞争，产品链相关企业投资的信心常常不足。四是中小企业的市场门槛。中小企业的市场门槛指中小企业参与市场竞争获得生存的基本条件，包括企业是否达到必要的经济规模以完成规模采购或实现规模经济的生产或服务，企业是否具有必要的市场能力等。本地市场竞争的全球化压缩了本地中小企业的生存空间，境外市场的潜力也为本土中小企业的发展提供了巨大机遇。应对挑战和机遇的关键是中小企业能否跨越起码的市场门槛。五是新技术产业相关的社会规则。产业发展的社会规则包括法律、法规和政府政策等。这些社会规则阻碍或促进产品的市场需求，是产业发展的基础条件。如一国只有制定了环境保护方面的法规或政策，社会组织和个人才会增加环境保护方面的投资，环境保护产业才能够发展起来。产业共性问题对产业联盟产生了客观需求。由于单个企业缺乏解决产业共性问题的积极性或能力，产业共性问题只能由政府出面解决，或者由企业组成产业联盟来解决。政策与产业联盟相结合是重要发展趋势，即政府通过支持产业联盟的发展来促进产业创新。产业联盟是市场导向的组织,其效率比政府直接干预要高。

3. 政策的调整促进了产业联盟的兴起

在全球化背景下,许多国家对产业联盟产生了新的认识:一方面,经济全球化弱化了政府对市场垄断的担忧。由于全球产业竞争的加剧,政府开始重新认定市场垄断中"相关市场"的范围,市场范围的扩大促使政府放松了对合作创新的垄断管制,产业联盟的发展限制条件大幅减少。另一方面,经济全球化促使政府更加关注本国产业的国际竞争力。政府从提高本国产业竞争力的角度出发重视支持产业联盟,以解决产业发展的共性问题,特别是产业创新中的共性问题。以美国为例,美国存在严格的反垄断法律体系,对产业联盟存在很大的限制作用。由于全球化的深入和国际竞争的加剧,美国认识到企业合作创新对提高美国经济国际竞争力的重要性,并开始借鉴日本合作研发的经验。美国于 1984 年通过了《国家合作研究法》(NCRA),允许企业进行竞争前技术的合作研发。1993 年,又通过了《国家合作研究和生产法案》(NCRPA),实际是对前面法律进行修正并将范围扩展到生产领域。2004 年,又增补了《标准开发组织促进法》(SDOAA),放松了对技术标准制定组织的反托拉斯限制。与此同时,美国政府对部分研发合作产业联盟进行大力支持。如美国政府对半导体技术研发合作产业联盟(SEMATECH)给予了大量资助,并将该合作模式作为政府资助合作研发的模板。[①]

(二)产业联盟的内涵

产业联盟是出于确保合作各方的市场优势,寻求新的规模、标准、机能或定位,应对共同的竞争者或将业务推向新领域等目的,企业间结成的互相协作和资源整合的一种合作模式。联盟成员可以限于某一行业内的企业或是同一产业链各个组成部分的跨行业企业。联盟成员间一般没有资本关联,各个企业地位平等、独立运作。由于企业的联合,产业联盟能在某一领域形成较大的合力和影响力,不但能为成员企业带来新的客户、市场和信息,也有助于企业专注于自身核心业务的开拓。相对于企业并购模式,产业联盟能以较低的风险实现较大范围的资源调配,避免了兼并收购

---

① 汪秀婷:《国外产业创新模式对我国产业创新的借鉴》,《武汉理工大学学报》2007 年第8 期。

中可能耗时数月乃至数年的整合过程，从而成为企业优势互补，扩展发展空间，提高产业或行业竞争力，实现超常规发展的重要手段。

20世纪70年代末期，产业联盟开始在美国、欧洲、日本等发达国家和地区蓬勃发展。据统计，自1985年以来，产业联盟组织的年增长率高达25%。在美国最大的1000家企业的收入中，16%是来自各种联盟。进入20世纪90年代以来，产业联盟在我国也初现端倪，TD－SCDMA产业联盟、宽带联盟、WAPI联盟、闪联等一大批产业联盟日益兴起。[①] 产业联盟目前已经成为一种重要的产业组织形式，对产业发展、企业成长特别是高新技术企业的快速成长具有重要的意义。

（三）产业联盟形成的理论分析

在市场经济中，企业和市场是两种协调生产的主要资源配置方式。在企业内部，生产依靠行政管理来协调。在企业外部，市场价格调节生产，生产的协调通过市场交易来完成。实践中，市场上存在大量的企业间组织，产业联盟是其中的一个重要类型。市场上为什么会出现产业联盟这种组织形式而不是通过企业或市场来解决问题呢？不妨从理论的视角探析产业联盟形成的原因。

1. 产业联盟是产业共性问题内部化的组织

外部性理论认为，市场上存在大量的产业共性问题，产业联盟是外部性内部化的一种方式。在单个企业看来，产业共性问题是外部问题。随着企业对产业共性问题的重视，企业自觉建立产业联盟，产业共性问题就成为产业联盟的内部问题。当前一个重要的发展趋势就是政府政策与产业联盟的结合。外部性问题是政府政策的重要目标，政府通过制定支持产业联盟的政策解决产业共性问题常常可以取得较好效果。产业联盟是企业主导、市场导向的组织，政府通过支持产业联盟来解决外部性问题往往比直接干预生产活动更加有效。科斯认为，企业和市场是两种可以互相替代的资源配置方式，两种方式的运行都是有成本的，市场方式需要支付市场交易费用，企业方式需要支付企业组织费用。合理的企业边界处于"边际组织费用＝边际交易费用"的均衡点。威廉姆森认为，交易费用主要由交易过程的不确定性、资产的专用性、交易的经常性三个因素形成。产业

① 王瑭：《典型国家产业技术创新联盟运行特征研究》，硕士学位论文，南京邮电大学，2012年，第28页。

联盟是介于企业和市场之间的一种资源配置手段。在某些情况下，产业联盟可以减少市场的交易费用，也可以节省企业组织费用。例如，产业链合作产业联盟可以减少市场交易中专用性资产的不确定性，同时企业专业化分工可以避免公司内部投资带来的组织费用过高问题。

2. 产业联盟是企业获取外部资源的重要手段

资源基础理论认为，企业本质上是资源的集合体，企业的资源具有"异质性"和"非完全流动性"两个重要特性，因而企业拥有稀有、独特、难以模仿的资源和能力，这是企业持续竞争优势的源泉。当企业遇到行业共性问题时，单个企业往往不具备解决问题的足够资源，包括技术、市场、资本、知识产权、品牌、公共关系等。产业联盟是企业共同投入资源解决产业共性问题的有效工具。

3. 产业联盟有助于实现规模经济和范围经济

规模经济理论和范围经济理论认为，企业在有些情况下特别是在成长过程中，难以单独依靠自身力量达到规模经济或范围经济。产业联盟可以帮助联盟内企业共同实现规模经济或范围经济，如联盟成员通过联合采购、联合销售、联合开发或者共同投资基础设备等达到规模经济。产业联盟形成的规模经济或范围经济还具有一些特殊优势：企业可以集中在核心业务上，可以避免规模扩张带来的大企业病，可以保持多方面的灵活性等。

4. 产业联盟是企业共同学习的平台

组织学习理论认为，由于企业外部环境的不确定性越来越高，企业必须不断学习，才能获得生存和发展的机会。企业通过学习掌握新的知识和技能以谋求竞争优势。在全球化背景下，国际竞争日益激烈，一国之内的企业在外部压力下开始寻求合作以提高竞争力。企业参加产业联盟的一个重要动因就是学习，包括联盟企业间的互相学习和联盟企业共同学习国外先进技术等。

（四）产业联盟主要形式

1. 研发合作产业联盟

研发联盟是创新中常用的企业间组织，其目标是解决产业共性技术问题。研发联盟在企业创新中的具体作用是：（1）降低研发成本、分担研发风险。技术研发的投入越来越高、不确定性越来越大，单个企业难以单独承担研发的成本和风险。（2）研发资源互补。技术的融合趋势和企业的专业化趋势要求产学研之间加强研发合作,通过资源互补共同完成创新。(3)共同学习。企业越来越重视学习,共同学习包括共同学习国外先进技术、联盟成员间相互学习彼此特长两个方面。(4)缩短研发周期。竞争的全球化要求企业不断缩短技术研发的周期,通过产品研发获得市场先机,研发联盟集中产业力量加快了成员企业进入市场的速度。典型的案例是日本和美国在半导体产业竞争中采用的研发合作产业联盟。1976—1979年,日本政府支持富士通、日立、三菱机电、日本电气和东芝5家主要的日本半导体公司组成超大规模集成电路技术研发合作产业联盟(VLSIconsortium),帮助日本企业在20世纪80年代实现技术赶超。1987年,在美国政府支持下由IBM、TI、Lucent(AT&T)、Digital Semiconductor、Intel、Motorola等13个主要半导体公司组建半导体技术研发合作产业联盟(SEMATECH),帮助美国半导体企业重新回到了世界第一的竞争地位。

2. 产业链合作产业联盟

产业链联盟的目标是打造有竞争力的产业链。产业链联盟在创新中的具体作用是促进创新产品尽快形成有竞争力的产业链。创新产品在市场上的竞争力依赖于整个产业链的竞争力,即创新产品需要获得上下游的产品配套,并且配套产品要有市场竞争力。创新产品产业链常难以依靠市场机制快速形成,产业链联盟通过企业间合作促进产业链的形成。我国企业提出了第三代移动通信技术标准TD-SCDMA之后,其商业化过程就面临产业链的协调发展问题。移动通信技术标准的商业化要求整个系统同步推进:芯片、系统设备、终端、应用、测试设备等任何一个环节的滞后就会阻碍商业化步伐。在政府有关部门的支持下,国内企业组建了TD-SCDMA产业联盟,有力地促进了TD-SCDMA创新的商业化。

3. 市场合作产业联盟

市场合作联盟的目标是共同开发市场。市场合作联盟在创新中的具体作用是:(1)联合开拓创新产品的用户市场。由于单个企业不愿独立承担创新产品的市场启动成本,或者创新企业实力太弱缺乏独立开拓市场的实力,创新企业通过产业联盟共同开拓创新产品的市场。(2)通过联合采购降低创新产品的成本。中小企业在创新产品发展初期难以达到规模经济,联合采购是创新型中小企业降低采购成本的重要手段。(3)通过共享基础设施降低创新成本。企业在创新时需要共享一些基础设施,包括共享实验设备、共享检测设备、共享数据库等，以降低创新的成本。有些共享设施可以由市场提供，有些共享设施由于专用性强市场难以提供，产业联盟是较好的解决方式。（4）通过互联网络实现需求方规模经济。有些创新产品具有很强的网络特性，创新企业之间实现互联网络可以提高消费者福利，从而促进创新产品的市场化发展。中关村科技园内聚集了大量的创新型中小企业。在政府部门的扶持下，大量的中小企业组成了市场合作产业联盟，如长风联盟、软件出口联盟、下一代互联网联盟、医疗器械联盟、生物医药外包联盟等。这些联盟降低了创新型中小企业进入市场的门槛，提高了园区内创新型中小企业创新的成功率。

4. 技术标准产业联盟

技术标准联盟的目标是制定产业技术标准。技术标准联盟在创新中的具体作用是通过技术标准实现创新技术的商业化。技术标准本身具有公共产品特性，但是部分技术标准包含了大量创新技术及相关知识产权，这类技术标准关系到巨大的商业利益，成为企业积极争夺的对象。通过技术标准联盟制定竞争性技术标准，有利于新技术应用，有利于整个产业的发展，有利于保护消费者利益。闪联是我国企业主导制定的技术标准。国内电子信息龙头企业联想、TCL、海信、康佳、创维等领导成立了闪联技术标准产业联盟，该联盟制定了闪联技术标准，并领导闪联技术标准的发展升级。闪联技术标准联盟制定的闪联标准 V1.0 版本包含了 204 项发明专利，全部为闪联联盟企业所拥有。2005 年，闪联已经成为国家行业推荐标准。2006 年 7 月，ISO/IEC（国际标准化组织国际电工委员会）通过表决正式接纳闪联为候选技术标准，这就打破了我国在该技术领域中十几年没有提案被 ISO/IEC 采纳的僵局，是我国电子信息技术标准国际化的又一重要突破。闪联产业联盟是开放式组织，不仅整合了国内的企业资源，也正在积极寻求利用国际资源，以提高闪联技术标准的全球竞争力。①

（五）产业联盟创新发展的路径

1. 产业联盟发展的国际经验

产业联盟是合作创新的重要模式，是提高产业创新能力的有效途径。国外发达国家非常重视产业联盟的发展，产业联盟对产业发展和国际竞争

---

①　赵顺龙：《技术创新联盟与产业发展阶段的匹配及类型选择》，《江海学刊》2009 年第 4 期。

力的提升起到了重要的促进作用。

（1）美国产业联盟的发展经验如下：一是政府支持产业联盟发展，对半导体技术制造公司、新一代汽车合作计划等创新联盟提供了帮助，对联盟给予政策引导，将政府课题委托给联盟，协调联盟成员关系，在初创期，为联盟提供政策、税务优惠，对核心科研机构提供资金支持。二是产业联盟要平衡多方利益。董事会为联盟科研提供资金，民主决策联盟的科研规划和发展方向。企业充分授权，科研机构保持相对独立，自行决定科研模式，及时保持企业与科研项目组的信息沟通，确保企业技术转化、市场领先地位。三是根据产业联盟所处阶段，及时调整科研方向、人员任命、合作单位、董事会成员等。四是产业联盟要注重合作方式，提高合作效率。

（2）日本产业联盟发挥了重要作用。一是研发方向贯彻国家产业科技战略。从20世纪60年代的钢铁、纺织，到70年代的石化、计算机，90年代后的光电、电子芯片等领域的共同研究，都属于当时国家重点扶持、优先发展的产业部门。二是部分弥补了市场失灵。联盟课题多属于未来10—20年具有实用化可能、产业前竞争的核心基础性技术，投资大、周期长、风险高，难以单靠市场机制推动，而产业创新联盟恰恰弥补了市场机制的不足。三是提高研发效率。产业联盟通过整合官、产、学科研资源，大规模合作研发，具有规模效应，有效提高资源的利用效率。四是成果归全体参与者共同所有，兼顾了合作与竞争两个方面。

纵观美国、日本经济发展历史，产业联盟在提升产业竞争力、推动产业转型中发挥了重要作用，值得学习借鉴。由于美国、日本国情不同，产业联盟各具特色，美国产业联盟自我发展，政府很少干预。日本产业联盟政府色彩较浓，政策、经费、发展方向都受到政府影响。美国、日本产业联盟具有四点共性：联盟由企业、大学、研究所组成，其中企业居于主导地位；联盟结构清晰，由成员单位组成董事会，下设运行机构和项目组；联盟经费分摊，提供经费额度与研发成果使用权成正比，如果没有投入，必须有偿使用；联盟任务明确，解决产业发展的基础性、关键性、共性技术难题。

2. 产业联盟优化升级的对策

（1）加大多企业协作式技术标准联盟建设。鼓励组建多企业协作式技术标准联盟，使标准成员之间应该在技术上互相鼓励，在次核心专利上，尽快发展出足够的覆盖性，提升与国外核心专利拥有者的谈判能力，应对国外跨国企业的竞争。促进我国技术标准联盟成员企业通过统一营销策略，积极吸引具有市场相当规模、重要品牌的协作伙伴，推进自主技术标准在国内的充分使用，从而提高国内企业的产业地位和国际地位，影响国际技术标准的制定。

（2）积极鼓励我国企业参与跨国多企业协作式技术标准联盟。支持国内企业参与跨国多企业协作式技术标准联盟，冲破欧盟、美国、日本等发达国家掌握国际标准制定的垄断局面。学习和借鉴国外大企业在技术标准制定、管理和全球范围内推广经验，选取一些具备实力的高技术项目，由我国主导制定技术标准。

（3）整合人力、物力、财力，共享联盟核心能力。在产业联盟中，要解决联盟的人、财、物问题，首当其冲要解决的就是联盟 CEO 的问题，他必须是独立的，并且能熟练地从原来企业的管理角色中转变过来，并且要着手组建一支有开拓精神的、团结的、能力结构合理的经理队伍和技术研究队伍。联盟必须相对独立于各联盟方，联盟中的成员，从 CEO 到经理、研究人员、普通员工，从他们进入联盟起，就是独立于各联盟方的，也就是说，联盟要有其自己的一套运行、考核、激励、协调等机制，避免因受原企业的控制而出现出工不出勤等现象，从而提高技术创新的成功率。

（4）优化制度环境，帮助企业改善条件，实现联盟技术扩散。进一步完善国内有关产业联盟的法律制度，协调产业联盟各方的关系，保护各方的合法权益，规范各方的行为，创造出一个更加有利于联盟运行的法制环境。同时各地区还应加大支持技术产业化、人力资本培养、产业联盟紧密协作、国际化合作，帮助企业改善条件，优化环境，实现联盟技术扩散溢出效应的最大化。

产业联盟借助企业的联合能在某一领域形成较大的合力和影响力，不但能为成员企业带来新的客户、市场和信息，也有助于企业提升自身核心竞争力。随着区域经济一体化和世界经济全球化的进一步加深，产业联盟将在全球范围内得以充分发展，并将继续显示出其强大的生命力。

## 五　案例分析

### （一）产业集群升级案例

1. 青岛家电产业集群升级

青岛家电产业集群可以说是国内龙头企业带动型产业集群的典型。经过几十年的发展，青岛家电产业形成了以海尔、海信、澳柯玛等知名品牌企业为核心的家电生产制造基地和一大批相关家电配套项目的"扎堆"。海尔、海信、澳柯玛等知名品牌企业在家电产业集群中处于主导的地位，通过自身的发展带动相关企业的发展并提升了青岛家电产业整体优势。围绕一个或少数名牌大企业形成地方性集群，是青岛家电产业集群发展的一个重要特征。比如随着海尔成长为一个世界级名牌，大批的整机生产企业和零部件制造企业围绕海尔建立起来，一条以家电为核心的产业链飞快地拉长、膨胀。例如，海尔冰箱、空调千万级别的制造规模，吸引了三洋、广州冷机、台湾瑞智压缩机等企业前来建立压缩机总装厂；压缩机总装厂的产业规模逐步扩大，吸引了为压缩机配套的电机厂、漆包线与热保护器厂等零部件企业；而这些零部件企业又吸引了五金件冲压、钢板剪切、铜材等原材料与原材料加工企业。目前，海尔在青岛及周边地区就已引来供应商逾百家。同时，海信与松下、日立、三星、LG 等国际大公司合作，澳柯玛与海内外著名企业合作，周边已经形成产业集群企业上百家。

2. 案例启示

在青岛家电产业集群升级过程中，政府促进上下游相关支持性、功能性企业向产业内的核心企业聚集，充分发挥龙头企业整合带动能力尤为关键。大企业尤其是中心企业间的同质竞争，往往对行业的转型升级带来极为负面的影响。在推进龙头型企业带动传统产业集群升级过程中，要特别注意推进大企业间的合作，促进大企业的差异化竞争。引导大企业相互参股、建立中长期技术合作研发关系、组建共同原材料与零配件采购联盟、市场营销策略同盟、共同投资组建合资合作企业等，促进"强强联合"，从而放大龙头企业的"1+1>2"的合作效应，更好地带动传统产业集群的转型升级。

(二) 传统企业转型平台企业案例

1. 梅西百货向电商平台企业转型

梅西百货（Macy's）是美国著名的连锁百货公司，也是纽约市最老牌的高档百货公司，隶属于美国联合百货公司旗下。梅西百货历经成长（1858—1991）、破产（1992）、合并（1993—1994）、再成长（1995—2007）、转型发展（2008 年至今）等发展阶段，目前以梅西百货和布鲁明岱尔（Bloomingdale's）双品牌运营。截至 2012 年年底，门店总数 841 家，覆盖美国 45 个州和阿联酋（2 家）。2012 年（2013 财年）实现营业收入 276.86 亿美元（合约 1700 亿元人民币）；净利润 13.35 亿美元（合约 83 亿元人民币），利润增速居同行业第二。梅西百货取得如此骄人的业绩，主要归功于传统百货企业成功地转型为电商平台企业。用梅西百货董事长、总裁兼 CEO 泰瑞·伦德格伦（Terry Lundgren）的话来说，企业M. O. M 发展战略——即 MY MACY'S（我的梅西百货）、OMNI CHANNEL（全渠道零售）、MAGIC SELLING（魔术营销），分别代表着本地化、线上线下资源的整合，以及服务品质。

实施本地化战略。实体店的组合反击。梅西百货在 2008—2009 年的经济低迷时期，开始困难重重的转型，并在 2009 年推动实行"我的梅西"战略，即根据各个门店周边顾客的地域特点配置商品种类：比如偏北方寒冷的波特兰和旧金山门店，即使在夏天也会准备毛衣等商品；而在南方偏热的门店则配置更多的白色牛仔服；在公务员集中的华盛顿特区出售更多的职业装等。此外，在尺码和颜色上，也会根据地区特点的不同，进行不同的配置。为此，梅西百货对于内部采购和商品配置流程进行相应的调整，例如品类管理实施统一化与地域化、集权与分权相结合的策略，也就是"地方提需求、总部来筹集"。这一改革使得梅西百货可以更快地响应顾客的需求和决策，提高运营效率和执行力度，减少冗余费用，保持和供应商的良好合作关系。同时也使消费者选择距离自己最近的商品，减小了物流压力。同时门店可以切合顾客需求，减少打折，引进更多的高利润特色产品。在实施这一战略的三年里，梅西的利润增加了一倍，股价从2008 年低点（不到 10 美元）上涨了近 6 倍，最高达到 41 美元。

全渠道零售。线上线下体验无差异。除了分辨东西海岸顾客的不同喜好外，梅西百货一直强调购物体验的重要性。事实上，美国人已经习惯于通过不同的方式购物。比如在线下，人们可以在逛街时用手机搜索附近的商场，通过对比找到适合自己的购物场所，或者干脆待在家里，网上下订单。本地化转型的背后是梅西进行全渠道融合战略。自 1996 年开始触网的梅西百货（macys. com），早已开始关注怎样利用最新的科技，将线上线下、实体店和移动渠道的优势相互借力。在电子商务的初创期，企业都努力在网上营造出实体店的顾客体验。当网上商城红火了以后，各大零售商们从网上购物的体验中汲取精华后移植到实体店里。而梅西百货的做法是将这两种理念结合，互取所长，以期为顾客打造出贯穿多种购物渠道的、始终如一的和无缝的购物体验，从而留住顾客，赢得竞争。梅西百货将其称为"全渠道策略"。全渠道零售是以消费者为中心，利用所有的销售渠道，将消费者在各种不同渠道的购物体验无缝链接，同时将消费过程的愉悦性最大化。因此顾客可以同时利用一切渠道，如实体店、目录、呼叫中心、互联网以及手机等随时随地购物。在这一策略之下，梅西百货和布鲁明岱尔百货店开展了一系列试点项目，推出多项互动性的自助服务技术，以加速购物结算流程和"移植网上购物体验"。

让购物体验简单而周到。梅西百货的多渠道策略有个非常明确的主题——"让购物体验简单而周到"。这些改变能够为顾客提供更快速、更高效和更轻松的购物体验。考虑到顾客网购时的习惯（购买前喜欢在网上了解商品，并到实体店内感受商品），梅西百货还增加了许多新的设施，尽力让顾客的购物体验完美而周到。这种双管齐下的策略，让顾客在获得所有必要的产品信息的同时，不会牺牲便利性。这充分体现了梅西百货对于多渠道的看法：购物，不论是使用哪种渠道，都应当从实体店和在线体验中汲取最好的精华——全渠道最终目标是与客户建立更深的关系，确保顾客无论何时、以何种方式来梅西百货和布鲁明岱尔购物，都能够如愿以偿。目前，梅西体验店内已经配备很多自助设备，能够帮助用户查询网上顾客评论、在社交媒体上分享购物清单以及进行一站式自助购物，其POS机上可以下电子订单，价格查询机还能够给顾客推荐商品，手机App可以点对点向顾客发送电子优惠券等。所有的一切，都是为了顾客更好地享受融合了各渠道优点的购物体验。

同步应对线上冲击。采取的具体措施：一是把店铺转为配送中心与电商物流抗衡。面对电商巨鳄亚马逊的冲击，梅西百货已经把店铺转化为配送中心，依靠其在全美国800多家门店与亚马逊的物流网络抗衡。利用实体门店的存货仓库作为网上订单的配送中心，最大的好处是能更好地管理库存。顾客订购的产品即使网上仓库缺货，只要任何一家实体门店有货，梅西都可以快速调配并发送给顾客。二是强化顶级设计师品牌。此外，梅西百货利用实体店的全国覆盖率、品牌知名度以及优秀的客户资源，强化自己与顶级设计师以及名人合作签署独家合作协议，强化自营品牌的实力来对抗亚马逊。CEO伦德格伦称，梅西百货与这些设计师和文化名人进行独家合作，目的是确保他们的商品能更好地满足零售商的典型顾客群体——他们是家庭年收入在7.5万美元到20万美元的高端顾客。梅西通过和服装巨头Jones New York与Roy合作，使用价格不太昂贵的面料来制造上衣，使得零售价大约在 70 美元，结果是"这些上衣卖火了"。三是借力虚拟渠道——社会化媒体。社会化媒体可能将是虚拟渠道中最有待挖掘的潜力市场，很多百货商正尝试借助 Facebook 等社交媒体推动自身的全渠道转型。眼看着社交网络的风起云涌，梅西百货在 Twitter、Facebook 上分别开设了账户，吸引了大量粉丝。对于在线零售商如亚马逊的快速增长，实体百货零售商有着自身的优势，借助拓展全渠道战略，完全可以和在线零售商分享电子商务和高科技带来的增长。当然，无论百货商如何变革，一切都应该以顾客为中心，做到购物体验的无缝链接，从而实现真正的 SoLoMoMe。梅西百货在 2010—2012 年通过 M.O.M 一系列战略升级有效改善了经营效率，体现为坪效、人效、营业利润率和 ROE 均逐年提升，至 2012 年分别达近 10 年和近 20 年最高，有效支撑了公司业绩远优于同行的表现。

2. 案例启示

（1）转型决策应是消费者需求驱动而非领导人意志。如果一个传统企业的转型不是根植于消费者需求驱动，而是领导人意志推动，这就为未来发展埋下了很大的隐患。因为无论是互联网企业还是传统企业，成功的基础就是需求，无论是互联网企业对传统产业的改造，还是传统企业互联网自我升级，只要不是出自需求驱动，在大的方向上就容易出现偏差，一旦大的方向有误，后续的发展就只能凭运气来决定，运气似乎从来都不是商业成功的法宝。所以，如果是传统企业，在想要转型、把企业做大做久的时候，只需要考虑一个问题：你的产品或服务是要卖给消费者的，而不是领导人的意志。（2）掌握竞争核心资源，可依靠结盟或外包迅速做大。梅西百货之所以能够很快地声名鹊起，除了梅西百货的背景身份外，融合线上线下，形成了互动融合的消费模式。梅西百货一定不是卖商品的，而是卖服务的。其实卖服务的理念是一种差异化竞争，显然在中国电商领域已有淘宝、天猫、京东、唯品会以及苏宁商城等竞争对手，如果只是卖产品的话，很难做到独特性，但结合自身线下商业地产的优势卖服务，是一个很不错的发展方向，而 O2O 领域正是新兴商业模式，布局这一环也是走捷径超越对手的好办法。（3）积极推进平台商业模式创新。平台商业模式通过多方共同创造价值，使平台形成整体价值体系。每一方创造各自的价值，寻找各自的利益点，并且通过每一方的价值不断增多，平台的整体价值也将不断增大，每一方所获得的利益也将更多。

（三）MCC 产业联盟案例

20 世纪 60 年代是计算机与信息技术的起飞阶段，西方发达国家纷纷在微电子技术与计算机技术方面争取领先地位。日本政府由通产省策划技术发展方案，并组织日本计算机工业内 80 多所小公司和日立、东芝等 5 家大集团公司进行紧密的合作，争取获得技术的制高点。直到 1982 年，日本在微电子技术领域提出的论文与专利数量以及产品市场份额都超越了美国，跃居世界第一位。到 20 世纪 80 年代，面对日本在微电子和计算机领域的强大挑战，美国迅速做出回应。1982 年 2 月，16 家微电子工业企业与机构进行会议讨论，同意以产业创新联盟的方式合作建立美国微电子与计算机技术公司（Microelectronics and Computer Technology Corporation, MCC）。MCC 是美国微电子工业在产业联盟上的一次重要尝试。成立于 1982 年的 MCC 改变了美国大企业之间互不合作的历史传统，开创了美国第一个产学研全面结合联合开发的历史先例。MCC 为美国微电子产业在国际市场上的竞争提供了巨大的优势；MCC 开发的新技术、研究报告与科研教学资料为美国数百所公司与高校提供参考和支持，大大地促进了微电子工业技术的进一步发展和突破。

1. MCC 主体结构与运作模式

参与主体。产业创新联盟的主体对产业创新联盟发展的方向与效率有重要的影响。在 MCC 的案例中，组成产业创新联盟的主体有以下三个：企业、大学与科研机构、行政运营者。MCC 的产业联盟组织结构如图 6－1所示。

**图 6－1　MCC 产业联盟架构**

（1）企业。企业是产业创新联盟的主导者，也是产业创新联盟的主要推动力,其主要任务为联盟的持续运营和发展提供基本保障和经费支持。企业需要参与创新联盟的决策运作,根据自身和行业的创新需要,决定技术创新的战略发展方向,制定创新联盟的长远发展规划。在研究工作上,企业可以派遣部分职员参与创新联盟工作,跟创新与研发部门保持畅顺沟通,分享科研经验与实践成果。企业对产业创新联盟的科研成果具有优先使用权,并根据参与份额拥有其部分的知识产权。通过企业,产业创新联盟的成果能够得到转化推向市场,在参与竞争同时获取盈利与经验。在 MCC 里,参与的企业主体主要为对微电子与计算机技术发展有浓厚兴趣的企业,如数据控制公司、国际半导体集团等大型企业。随着 MCC 的发展与演进,参与的企业成员常有所变动,在高峰期有超过 100 家企业成员参与 MCC 的决策。在 20 年内,企业共为 MCC 制定了研究开发系统架构设计、先进微电子封装、硬件系统工程、软件技术开发四大研究方向,并提供了共计数百亿美元的经费供其从事技术研究,为 MCC 的持续运营与前进方向提供了重要的支持;另外,企业也从 MCC 获取与转化了超过 600 项技术,建立起了企业与创新联盟之间的互利结构。

(2) 大学与科研机构。大学与科研机构在创新联盟内分担了研发职能,它们通过其科技力量和智力资源参与联盟运行。创新联盟本身拥有一个庞大的、有组织的研究机构,但除此之外,也需要与其他大学和科研机构进行紧密合作,加快研究工作的进展,所以处于辅助地位的大学与研究机构也是联盟必不可少的一部分。一方面大学和科研机构为企业创新联盟培养与提供相关研究人才;另一方面,可以根据自身的研究特长,从联盟承包一定的研究课题进行攻关研究,从而获取研究经费。MCC 曾经与 82 所大学和 48 所科研机构进行科研合作。本地区的大学与科研人员资源是 MCC 选址的重要考虑因素。与 MCC 有合作关系的大学中,以总部所在地得克萨斯州为最多。美国在微电子与计算机领域名列前茅的高校,如加州理工大学和麻省理工学院,都跟 MCC 有过合作关系。各个高校与 MCC 的合作动机在于从经济上获取更多的经费和资源,在科研上了解学科发展的最新动态。与高校合作对 MCC 人才结构也产生较大的影响,20% 的研究人员是从高校科研人员中获取,7 个项目总监中有两名是来自合作的高校。

(3) 联盟核心科研机构。联盟核心科研机构是产业创新联盟最重要的主体,它是由联盟的成员企业经过协商合作后,基于共同利益合作成立的一所大型研究机构。联盟核心企业作为一个独立的科研机构,本身具有强大的科研力量，能实现企业所制定的科研规划与任务。另外，核心科研机构作为产业创新联盟的主体，负责代表企业去跟其他科研机构与高校进行技术合作。MCC 本身具有相对独立的地位，能根据科研需要自行制定财政计划与科研计划，自身也可以作为与企业和高校参与科研合作的主体。

2. 管理模式

产业创新联盟的管理向来是一个非常复杂的问题。在一个自由市场的环境下，如何兼顾参与主体之间的利益，建立一个互信合作的科研平台，对产业创新联盟的运行效率与持续寿命有极其重要的影响。MCC 的管理模式在创办时经过精细的设计，在科研效率、吸引新成员方面都展现出巨大的优势，因此具有重要的参考价值。

（1）组织结构。MCC 作为企业合作创新的联盟本身是一个独立的组织，具有独立法人的地位。MCC 的组织形式是一个以科研工作为主要任务的非营利组织，其主要任务在于通过联合开发为企业提供新的技术与专利，供企业进行转化获利。MCC 具有一套自主独立的组织结构、完整的企业管理体系、独立的财政与经费预算制度。MCC 的管理结构如图 6－2 所示。MCC 的组织结构包含以下三种重要主体：其一，MCC 董事会。MCC 董事会是 MCC 的最高权力机构，由产业创新联盟的成员企业组成，各公司根据自己投入的资金数量决定持有 MCC 的股份数目，并进而决定表决权的大小。董事会的主要决定包括：①CEO 与研究总监等重要人员的任命；②技术研究的长远计划以及财政安排；③对新企业成员加盟申请的批核；④制订技术转化与专利税计划。其二，CEO。CEO 是 MCC 内最

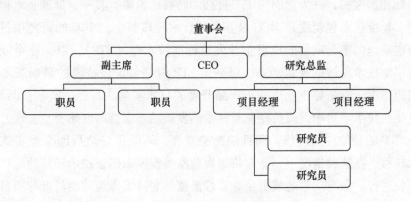

图 6－2　MCC 内部管理结构示意

重要的行政人员，由董事会选出。CEO 一方面负责管理副总裁与职员等行政人员，支持管理机构内的日常科研运作；另一方面跟其他合作主体，如科研机构、地方与联邦政府等充分沟通，争取其支持。CEO 作为对 MCC 内部运作最熟悉的成员，有义务参与董事会的会议，向董事会汇报并对重要问题发表意见。其三，研究总监。研究总监是 MCC 在科研层面的重要主管，由董事会决定与任免。每一位研究总监主管董事会每年制定一个大型研究方向，确保董事会的技术规划的落实。研究总监为其研究的方向制订具体研究计划，并带领项目经理与研究人员实施计划。

（2）科研资金分配。科研资金分配的问题是指 MCC 需要进行的各研发项目的资金预算分配，以及对每一个项目成员企业的承担比例分配问题。MCC 每年需要向董事会会议提交技术计划草案以及各项目所需的经费供董事会审核。董事会经过会议讨论挑选及批核，修订并通过预算案，供下一步实施。在每一个科研项目上，实行企业平分研究经费的原则。参与提供项目经费的企业可以获得优先免费使用科研成果的优势，并能平分项目成果以后产生的专利转让费；而选择不参与项目和提供经费的企业，如需要使用该项目的科研成果，则需要支付 3 倍于科研经费份额的费用进行购买。这种科研资金制度在保证项目科研基金的同时，也保证了企业参与的自由度。

（3）科研成果转化。成员企业根据自身的特点，将相关的技术转化开发出的新产品投入市场，这个过程被称为技术转移。技术转移是 MCC 的技术走向市场和走向应用的过程，因此 MCC 和成员企业对技术转移的问题相当重视，并为此制定了三种技术转移的策略：其一，标准技术包制度。标准技术包制度是 MCC 最基本的技术转移制度。MCC 的研究项目组会定期地向参与项目的成员企业发放标准技术包（STP），以保证企业能够了解技术发展的最新动态。每一个 STP 内都包含该技术的最新版本和实施指南，以指导企业进一步产品开发和技术实施。其二，监察员制度。在某些技术项目中，成员企业对技术的发展动态保持高度热情与关注，认为 STP 的发放周期过长，而且缺乏交互性，不能很好地帮助企业实施技术转移。在这种情况下，企业将采取监察员制度来保证技术转移的顺利和有效进行。参与项目的成员企业有权派遣一名员工作为监察员参与项目工作。监察员定期向成员企业进行汇报，保证企业与项目组之间的信息同步，并在企业对科研成果进行再开发时发挥指导作用，保证产品顺利开发。其三，合作转化制度。合作转化制度是 MCC 在科研成果转化上的重大尝试。1991 年，MCC 与得州大学联合成立技术转化机构 EXTRACT，专门为相关技术的产品开发进行研究与服务。EXTRACT 通过优惠的价格从 MCC 处购买技术的专利授权，而后进行产品开发，制造出产品的原型和蓝图，再将其出售给企业，由企业投产并推向市场。

3. 案例启示

MCC 作为组建产业创新联盟的一次重要尝试，其合作模式与经验教训对后来者有相当的参考价值。产业创新联盟的组建，不仅仅关乎一家企业、一个行业的存亡和发展，对整个国家未来的科技发展战略都有重要影响。通过总结 MCC 的兴衰历程，我们可以得出以下四点借鉴：（1）政府需要积极配合产业创新联盟发展。从政府政策的角度看，MCC 的创建与发展缺乏美国政府的政策支持。MCC 的组建完全是行业内大型企业的决定与努力，美国政府不但没有在政策和经费上给予支持，而且对大企业的合作具有相当大的戒心，从法理上对 MCC 的存在提出质疑，这导致 MCC 初创期需要花费大量的精力放在政府公关和维持成员的稳定上，从而相应地减少了企业的科研资源。当然，美国政府也通过 MCC 后来的成功学到了重要一课，对后来的企业创新联盟，如半导体技术制造公司、新一代汽车合作计划等提供了一定的帮助，促使其顺利建成。因此，政府对产业创新联盟应该持一种长远的、带有国家战略性思考的眼光看待，支持联盟的发展。积极将政府对相关技术的发展路线与课题等各种项目交托给联盟进行攻关。从组织建设上政府要发展自身的优势，协调联盟成员之间的矛盾，促进其互相融洽的合作。在政策上需要为联盟的发展提供便利与支持，特别是在初创期为企业在相关领域提供政策与税务的优惠，对核心科研机构提供资金支持，吸引更多成员加入联盟，推动联盟的发展。（2）产业创新联盟的结构设计应该平衡多方利益。从组织结构上，MCC 开创的多主体联合开发的组织结构尤其适合集中科研力量，对大型的重大课题进行攻关研究。董事会与股份制度的实施，一方面可以为 MCC 后续的科研工作集资提供支持，另一方面也提供了一个民主的表决平台来综合成员企业的利益考虑，为 MCC 的未来科研规划和发展方向做出合适的安排与决定。核心科研机构保持相对独立的地位，拥有企业的充分授权支持，可以自行选择合适的方式以合作或独立的模式进行科研工作，对实现科研的专注与高效率也有充分保障。在科研保持相对独立的同时，随时保障企业与科研项目的沟通，让企业获取科研的最新一步进展，这对为企业实现技术转化、保障企业的市场领先地位有重要作用。总的来说，MCC的管理结构对今后的产业创新联盟，尤其是重大工业产业科研联盟的组建有十分重要的参考价值。（3）根据产业创新联盟的不同阶段及时地转变策略。这种转变牵涉到科研方向、人员任命、合作机构选择、董事会组成等具体决定。比如说，在初创期，就需要实施以保证联盟结构为目的的组织战略，任用性格刚强、有决断力的人才为 CEO，积极加强联盟与各主体间的联系与合作；步入稳定时期后，将需要实施专注为企业服务的战略，任命熟悉企业技术需求与运作模式的 CEO，保证科研的顺利进行与技术转移的效率；到达衰退与转型期时，则实施转型战略，对联盟的发展方向和合作模式进行更新，以适应时代的需求，在这一时期需要任命有创新精神且有改革魄力的 CEO，以保证改革的顺利实施，防止联盟衰落与解散。（4）产业创新联盟要注重合作方式的创新。在合作模式上的创新可以促使联盟成员之间建立起新型的、高效率的合作方式，充分发挥不同组织的优势为产业的发展服务。MCC 强调并鼓励新型合作模式的建立，比如为合作转包机构 EXTRACT 提供启动资金与优惠的专利购买价格，与高校联合组建科研实验组以专攻项目问题等。这些新的模式都将为产业创新联盟的建立与管理提供重要的参考价值。

# 第七章　管理创新导向下的产业升级

## 第一节　管理创新

### 一　管理创新的内涵

#### （一）管理创新的背景

管理作为一门学科，发源于美国，而后推广到西欧、日本。美国的泰罗认为，管理就是把组织的物质资源或技术力量同人力资源结合起来，以便实现组织的目标过程。[①] 孔茨认为，管理就是在正式组织起来的团体中通过他人并同他人一起把事情办妥。管理理论的创新蕴含着思维整合的创造过程，它伴随着生产规模的不断扩大和管理实践的日益复杂而不断深化。[②]

管理理论的创新起源于18世纪中叶。当时第一次产业革命在英国的爆发，特别是蒸汽机的广泛运用，使机器大生产代替了旧式手工工场，生产力发展迫切要求新的管理思想和制度与之相适应。亚当·斯密在研究劳动分工对提高生产效率的影响时指出，分工协作的优点是生产者专门从事某一项具体的操作后，更容易掌握生产技能，较快地提高熟练程度，能够大幅度地提高劳动生产率。从此，这一原则便成为后来组织劳动分工和传送带生产的一项重要指导思想。19世纪末20世纪初，随着生产规模的不断扩大，管理趋于更加复杂。美国管理大师泰罗提出了"计件工资制"理论，引发了资本主义国家的"操作合理化"运动。他创造的管理办法

---

① ［美］弗雷德里克·泰罗：《科学管理原理》，马风才译，机械工业出版社2007年版，第180页。

② ［美］哈多德·孔茨、海因茨·韦里克：《管理学》（第9版），孙健敏译，中国人民大学出版社2008年版，第203—204页。

被称为"泰罗制"。泰罗的科学管理理论与法约尔的组织管理理论一起，形成了古典管理学派。

进入 20 世纪后半期，生产力飞速发展，生产社会化程度迅速提高，市场不断扩大，企业竞争日趋激烈，这就要求管理水平不断提高，以适应新的经营环境。因此，许多管理学者、社会学家、心理学家积极从事管理研究，创立了许多新的管理理论，出现了"管理学说丛林"，如以西蒙为代表的决策理论学派以"管理的关键在决策"的思路，对社会人假设进行了升华，提出决策人假设。

21 世纪，人类进入知识经济时代，科学技术飞速发展，日新月异，管理的外部环境及管理方式发生了广泛而深远的变化。供应链管理、信息化管理、智能管理、战略管理等新兴管理理论大量涌现，管理范式发生重大变革。

（二）管理创新的内涵

管理创新是对古典管理学派的继承和发展，其主要内容是创造一种新的更有效的资源整合范式，这种范式既可以是通过新的有效的资源整合以达到企业目标和责任的全程式管理，也可以是新的具体资源整合及目标制定等方面的细节管理，这一要领涵盖了新的经营思路、组织机构、管理模式、管理方法、管理制度和发展战略等主要内容。

管理创新是组织形成创造性思想并将其转换为有用的产品、服务或作业方法的过程。即富有创造力的组织能够不断地将创造性思想转变为某种有用的结果。当管理者说到要将组织变革成更富有创造性的时候，他们通常指的就是要激发创新。管理创新是企业把新的管理要素（如新的管理方法、新的管理手段、新的管理模式等）或要素组合引入企业管理系统，以更有效地实现组织目标的活动。

二 管理创新的内容

管理创新分为观念创新、手段创新和技巧创新。管理创新贯穿全过程。根据一个完整的管理创新过程中创新重点的不同，可将管理创新划分为管理观念创新、管理手段创新和管理技巧创新。

（一）管理观念的创新

管理观念创新是企业为了取得整体优化效益，打破陈规陋习，克服旧有思想束缚，树立全新的管理观念，形成能够比以前更好地适应环境的变化并更有效地利用资源的新概念或新构想的活动。观念创新包含以下主要内容。

1. 知识价值观念创新

改变对知识的陈旧认识，确立知识是创造价值主要的、直接的因素。知识是观念、创新的基础，是企业发展理念及企业文化形成的关键。

2. 竞争优势观念创新

利用知识寻找出把现有知识最大限度地转化为生产力的有效方法，让企业拥有更大的竞争优势，以便在激烈的市场竞争中取胜。

3. 知识更新的观念创新

知识的更新不仅包括创造新知识，而且包括摒弃旧知识，在一个组织内，新知识不是由个人创造的，而是在整个企业范围内通过团队或群体共享知识与专长来产生的。

（二）管理手段的创新

管理手段创新是指企业创建能够比以前更好地利用资源的各种组织形式和工具的活动，可进一步细分为组织创新、制度创新和管理方法创新。其中，组织创新是指创建适应环境变化与生产力发展的新组织形式的活动，制度创新是指形成能够更好地适应环境变化和生产力发展新规则的活动，管理方法创新是指创造更有效的资源配置工具和方式的各种活动。

（三）管理技巧创新

管理技巧创新是指在管理过程中为了更好地实施调整观念、修改制度、重组机构，或更好地进行制度培训和贯彻落实、员工思想教育等活动所进行的创新。

三 管理创新的趋势

伴随着互联网经济时代的到来，全球范围内的经济向一体化、数字化、网络化演进，企业的内外部经营发展环境发生了巨大变革，管理创新呈现出新的趋势特征。

（一）集整管理

现代信息技术在企业管理中的应用与扩展，提高并优化企业素质与企业业绩。在实际应用中，一方面，信息技术在企业管理中的典型应用及重要影响突出表现在它将以往分散的信息资源"孤岛"联结起来，予以集成，形成信息资源的集聚和规模优势；但系统集成商和应用者都忽略或没有足够重视因信息集成所带来的资源整合、文化整合、业务整合以及流程整合等问题，从而在事实上造成了对信息技术投入的浪费。另一方面，企业经营管理需要不断整合已经成为企业家共识，但又往往缺乏充分利用信息技术实施的意识，重硬件投入、轻软件开发应用。造成这种局面的重要因素在于决策层与技术层之间的知识和文化背景上的差异，以及企业与系统集成、软件供应、应用解决方案提供等商家之间所存在的固有的方位角色、利益驱动不同。面对日新月异的信息技术，企业往往感觉无所适从，缺乏自身对信息技术应用需求的详细判断；如果那些商家与企业沟通、协调不是非常顺利的情况下，企业将会对信息技术的投入抱有很强的戒备心理，并且难以评定投入与产出之间的关系，因而集整管理模式应运而生。

集整管理将从根本上解决上述问题。正如英特尔公司所宣称的那样：未来，将没有什么企业是互联网企业，因为，几乎所有企业都是互联网企业了。集整管理将成为企业从工业经济走向"互联网时代"的必由之路。

集整管理意味着系统优化。在互联网时代，企业实际上是一个能力的集合体，通过核心竞争能力可以看到组织的整体实力。应用信息技术实现数据集成、信息集成，更要进行信息资源、物质资源和能量资源的整合和优化，从而能够通过系统分析、系统设计并进行系统优化，使各要素协调发展，实现组织竞争力的整体提高。对于企业这样一个经济组织系统而言，集成和整合实质上就是资源、能力、文化、业务等系统要素及其相互关系发生一系列重要变化，这实际上就是创新。不仅如此，在企业发展成为"学习型组织"过程中，变革和创新不是一劳永逸的事情，而可能是一直在进行的工作；集成和整合将由此而成为企业经营管理的过程。从管理职能角度而言，集整管理实际上就是创新的管理和管理的创新。

集整管理意味着客户至上。集整管理是围绕客户实际需求、以市场为核心而进行的重构。在互联网时代，组织的扁平化设计和矩阵式或网络式架构以及 Internet/Intranet/Extranet 和 CRM 的普遍应用可以使雇员更及时、更直接、更广泛地与客户交流，为客户提供更具个性化的便捷服务创造了现实可能性。

集整管理意味着竞争优势再造。当企业管理进入集整管理模式以后，企业管理层会发现：就原则制度而言，人本的、系统性的、关注个性的管理原则和管理制度为企业创新发展提供了前提条件；就组织架构而言，柔性的、扁平的、可扩展的组织设计为企业的创新发展提供了组织基础；就管理内容和过程而言，强调过程和流程创新的、尊重个性充分发展的、具有弹性和韧性的业务流程为企业创新发展提供了现实渠道……这样，集整管理从企业经营运作的整体、全局、长远的高度和角度极大地提升了企业的品质及其管理素质和能力，最终成为企业参与未来竞争优势所在。

（二）信息化管理

信息、网络技术飞速发展改变着传统经济结构和社会秩序，企业所处的不再是传统物质经济环境，而是以网络为媒介、客户为中心，将企业组织结构、技术研发、生产制造、市场营销、售后服务紧密相连在一起的信息经济环境。信息带动管理的转变对企业成长起着全方位影响，彻底改变企业原有经营思想、经营方法、经营模式，通过业务模式创新、产品技术创新，或对各种资源加大投入，借助信息化提供强有力的方法和手段进行实现，其成功的关键是企业不同成长阶段与信息化工具的有机结合。ERP、OA、CRM、BI、PLM、移动互联网等正在成为企业管理不可或缺的应用系统。

信息化管理的实质是信息集成，其核心要素是数据平台的建设和数据的深度挖掘，通过信息管理系统把企业的设计、采购、生产、制造、财务、营销、经营、管理等各个环节集成起来，共享信息和资源，同时利用现代的技术手段来寻找自己的潜在客户，有效地支撑企业的决策系统，达到降低库存、提高生产效能和质量、快速应变的目的，增强企业的市场竞争力。信息化管理改变企业的传统管理模式，实行扁平化管理和网络化管理，实现面向客户的集成化管理目标。这就要求对企业管理进行重组和变革，重新设计和优化企业的业务流程，使企业内部和外部的信息传输更为便捷，实现信息资源的共享，使管理者与员工、各部门之间以及企业与外部之间的交流和沟通更直接，提高管理效率，降低管理成本。运用信息技术对企业的商流、物流、资金流和信息流进行有效控制和管理，逐步实现商流、物流、资金流和信息流的同步发展，通过四流系统将原来管理金字塔体系打破，实现扁平化的流水线管理方式，通过这个主线条衔接并重建每个员工、每道工序、每个部门的数字化基础，并达到规范化、标准化的要求，企业领导和管理人员随时调用生产、采购、财务等部门所有数据，既实现资源共享，又实现实时监控。这样，在新的管理思想基础上建立起来的新的数字化管理成为企业迈向网络化、国际化的坚实基础。

（三）绿色供应链管理

进入 20 世纪 90 年代以来，全球性的产业结构呈现出绿色化趋势，绿色工艺、绿色产品、绿色产业不断出现。由于一个产品从原材料开采到最终消费，其间经历了很多生产和流通过程，因而，绿色战略就不仅是某个工艺、某个产品、某个企业所能解决的问题，它涉及整个供应链中所有企业的各项活动，绿色供应链管理在这个时候便应运而生。韦伯（1994）研究了一些产品对环境的影响，建议通过环境准则来选择合适的原材料，同时注重再生利用，并提出了绿色采购的概念。密歇根州立大学的制造研究协会（MRC）1996 年通过开展"环境负责制造"（ERM）研究，将绿色供应链作为一个重要的研究内容，并提出了绿色供应链的概念。[①] 关于绿色供应链管理的确切定义，目前理论界对此还没有一个统一的表述，但总的观点是指在供应链管理的基础上，增加环境保护意识，把"无废无污"和"无任何不良成分"及"无任何副作用"贯穿于整个供应链中。绿色供应链管理包括从产品设计到最终回收的全过程，绿色设计、绿色材料、绿色供应、绿色生产、绿色物流、产品回收再利用如图 7－1 所示。

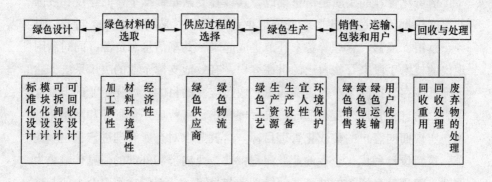

图 7－1　绿色供应链管理体系示意

（四）全产业链管理

近年来，越来越多的国内大企业集团不约而同地追逐起"全产业链"经营模式，通过涉足产业链上下游各个环节，扩大企业规模，增强自身对产业链的控制力和影响力。其中，比较典型的有中粮集团。2009 年初，中粮集团董事长宁高宁提出"打造全产业链"构想，以消费者为导向，控制"从田间到餐桌"的种植采购、贸易物流、食品原料、饲料原料、养殖屠宰、食品加工、分销物流、品牌推广、食品销售等每一个环节，并

① 徐团结：《绿色供应链管理研究》，博士学位论文，合肥工业大学，2006 年，第 56 页。

通过系统管理和关键环节的有效控制，最终在行业中获得关键话语权、定价权和主导权。围绕这个战略定位和经营模式，中粮集团对经营策略、组织架构和管理方式等各方面进行了大幅度优化改造，同时加大资本经营并购，构建"全产业链"管理运营模式。除了粮油食品领域外，电子信息、纺织服装、石油化工、煤炭电力、房产等诸多行业领域的大型企业也在大力推进"全产业链"管理运营模式。

"全产业链"实质上就是企业纵向一体化，是指企业向产业链上下游延伸，将原料供应、生产和产品销售等各环节纳入同一企业组织内部的经济行为。全产业链模式的价值意义在于：一是通过产业链上下游延伸，可实现资源配置平衡，有利于提高企业的市场竞争力和企业的利润率；二是通过全产业链运作，各个环节相互衔接，整个产业链贯通，企业避免受制于人；三是从源头到终端的每个环节进行有效管理，关键环节有效掌控，有利于保证产品质量。

# 第二节　新兴管理方法

## 一　精益管理

精益管理源于精益生产。精益生产（LP—Lean Production）是美国麻省理工学院教授詹姆斯·P. 沃麦克等专家通过"国际汽车计划"（IMVP）对全世界 17 个国家 90 多个汽车制造厂的调查和对比分析，认为日本丰田汽车公司的生产方式是最适用于现代制造企业的一种生产组织管理方式。精益管理由最初的在生产系统的管理实践成功，已经逐步延伸到企业的各项管理业务，也由最初的具体业务管理方法，上升为战略管理理念。它能够通过提高顾客满意度、降低成本、提高质量、加快流程速度和改善资本投入，使股东价值实现最大化。

### （一）精益管理的内涵

精益管理要求企业的各项活动都必须运用"精益思维"（Lean Thinking）。其核心就是以最小资源投入，包括人力、设备、资金、材料、时间和空间，创造出尽可能多的价值，为顾客提供新产品和及时的服务。精益管理的目标可以概括为：企业在为顾客提供满意的产品与服务的同时，把浪费降到最低程度。企业生产活动中的浪费现象很多，常见的有：错误——提供有缺陷的产品或不满意的服务；积压——因无需求造成的积压和多余的库存；过度加工——实际上不需要的加工和程序；多余搬运——不必要的物品移动；等候——因生产活动的上游不能按时交货或提供服务而等候；多余的运动——人员在工作中不必要的动作；提供顾客并不需要的服务和产品。努力消除这些浪费现象是精益管理的最重要的内容。

精益管理带给企业大量益处。对于企业而言，可以实现库存大幅降低，生产周期减短，质量稳定提高，各种资源（能源、空间、材料、人力）等的使用效率提高，各种浪费减少，生产成本下降，企业利润增加。同时，员工士气、企业文化、领导力、生产技术都在实施中得到提升，最终增强了企业的竞争力。对于服务型企业而言，提升企业内部流程效率，做到对顾客需求的快速反应，可以缩短从顾客需求产生到实现的过程时间，大大提高顾客满意度，从而稳定和不断扩大市场占有率。

（二）精益管理在项目管理中的运用

精益思想核心要义是消除一切消耗了资源、占用了时间而没有创造价值的活动。无论是精益生产方式、精益管理、精益质量控制，应用到项目施工当中都可以理解为对施工成本的一种降低和控制。针对工程项目施工阶段的特点，精益管理可以应用于施工成本控制以及质量控制方面。

1. 精益管理思想在人员管理方面的运用

人工费用是从事建筑安装工程施工的生产工人开支的各项费用，在工程的直接费用当中占有相当的比例，搞好对人工费用的控制对降低工程项目成本有很大作用。精益管理的思想对人工费用的控制，针对管理人员和施工人员都有着不同的方面，对于施工人员着重提高施工人员的素质，进而提高劳动生产率实现高效生产，以实现工程项目成本的降低。

2. 精益管理在材料管理方面的运用

材料是施工中的重要组成部分，材料的费用约占工程直接费用的70%，由此看来做好材料费用的控制对提高施工企业的经济效益有着相当重要的作用。对于材料方面的控制，从库存和用量上可以采用精益管理的思想进行控制。对于材料消耗使用的控制，项目施工过程中消耗的材料面广量大、种类多，而且有许多品种的材料难以精确计算，有些品种的材料因计量方法不同而产生较大的差异，因而材料在数量控制上的漏洞也比较大，根据精益管理"零浪费"的思想，对于材料的领用，应当严格按照计划单据上的数量领用，尽量减少工料在运输过程中的消耗，并且坚持余料回收，降低消耗水平，降低堆放、仓储的消耗。

3. 精益管理在机械管理方面的运用

机械费用上的控制，首先，根据需要，科学、合理地选用机械，充分利用现有机械设备，内部合理调度，力求提高主要机械的利用率，充分挖掘机械的效能，要合理化地安排施工段落，提高现场机械的利用率。许多施工机械，采用租赁的方式，租赁费用较高，因此在租赁施工机械之前应当做好施工计划，对于租赁机械的使用要注重效率，提高效率的使用，应当及时安排好机械所要施工的对象，减少租赁机械的等待时间。其次，在机械的使用过程当中应当采取全面的维护的方式，减少机械施工当中的损失，通过全面的维护及时排除机械的小故障，防止故障累积造成更大的损失。通过全面维护的方式延长机械的使用寿命进而降低工程项目施工的成本。

4. 精益管理在质量控制当中的运用

质量控制，精益管理的思想当中，强调的是事前控制，预防不合格品的发生，施工项目的最终产品就是建筑本身，在精益管理思想下的质量控制也是对成本控制的一种很好的手段，精益管理思想下的工程项目施工质量控制不应该仅仅是施工质量是否合格，还更应当注重与前后工序的协调，本道施工完毕是否能够给下道工序提供方便施工的条件，下道工序是否能够直接在本道工序完毕的基础上直接施工，是否需要对已经施工完毕的部分进行修整。工程施工是一个多工种协调的工作，如果协调不好，会因为施工质量问题造成成本的增加。以常见的建筑卫生间漏水为例，土建施工浇筑楼板，未给管道的通过埋设套管或埋设位置不准确，在当时看来未造成损失；安装管道时安装工人给楼板砸个大洞，管道通过后，随意用砂浆填补了事，造成了漏水的隐患。砸洞和填补已经提高了成本，然而，由于存在隐患，土建工人需要再将安装工人填补的砂浆凿掉，用防水砂浆重补。由于操作不便，往往需要再三修补，既提高了成本，又影响了工程质量。诸如此类的事例很多。以精益管理的思想来看，这在第一道工序的时候就出现了问题，应当及时停止施工，在完善了工程内容后才能继续施工。

（三）精益管理对仓储作业优化

1. 优化目标

利用精益管理解决仓储中心作业浪费的问题，从而实现准时、快速的工作状态，达到信息化的管理水平。优化目标如表 7 - 1 所示。

表7 - 1                                        仓储作业优化目标

| 因素 | 优化前 | 优化后 |
| --- | --- | --- |
| 仓储工具 | 部分处于闲置状态，仓具损坏率偏高 | 充分发挥作用，仓具损坏率低 |
| 信息传递 | 缺少途径，传递失真、不及时 | 系统全面掌握，传递准确、及时 |
| 工作效率 | 低 | 高 |
| 保管员工作态度 | 缺乏工作积极性 | 工作积极性高 |

2. 优化原则

（1）以客户需求为中心。客户需求是生产的驱动力，是价值流的出发点。价值的流动要靠下游客户来拉动，而不是依靠上游生产的推动。当客户没有发出需求指令时，上游的任何部分均不提供服务；而当客户需求指令发出后，上游则应快速提供服务。

（2）准时。电子化的信息流保证了信息流动的迅速、准确无误；还可以有效地减少冗余信息，减少作业环节，消除操作延迟。货品在流通中能够顺畅，有节奏的流动是仓储中心管理的目标。而保证货品的顺畅流动最关键的是准时。仓储作业的准时与快速同样重要，也是保证货品在流动中的各个环节以最低成本完成的必要条件，同时也是满足客户要求的重要方面之一。

（3）准确。准确的信息传递、准确的库存、准确的客户需求预测、准确的送货数量……准确是保证仓储作业精益化的重要条件之一。

（4）快速。竞争优势的体现，包括对客户需求反应速度和货品流通速度。前者取决于仓储系统的功能和流程。当客户提出需求时，系统应能对客户的需求进行快速识别、分类，并制订出与客户要求相适应的作业方案。后者包括作业节点最少、流通路径最短、仓储时间最合理，并能达到系统的快速要求。

（5）降低成本、提高效率。仓储中心通过合理配置基本资源，以需定产，充分合理地运用优势和实力；通过电子化的信息流，进行快速反应、准时化生产，从而消除诸如设施设备空耗、人员冗余、操作延迟和资源等浪费，保证仓储管理的低成本。

（6）系统集成。仓储系统是由资源、信息流和能够实现"精益"的决策规则组成的系统。精益仓储系统建立的基础是对资源进行最佳配置；资源配置的范围包括设施设备共享、信息共享、利益共享……只有这样才能最充分地体现优势和实力，合理运用这些资源，消除浪费，提供满足客户要求的优质服务。

（7）信息化。仓储管理是一个复杂的系统项目，涉及大量繁杂的信息。电子化的信息便于传递、存储和统计。此外，传统的仓储作业已不适应全球化、知识化的物流业的竞争，必须实现信息的电子化，不断改进传统业务项目，寻找传统物流产业与新经济的结合点，提供增值物流服务。

3. 优化思路

优化仓储作业管理就是要消除仓储作业过程中出现的各种浪费，安排工作计划，实施工作任务，查找工作弊端，改正工作缺点，进而实现持续改进。

4. 优化方法

根据上述的思路，查找到浪费的所在。下一步工作就是如何实施具体优化了。具体优化的实现就是建立资源分配系统，将作业流程指令化、操作数据存储化、信息系统集成化。具体优化方法如图7-2所示。

当货物A入库时，系统发出指令保管员2动作；与此同时，将其具体的动作情况记录到数据库当中。一旦出现错误，将通过数据库查找到保管员2，追究其责任。这样可提高保管员的注意力，降低出错率。当货物B入库时，保管员1开始动作，具体操作模式与保管员2相似，同样将操作信息保存到数据库当中，可提高工作效率，避免货等人的情况。此外，系统记录了保管员的工作质量和数量，可以适当实行奖励机制，提高员工积极性。

5. 优化流程

根据上面所述的优化方法，设计具体流程如图7-3所示。

6. 优化结果评价

将优化后的仓储作业应用到仓储中心，优化前后各项指标有了明显的变化如表7-2所示。

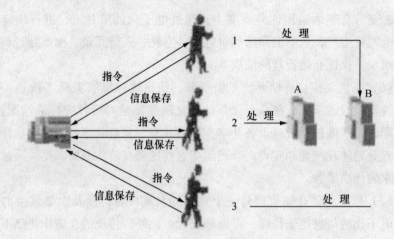

**图 7-2　仓储作业优化示意**

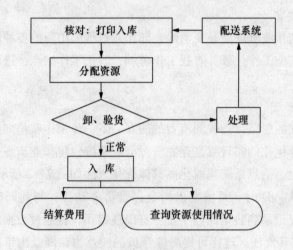

**图 7-3　优化后的工作流程**

表 7-2　　　　　　　　　　优化前后各项指标对比

| 指标 | 优化前 | 优化后 |
|---|---|---|
| 仓储工具利用率 | 60% | 100% |
| 搬运过程仓具损坏率 | 5‰ | 1‰ |
| 信息传递 | 缺少途径，传递失真、不及时 | 传递准确，及时 |
| 平均出/入库速度 | 15 分钟 | 7 分钟 |
| 仓库保管员工作态度 | 不积极 | 主动 |

根据上表的数据可知，利用精益管理优化仓储中心作业具有明显的效果，不仅提高了出/入库效率，消除了不必要的资源浪费，更极大地提高了仓库保管员的工作积极性，创造了无形的价值，并且提高了管理的信息化水平。

**二　协同管理**

协同管理，即协同作战，是指把局部力量合理地排列、组合，来完成某项工作和项目。协同管理是一种基于敏捷开发模式，以虚拟企业为对象的管理体系。虚拟企业实质是一个由许多子系统组成的系统环境，协同管理就是通过对该系统中各个子系统进行时间、空间和功能结构的重组，产生一种具有"竞争—合作—协调"的能力，其效应远远大于各个子系统之和产生的新的时间、空间、功能结构。协同管理主要体现为三大基本理念，即"信息网状理念"、"业务关联理念"和"随需而应理念"。

（一）信息网状理念

企业中的各种信息都是存在着联系的，例如费用报销，这笔费用是什么时间花的，为哪个项目花的等这些都是与报销单相关的信息。如果这些关联的信息被封存在不同的数据库或应用平台中，审批者就只能得到简单电子化的报销单而无从获得更多的信息支持决策。协同管理则提供了更好的解决方案，它将各种分散的、不规则存在的信息整合成一张"信息网"，每个信息节点之间依靠某种、某几种业务逻辑关系进行关联，访问者就可以完全突破"信息孤岛"的困扰从而轻松自如地穿梭在这张信息网中并获取自己关心的信息。在协同管理平台中，审批者可以从这张报销单开始，迅速了解各种关联信息，包括费用花费的时间、地点、金额，进而了解这笔费用花费后的项目进展情况，总体预算情况等。管理的一个重要方面就是对真实的、全局信息的了解，而协同管理无疑提供了这样的可能性。

（二）业务关联理念

用一个形象的比喻，现代化企业就像一台不停运转的精密机器，企业的各个业务环节就像是机器上的各个部件，任何一个部件出了问题就会对整台机器的运转造成影响。从表面上看，企业的业务被分为各个业务环节并归属于某个部门或某个人员负责，事实上这些业务环节之间有着千丝万缕的关系，更为重要的是他们都必须为企业的共同目标而运作。例如一个客户会，会涉及客户名单（销售部业务）、市场宣传资料和方案（市场部业务）、相关物资领用或采购（行政部业务）、发票和费用（财务部业务）等。关注某个或某些业务环节的传统软件由于无法对其他的业务环节进行统筹管理，因而企业就不得不在多个应用软件之间切换以保证同步运作。而协同管理平台则可以对这些业务环节进行充分的整合并纳入统一平台进行管理，任何一个业务环节的动作都可以轻松"启动"其他关联业务的运作，并对相关信息进行及时更新，从而实现业务与业务之间的平滑链接。

（三）随需而应理念

企业的各种资源，包括人、财、物、信息和流程组成了企业运作的基本要素。协同管理将这些资源整合在统一的平台上，并通过网状信息和关联业务的协同环境将它们紧密地联系在一起。然而要进一步实现对这些资源的协调和优化，很重要的一点就是这些资源能够随着企业的某个目标或者某项事务而被灵活地组织起来并进行协作，为这个目标或事务"各司其能"并发挥最大的价值。换言之，也即各种资源能够随企业的需要而及时地响应并突破各种障碍实现一致性协作。例如人与人之间的协作，在企业的每个角落里每天都在发生着。在协同管理平台中，人与人之间的屏障被打破，并可能被随时调动起来组成跨部门、跨企业、跨地域的"虚拟团队"。比如说一个项目的进行，随着项目的建立，各个部门的有关人员都可以被加入到项目团队中，甚至可以包括企业外聘的专家、相关客户、合作伙伴等。为统一目标而设的"虚拟团队"成员可以共享项目信息、被分配各自的任务、接受项目经理的监督、相互之间就某个问题进行探讨、参加网上的项目会议等。当然在这样的例子中，"虚拟团队"不仅包含了人，还包含了财、物等资源，例如会议室、项目资料等。而在协同管理平台中，这些资源可以突破各种障碍而被迅速找到并集合到一起，并实现它们之间通畅的沟通、协调，从而保证目标的达成。

总体而言，协同管理的本质就是打破资源（人、财、物、信息、流程等）之间的各种壁垒和边界，使它们为共同的目标而进行协调的运作，通过对各种资源最大的开发、利用和增值以充分达成共同的目标。协同管理的目的是解决"信息孤岛"、"应用孤岛"和"资源孤岛"三大问题，实现信息的协同、业务的协同和资源的协同，充分发挥企业的"战斗力"。

### 三　供应链管理

#### (一) 供应链管理的内涵

供应链管理（SCM）在 1985 年由波特提出。供应链的概念伴随着扩大生产演进而来，它将企业的生产活动进行了前伸和后延。比如，日本丰田公司的精益协作方式就将供应商的活动视为生产活动的有机组成部分而加以控制和协调，这就是向前延伸。后延是指将生产活动延伸至产品的销售和服务阶段。因此，供应链就是通过计划（Plan）、获得（Obtain）、存储（Store）、分销（Distribute）、服务（Serve）等这样一些活动而在顾客和供应商之间形成的一种衔接（Interface），从而使企业能够满足内外部顾客的需求。

供应链包括产品到达顾客手中之前所有参与供应、生产、分配和销售的公司和企业，因此其定义涵盖了销售渠道的概念。供应链对上游的供应者（供应活动）、中间的生产者（制造活动）和运输商（储存运输活动），以及下游的消费者（分销活动）同样重视。史迪文斯（Stevens）认为，通过增值过程和分销渠道控制供应商，到用户的物料流就是供应链，它开始于供应的源点，结束于消费的终点。哈里森（Harrision）认为，供应链是执行采购原材料，将它们转换为中间产品和成品，并将成品销售到用户的功能网链。供应链是一个过程，供应链是一个对多公司"关系管理"的集成，它包含从原材料的采购到产品和服务交付给最终消费者的全过程。

供应链（Supply Chain）是围绕核心企业，通过对信息流、物流、资金流的控制，从采购原材料开始，制成中间产品以及最终产品，最后由销售网络把产品送到消费者手中，将供应商、制造商、分销商、零售商，直到最终用户连成一个整体的功能网链结构。它不仅是一条连接供应商到用户的物流链、信息链、资金链，而且是一条增值链，物料在供应链上因加工、包装、运输等过程而增加其价值，给相关企业带来收益。供应链管理是企业的有效性管理，表现了企业在战略和战术上对企业整个作业流程的优化。整合并优化了供应商、制造商、零售商的业务效率，使商品以正确的数量、正确的品质，在正确的地点以正确的时间、最佳的成本进行生产和销售。

#### (二) 供应链的类型

供应链有很多种，比如纺织供应链、制造供应链、IC 供应链、食品供应链、IT 供应链等。根据不同的划分标准，可以将供应链进行分类。

1. 根据范围不同分为内部供应链和外部供应链

内部供应链是企业内部产品生产和流通过程中所涉及的采购部门、生产部门、仓储部门、销售部门等供应链组成的供需网络。外部供应链则是企业外部的，与企业相关的产品生产和流通过程中涉及的原材料供应商、生产厂商、储运商、零售商以及最终消费者组成的供需网络。内部供应链和外部供应链共同组成了企业产品从原材料到成品再到消费者的供应链。可以说，内部供应链是外部供应链的缩小化。如对于制造厂商，其采购部门就可看作外部供应链中的供应商。它们的区别只在于外部供应链范围大，涉及企业众多，企业间的协调更困难。

2. 根据稳定性不同将供应链分为稳定的和动态的供应链

基于相对稳定、单一的市场需求而组成的供应链稳定性较强，而基于相对频繁变化、复杂的需求而组成的供应链动态性较高。在实际管理运作中，需要根据不断变化的需求，相应地改变供应链的组成。

3. 根据容量和需求不同可以划分为平衡的供应链和倾斜的供应链

一个供应链具有一定的、相对稳定的设备容量和生产能力（所有节点企业能力的综合，包括供应商、制造商、运输商、分销商、零售商等），但用户需求处于不断变化的过程中，当供应链的容量能满足用户需求时，供应链处于平衡状态，而当市场变化加剧，造成供应链成本增加、库存增加、浪费增加等现象时，企业不是在最优状态下运作，供应链则处于倾斜状态。平衡的供应链可以实现各主要职能（采购/低采购成本、生产/规模效益、分销/低运输成本、市场/产品多样化和财务/资金运转快）之间的均衡。

4. 根据功能性不同可以分为有效性供应链和反应性供应链

有效性供应链主要体现供应链的物理功能，即以最低的成本将原材料转化成零部件、半成品、产品，以及在供应链中的运输等；反应性供应链主要体现供应链的市场中介功能，即把产品分配到满足用户需求的市场，对未预知的需求做出快速反应等；创新性供应链主要体现供应链的客户需求功能，即根据最终消费者的喜好或时尚的引导，进而调整产品内容与形式来满足市场需求。

5. 根据企业地位不同可以分成盟主型供应链和非盟主型供应链

盟主型供应链是供应链中某一成员的节点企业在整个供应链中占据主

导地位，对其他成员具有很强的辐射能力和吸引能力，通常称该企业为核心企业或主导企业。如以生产商为核心的供应链——奇瑞汽车有限公司；以中间商为核心的供应链——中国烟草系统、香港利丰公司；以零售商为核心的供应链——沃尔玛、家乐福。非盟主型供应链是指供应链中企业的地位彼此差距不大，对供应链的重要程度相同。

（三）供应链管理的特征

供应链管理就是优化和改进供应链活动，其对象是供应链组织和他们之间的"流"，应用的方法是集成和协同；目标是满足客户的需求，最终提高供应链的整体竞争能力。供应链管理的实质是深入供应链的各个增值环节，将顾客所需的正确产品能够在正确的时间，按照正确的数量、正确的质量和正确的状态送到正确的地点，并使总成本最小。供应链管理是一种先进的管理理念，它的先进性体现在是以顾客和最终消费者为经营导向的，以满足顾客和消费者的最终期望来生产和供应的。供应链管理具有以下特征。

1. 供应链管理是全过程的战略管理

传统的管理模式往往以企业的职能部门为基础，但由于各企业之间以及企业内部职能部门之间的性质、目标不同，造成相互的矛盾和利益冲突，各企业之间以及企业内部职能部门之间无法完全发挥其职能效率。因而很难实现整体目标化。供应链是由供应商、制造商、分销商、销售商、客户和服务商组成的网状结构。链中各环节不是彼此分割的，而是环环相扣的一个有机整体。物流、信息流、资金流、业务流和价值流的管理贯穿于供应链的全过程。它要求各节点企业之间实现信息共享、风险共担、利益共存，并从战略的高度来认识供应链管理的重要性和必要性，从而真正实现整体的有效管理。

2. 供应链管理是一种集成化的管理模式

供应链管理的关键是采用集成的思想和方法。它是一种从供应商开始，经由制造商、分销商、零售商，直到最终客户的全要素、全过程的集成化管理模式，是一种新型管理策略，它把不同的企业集成起来以增加整个供应链的效率，注重的是企业之间的合作，以达到全局最优。

3. 供应链管理提出了全新的库存观念

传统的库存思想认为，库存是维系生产与销售的必要措施，是一种必要的成本。供应链管理使企业与其上下游企业之间在不同的市场环境下实现了库存的转移，降低了企业的库存成本。这也要求供应链上的各个企业成员建立战略合作关系，通过快速反应降低库存成本。

4. 供应链管理以最终客户为中心

无论构成供应链节点的企业数量有多少，也无论供应链节点企业的类型、层次有多少，供应链的形成都是以客户和最终消费者的需求为导向的。正是由于有了客户和最终消费者的需求，才有了供应链的存在。而且，也只有让客户和最终消费者的需求得到满足，才能有供应链的更大发展。

（四）供应链管理发展的新趋势

随着市场环境的改变，供应链管理也在实践中出现了一些新的发展趋势。

1. 全球化

以全球化的观念将供应链的系统延伸至整个世界范围，在全面、迅速地了解世界各地消费者需求偏好的同时，就其进行计划、协调、操作、控制和优化，在供应链中的核心企业与其供应商以及供应商的供应商、核心企业与其销售商及至最终消费者之间，依靠现代网络信息技术支撑，实现供应链的一体化和快速反应运作，达到物流、价值流和信息流的协调通畅，以满足全球消费者需求。

2. 敏捷化

以核心企业为中心，通过对资金流、物流、信息流的控制，将供应商、制造商、分销商、零售商及最终消费者用户整合到一个统一的、无缝化程度较高的功能网络链条，形成一个极具竞争力的战略联盟。

3. 绿色化

将"绿色"或"环境意识"理念融入整个供应链管理过程，使得整个供应链的资源消耗和环境影响副作用最小，是现代企业实现可持续发展的一种有效途径。从社会和企业的可持续发展出发，引入全新的设计思想，对产品从原材料购买、生产、消费，直到废物回收再利用的整个供应链进行生态设计，通过链中各个企业内部部门和各企业之间的紧密合作，使整条供应链在环境管理方面协调统一，达到系统环境最优化。目前国外一些汽车制造商如大众、通用等，正在重新整合传统的供应链，要求供应商按"绿色"模式进行供货，来重建新型供应链——绿色供应链。

4. 柔性化

以柔性理论为基础,通过提高企业各种资源的柔性实现灵活、敏捷的经营机制。以柔性的组织管理、柔性的人员和柔性的生产系统提高企业的市场竞争能力。柔性策略的运用将使供应链运作更能适应快速变化的市场需求。

5. 集成化

通过合作伙伴之间的有效合作与支持,提高整个供应链中物流、工作流、信息流和资金流的通畅性和快速响应性,提高价值流的增值性,使所有与企业经营活动相关的人、技术、组织、信息以及其他资源有效地集成,形成整体竞争优势。在市场竞争中,各成员把主要精力用在凝聚自身的核心竞争能力上,达到强强联合的效果。在竞争中,各成员都可以从整体的竞争优势中获得风险分担、利益共享的好处。实现从功能管理向过程管理的转变;从利润管理向营利性管理转变;从产品管理向顾客管理转变;从简单的管理向关系管理转变;从库存管理向信息管理转变。

6. 虚拟化

将整个供应链看作一个虚拟的企业,供应链中的所有企业是企业中的一个部门。每个企业都承担着各自的任务。不是从链条上的每个成员企业追求自身利益最大化出发去实现渠道资源的最优配置,而是从追求整个供应链管理的最优化来实现链条上每个成员成本最小化和利益最大化。通过供应链节点上的各企业充分发挥各自核心能力,形成优势互补,从而更有效地实现最终客户价值。

### 四　价值链整合管理

(一) 价值链整合管理的内涵

迈克尔·波特认为,价值链是供应链向客户关系的延伸,基本思想是以市场和客户需求为导向,以协同商务、协同竞争和多赢原则为运作模式,通过信息技术手段,实现对价值链中物流、资金流、商流、工作流和信息流的有效控制,提升企业竞争优势。

价值链整合管理指为股东创造价值的活动过程是以价值链为载体进行的。企业管理的重点放在价值的驱动上,努力使价值链上每项活动都能增值,基于 ERP (企业资源计划) 的价值链整合管理正是贯彻了这一核心思想。其特点是以信息技术为手段,通过价值链上核心业务的流程重组、资产重组和管理重组,使其流程科学、组织优化、信息共享、企业资源利用率得到提高,生产经营管理水平大幅度提升。企业核心竞争力和盈利能力进一步增强，股东价值最大化得到保证，从而实现进入国际一流水准的现代化企业战略目标。

基于 ERP（企业资源计划）的价值链整合管理对企业是一场重大的变革，其内涵体现在四个方面：一是以 ERP 系统建设为契机，按照高效、精简、专业的原则，面向流程整合组织结构，建立高效决策的组织体系，消除资源浪费，发挥资产的最大效益。二是结合 ERP 的管理模式和行业价值链的特点，面向市场供应商和客户资源，对核心业务流程进行整合、重组和优化，提高运作效率，降低运营成本，增强企业核心竞争力和盈利能力，实现股东价值最大化。三是整合现有的软、硬件资源，建成以财务为中心，物流、资金流、工作流和信息流"四流合一"的管理信息平台，消除"信息孤岛"，统一信息标准编码，实现信息共享，为优化决策提供信息依据。四是实现财务与采购、销售、生产、设备等管理的业务集成，优化物料平衡和生产运行，强化过程监控和成本控制，提升企业经营管理水平。

（二）价值链整合管理的内容

价值链整合管理的目的，是把管理者的决策重点放在价值的驱动因素上，从而使企业各个层面都能作出有利于增加价值的决策，树立创造价值的观念，以实现股东投资价值最大化。对企业来说，ERP 与价值链整合管理是相辅相成、缺一不可的。离开 ERP，价值链整合管理就失去了运作的基础；相反，离开价值链整合管理来建设 ERP 也不会成功。

1. 从职能管理转变为面向业务流程管理

将业务审核与决策点定位于业务流程执行的地方，缩短信息沟通渠道和时间，打破传统职能型组织结构，建立面向流程的过程型组织结构，提高对顾客和市场的反应速度。建立整体流程最优、价值最大化的系统思想。以供应商—物资—生产—销售—客户价值链为主线，理顺和优化业务流程，强调流程中每一个环节上的活动尽可能实现最大化增值，尽可能减少无效的或不增值的活动。从整个系统全局最优目标出发设计和优化流程各项活动，进行资产重组和管理重组，追求简洁、有效控制，力求整体效率和效益最大化。面向客户和供应商整合业务流程，实施 BPR 时不仅要考虑企业内部业务处理流程，还要对客户、企业自身与供应商组成的整个价值链流程进行重新设计。建立统一的信息管理平台，改变企业各项业务流程孤立运行的状况，以信息化技术为手段，建立以价值链为对象的统一操作平台，最大限度地实现财务与物资、销售、设备、生产等业务和信息的集成。

2. 围绕顾客和市场需求进行业务流程重组

ERP不仅为企业提供了先进的信息管理平台，而且能面向整个价值链的资源管理，把企业内部的资源和供应商以及客户资源紧密联系在一条价值链上进行集成和优化管理，以追求企业资源的合理高效利用。所以，ERP实质上就是一套规范的以现代信息技术为保证的管理系统。

3. 建立面向流程管理的组织结构

随着信息技术的发展，原先以职能部门为载体的物资流逐渐被信息流取代，企业需要打破被职能部门所限定的"围墙"，而建立一个面向顾客和流程为主导的新的组织形式，其特点在于将组织内部的非增值活动压缩到最少，使得工作与人之间达到最优的适配。公司按照ERP管理要求对部分业务流程进行了重组，再依流程进行企业组织重组（包括专业化重组），尽量消除纯粹的中层"领导"，采取扁平化集中管理的组织形式。这样不仅降低了管理费用和成本，更重要的是提高了组织的运转效率及对市场的反应速度。

（三）价值链整合管理的类型

基于价值链战略选择的本质在于对价值链各环节的选择和组合。表现为分解、整合、共享、外包等类型。

1. 专注于价值链的某个环节做精做强

企业应重新审视自己所参与的价值过程，从功能与成本的比较中，研究在哪些环节上自己具有比较优势，或有可能建立起竞争优势，集中力量培育并发展这种优势；从维护企业品牌角度研究哪些是重要的、核心的环节，保留并增强这些环节上的能力，把不具有优势的或非核心的一些环节分离出来，利用市场寻求合作伙伴，共同完成整个价值链的全过程。如我国一些制造企业利用劳动力成本优势，避开技术劣势，专注于制造环节，做"橄榄"环节，与跨国公司的"哑铃形"契合。

2. 整合社会资源，构建新的价值链

在生产能力相对过剩的情况下，市场上就会存在许多相对独立的，且具有一定比较优势的增值环节。对企业来说，这些都是可利用的社会资源。然而，要让这些分散的环节创造出新的价值，必须要用一个价值链把它们有机地串连起来。这就要求我们的企业家掌握丰富的信息，具有创新的观念和敏锐的眼光，并具备相关的知识和经营智慧。

### 3. 虚拟经营和外包

虚拟经营是企业在网络经济环境下的一种重要的经营方式。它有利于增强企业在选择合作伙伴、合作领域、合作方式、组织结构等方面的灵活性，企业之间便于借助互联网快速、高效地发布和接收业务数据和信息，既大大降低了风险，又适应电子商务环境的特点，在资源、技术、人员、物流、配送、安全等多方面发挥协同优势。外包战略是企业将价值链的非核心环节业务外包给其他企业，特别是中小型企业。它可以有效地降低产品成本，引进和利用外部资源，有效地确立企业的竞争优势。另外，当多个一流的供应商同时生产一个系统的组成部件时，就会降低外包企业的专有资产投资，缩短设计和生产周期。供应商既有相关方面的人才优势，又有专门领域的复杂的技术知识，而且可以不断地更新产品。企业实行价值链的外包战略，把其研制技术和零部件所要承担的风险扩散到每个供应商身上，就无须承担零部件的研究与开发计划失败的全部风险，也不必为每一零部件系统投资或不断地扩大配件本身的生产能力。这样，企业就可以全力增强核心业务的竞争力。

## 五　案例分析

### （一）精益管理案例

丰田汽车是拥有 14 家子公司的集团公司，作为一个世界著名企业，公司的文化决定了公司的凝聚力，细节决定成败的理念在丰田公司体现得淋漓尽致。

### 1. 细节决定成败

丰田公司第一次进军美国市场的努力以失败告终。自那以后，丰田潜下心来，研究和生产适合美国市场的汽车。一方面调查研究丰田公司在美国的代理商及顾客需要什么，以及他们无法获得满意的原因；另一方面研究外国汽车制造商在美国的业务活动，以便找到缺口，从而制定出更好的销售和服务战略，五年以后，丰田公司成功进军美国。一个计划的成败不仅仅取决于设计，而且在于执行。这句话从不同的侧面向我们揭示了一个道理：实施环节比计划更重要，计划再好，没有落实下去也只能是"镜中花、水中月"。如何才能在竞争中立于不败之地，那就要做到"针上打擂——拼精细"。老子曾说："天下难事，必做于易；天下大事，必做于细。"想成就一番事业，必须从简单的事情做起，从细微之处入手。谁注意了细节，谁就是成功者。

2. 精益管理法

丰田喜一郎在创办公司初期致力于降低成本、减少浪费、降低库存，为后来的发展打下一个较好的基础。严格把好质量关、精益求精，这是精益管理法的前身，也是喜一郎追求生产流程的合理性理论：Just in Time（即时决策）。丰田人还十分注重礼仪，对于上级的意见十分重视。所以精益管理法得以延续下来，成为丰田成功不可或缺的一部分。大野耐一是丰田精益管理的创始人。大野耐一受美国超市的启发而提出零库存管理。大野经常对客人这样说：客人只买必要的商品，店员也只补充能卖掉的那部分。这样一来，就不需要多余的存货，也不会费钱。多余的东西只会白白占用资金。他一改前人的做法，要生产的产品只要刚好就好，"不生产多余的产品"，"不要有库存"。必要的产品，只在必要的时间，生产必要的数量，做得太多就是浪费。当时，很多工厂都会生产大量产品以确保供货需求。但这样做对仓库的需求十分巨大，在租金上浪费大量资金。大野就是看准这点，提倡只生产足够。这虽然带有一定的冒险性，但对当时的丰田来说，确实节省了不少资金，留待日后发展。这种做法是十分有用的，与其在那里囤积居奇，倒不如只生产足够的，节省不必要的浪费。

3. 出色的生产决策

在丰田公司内代号为179A的那款车，引发了汽车界的潮流，最终超过了福特T型车。丰田之所以强大，是因为它拥有世界上畅销时间最长的民用普及型轿车。当日本国内几乎所有工业都在研发民用普及型轿车的时候，丰田开始审时度势，不只是忙于生产，不满足于现状的丰田有组织地从各个地方收集所有日产的信息，在情报中占了优势。此外丰田还进行全面的宣传造势。在原有基础上进行升级，目标就是超过竞争对手，这款车就是至今仍然畅销的花冠。生产决策的出色与掌握充足的信息是分不开的，丰田在竞争中不仅收集日本厂家的信息，还收集全世界企业的信息，收集信息也是一种生产决策技术能力的较量。花冠的成功是毫无悬念的，因为在研发花冠的时候，丰田汽车销售股份公司和丰田汽车工业公司就已经准确地掌握了日产民用普及型轿车的研发信息，而且对竞争对手了如指掌。知己知彼，百战不殆，丰田研制花冠的过程及结果很好地诠释了这句哲言。

4. 依靠人的智慧和创造性

丰田汽车公司管理的一条重要原则在于公司重视全体职工的集思广益，不惜代价收集情报和征求合理化建议，其中95%的建议被采纳。凡被采纳的建议都给予一定的奖励。每人每年平均获奖3万—4万日元。由此激发每个职工关心经营管理，提高他们同企业共命运的意识。公司自办《丰田新闻》、《社内通讯》等报刊，同时还建有研究室，不断研究国内外资讯，汲取合理化建议，推陈出新，总结新经验。公司全体员工的素质很高，他们不但从事生产，而且不断思考。这种集体智慧的运用，并不限于生产，同时运用在销售、研究和发展方面。这种做法同时也在中层管理及以上阶层推进。由于这种集体的决策和参与管理，可以作出较佳的决策，不断改进产品，提高质量。通过启迪每个员工的智慧，调动他们的潜在能力，来提高劳动生产率。如果让一个人待着，又没有发泄不满的渠道，他就会鲁莽行事。丰田从来不会让职工觉得自己只是一个人，良好的劳资关系是丰田特有的生产方式，所以丰田把职员的意见汇集起来，这样作为团体的控制机能就很好地发挥了出来，从而提高了企业的凝聚力和影响力。

（二）协同管理案例

1. 人本集团协同管理

人本集团创立于1991年，是国内最大的轴承生产企业之一，同时涉足汽车配件、商业超市、机电贸易等产业，截至2013年年底，集团总资产达81.52亿元，职工19750余人。2013年实现销售收入120亿元，利税5.5亿元。人本集团通过投资、并购、技改等方式，现已形成温州、杭州、无锡、上海、南充、芜湖、黄石、湖州八大轴承生产基地，拥有70余家轴承成品及配件制造企业，下属企业150余家。集团先后被评为"中国机械工业企业核心竞争力100强企业"、"全国民营企业500强企业"、"全国重点行业效益十佳企业"。

随着企业涉足领域拓展，人本集团组织机构庞大，业务数据繁杂，市场环节众多，对资源管理配置及效率提升具有较高的要求，在整个集团运营过程中常常碰到以下问题：（1）集团对于分公司的运转情况不能及时获悉；（2）管理工作中公文和会议繁多，请示汇报程序复杂；（3）办公成本费用较高，但工作效率较低；（4）内部员工信息交流不方便，领导层难以集思广益；（5）下属公司的经营指标总是迟迟不能到达总部；针对这些问题，人本集团管理面临极大的挑战。能否有一套集团管理平台帮助集团公司有效解决这些问题？人本集团着手打造一个协同管理平台，让下属公司的经营状况能够实时进行汇总并统一管理。

　　构建协同管理平台。（1）集团数据中心。集团数据中心为集团公司统一采集下属公司的业务数据并进行统计和分析，可用来对下属公司的业务数据进行预算和实际发送的偏差分析。（2）集团新闻中心。集团新闻中心为集团搭建统一的内部新闻平台，并可以为下属的各个子公司建立相对独立的新闻站点，并进行新闻共享。（3）集团办公中心。集团办公中心为整个集团公司及分支公司部署统一的办公平台：公文上传下达、会议管理、日程管理、通知公告、文档管理、任务分发和监控等日常办公事务。（4）集团知识中心。集团知识中心把分散在各个子公司的知识进行有效的归集，并让整个集团公司的成员进行分享利用；知识中心可以为整个集团公司搭建各类知识地图、岗位知识地图、业务知识地图，提升整个集团公司知识更新能力，把知识作为一种集团公司重要的资源来经营。（5）集团人事中心。集团人事中心主要为整个集团公司搭建统一的人力资源调配和控制中心，让集团公司了解整个集团的人力资源分布情况，统一整个集团公司人员的招聘、培训、任免和薪资管理。（6）集团财务中心。集团财务中心主要提供集团公司管理层下属子公司的具体财务表现：成本分布、现金流状况、资产负债情况等财务管理指标。（7）集团项目中心。集团项目中心提供一个项目管理平台让下属公司的所有项目的管理在整个平台进行，方便不同项目人员的协同运作，并实现跨地域的配合。（8）集团会议中心。会议是集团公司对下属公司管理的有效沟通渠道，怎样让集团公司的会议能够轻松进行组织和通知，会议前让所有分布在全国各地的参会人员能够清楚了解整个会议的议程和各自的任务，集团会议中心能够完成这些功能，并提供有效的会务管理，最终能够让会议的决议得到有效执行和监控。（9）集团客户中心。集团客户中心主要为集团公司提供对公司所有外部资源（客户、供应商、合作伙伴、政府、媒体和个人）的管理，集中下属公司的外部资源并让整个集团的外部资源能得到所有成员单位的分享和利用。（10）集团资产中心。集团的资产分布在各个子公司，作为管理公司很难了解到具体每一种资产的状况，怎样更好地管理集团的资产成为集团公司关注的问题。集团资产中心可以把整个集团公司的所有资产放置到同一平台，让领导层实时了解到资产的当前状态。（11）集团培训中心。培训对一个需要持续发展的集团公司来讲已经变得十分重要，而且对下属公司的主要人员进行培训是整个集团公司统一公司战略和管理制度的有效手段，集团培训中心可以为整个集团公司进行网上培训，减少培训带来的各项费用。（12）集团产品中心。集团产品中心可以把下属分支机构的产品进行统一管理，让整个集团了解下属公司产品的各项指标：售价、库存、销售额和相关统计报表。（13）集团考核中心。有指标必然有考核，集团考核中心通过网络完成对下属公司业绩和人员绩效的考核。另外，集团考核中心可以为集团公司和下属公司定制各类网络考试并对考试结果进行统计分析。（14）统一的外部网站 e - cology。可以为整个集团公司搭建统一的外部公众门户并提供给每一个下属公司，统一整个集团的对外形象和加强宣传力度。（15）统一的内部网站。同样地，e - cology 为集团公司搭建统一的内部网站让不同的下属公司和个人在统一的内部网站进行信息交流和更新。

2. 案例启示

人本集团构建协同管理平台后，明显产生以下显著效益：（1）通过搭建集团知识库，为员工提供了一个信息共享交流的平台。（2）有效管理和组织集团员工及其工作，工作效率显著提高。（3）将客户集成到服务、销售、产品和财务等视角中，获得对客户全方位的观察。（4）用电子化的工作流程带动集团业务运作的各个环节，提升整个集团的运作效率。（5）集团领导层管理精确性、有效性、及时性大大提升。（6）宏观到微观的财务数据全面展现能够帮助集团分析决策，增强整个集团核心竞争力。在竞争力不断提升的情况下，企业收入稳步增长，成本持续下降——这就是集团型企业选择协同管理方案的必然结果。

（三）供应链管理案例

1. 沃尔玛供应链整合

"让顾客满意"是沃尔玛公司的首要目标，顾客满意是保证未来成功与成长的最好投资，这是沃尔玛数十年如一日坚持的经营理念，在美国只要是从沃尔玛购买的商品，无须任何理由，甚至没有收据，沃尔玛都无条件受理退款。沃尔玛每周都有对顾客期望和反映的调查，管理人员根据计算机信息收集信息，以及通过直接调查收集到的顾客期望即时更新商品的组合，组织采购，改进商品陈列摆放，营造舒适的购物环境。

沃尔玛能够做到及时地将消费者的意见反馈给厂商，并帮助厂商对产品进行改进和完善。过去，商业零售企业只是作为中间人，将商品从生产厂商传递到消费者手里，反过来再将消费者的意见通过电话或书面形式反馈到厂商那里。看起来沃尔玛并没有独到之处，但是结果却差异很大。原因在于，沃尔玛能够参与到上游厂商的生产计划和控制中去，因此能够将消费者的意见迅速反映到生产中，而不是简单地充当二传手或者电话筒。

供应商是沃尔玛唇齿相依的战略伙伴。早在 20 世纪 80 年代，沃尔玛采取了一项政策，要求从交易中排除制造商的销售代理，直接向制造商订货，同时将采购价格降低 2%—6%，相当于销售代理的佣金数额，如果制造商不同意，沃尔玛就拒绝与其合作。沃尔玛的做法造成和供应商关系紧张，一些供应商为此还在新闻界展开了一场谴责沃尔玛的宣传活动。直到 20 世纪 80 年代末期，技术革新提供了更多督促制造商降低成本、削减价格的手段，供应商开始全面改善与沃尔玛的关系：通过网络和数据交换系统，沃尔玛与供应商共享信息，从而建立伙伴关系。

沃尔玛还有一个非常好的系统，可以使得供应商们直接进入到沃尔玛的系统，沃尔玛将之叫作零售链接。任何一个供应商可以进入这个系统当中来了解他们的产品卖得怎么样——昨天、今天、上一周、上个月和去年卖得怎么样。他们可以知道这种商品卖了多少，而且他们可以在 24 小时之内就进行更新。供货商们可以在沃尔玛公司的每一个店当中，及时了解到有关情况。另外，沃尔玛不仅仅是等待上游厂商供货、组织配送，而且也直接参与到上游厂商的生产计划中去，与上游厂商共同商讨和指定产品计划、供货周期，甚至帮助上游厂商进行新产品研发和质量控制方面的工作。这就意味着沃尔玛总是能够最早得到市场上最希望看到的商品，当别的零售商正在等待供货商的产品目录或者商谈合同时，沃尔玛的货架上已经开始热销这款产品了。

配送设施是沃尔玛成功的关键之一。沃尔玛第一间配送中心于 1970 年建立，占地 6000 平方米，负责供货给全美 4 个州的 32 间商场，集中处理公司所销商品的 40%。在整个物流中，配送中心起中枢作用，将供应商向其提供的产品运往各商场。从工厂到上架，实行"无缝链接"平稳过渡。供应商只需将产品提供给配送中心，无须自己向各商场分发。这样，沃尔玛的运输、配送以及对于订单与购买的处理等所有的过程，都是一个完整的网络当中的一部分，可以大大降低成本。随着公司的不断发展壮大，配送中心的数量也不断增加。现在沃尔玛的配送中心，分别服务于美国 18 个州约 2500 间商场，配送中心约占地 10 万平方米。整个公司销售商品 85% 由这些配送中心供应，而其竞争对手只有 50% —65% 的商品集中配送。

供应链的协调运行是建立在各个环节主体间高质量的信息传递与共享的基础上。沃尔玛投资 4 亿美元发射了一颗商用卫星，实现了全球联网。沃尔玛在全球 4000 多家门店通过全球网络可在 1 小时之内对每种商品的库存、上架、销售量全部盘点一遍，所以在沃尔玛的门店，不会发生缺货情况。20 世纪 80 年代末，沃尔玛开始利用电子数据交换系统（EDI）与供应商建立了自动订货系统，该系统又称为无纸贸易系统，通过网络系统，向供应商提供商业文件、发出采购指令，获取数据和装运清单等，同时也让供应商及时准确把握其产品的销售情况。沃尔玛还利用更先进的快速反应系统代替采购指令，真正实现了自动订货。该系统利用条码扫描和卫星通信，与供应商每日交换商品销售、运输和订货信息。凭借先进的电子信息手段，沃尔玛做到了商店的销售与配送保持同步，配送中心与供应商运转一致。

2. 案例启示

（1）沃尔玛供应链管理的成功之处，主要体现在五个方面。一是坚持"让顾客满意"的目标，消费者需求始终是沃尔玛供应链上最重要的环节；二是与供应商建立战略合作伙伴关系；三是建立灵活高效的物流配送系统，以达到最大销售量和低成本的存货周转的目的；四是通过高质量的信息传递与共享来实现供应链的协调运行；五是减少供应链中的交易环节，排除制造商的销售代理，直接向制造商订货。（2）沃尔玛强化供应链战略伙伴关系：一是沃尔玛通过网络和数据交换系统，与供应商共享信息，从而建立伙伴关系；二是在店内安排适当的空间，有时还在店内安排制造商自行设计布置自己商品的展示区，以在店内营造更具吸引力和更专业化的购物环境；三是供应商们可以直接进入到沃尔玛的系统来了解他们的产品销售情况，消费者的需求信息沃尔玛及时反馈给供应商；四是沃尔玛不仅仅是等待上游厂商供货、组织配送，而且也直接参与到上游厂商的生产计划中去，与上游厂商共同商讨和指定产品计划、供货周期，甚至帮助上游厂商进行新产品研发和质量控制方面的工作。（3）信息共享在沃尔玛的供应链管理中起了重要的作用。一是信息共享在沃尔玛的供应链管理中的作用：使沃尔玛供应链协调运行。二是沃尔玛为强化供应链信息管理采取的措施：投资 4 亿美元发射了一颗商用卫星，实现了全球联网；利用电子数据交换系统（EDI）；建立了自动订货系统。三是达到的效果。商店的销售与配送保持同步，配送中心与供应商运转一致；直接参与到上游厂商的生产计划中去，与上游厂商共同商讨和指定产品计划、供货周期，甚至帮助上游厂商进行新产品研发和质量控制方面的工作；实现了订货自动化；掌握全球各门店的库存动态，实现物流的快速反应；实现无纸化办公。

（四）价值链整合案例

1. 京东价值链整合

2013 年，长江商学院发布了《中国在线零售业：观察与展望》报告，以阿里、京东、苏宁易购、1 号店、当当网、唯品会、亚马逊中国、腾讯电商等行业企业为研究对象，经过比较分析总结国内电商有五种类型，最有代表性的是京东模式（价值链整合模式）和阿里模式（开放平台模式），其他三种为 O2O 模式、特卖模式和社交模式。

可以看出，在电商比拼中，京东模式比阿里模式要强，但整体上，两者各有优劣。从信息流看，阿里具备数据海量优势，京东则侧重自营掌控整个供应链数据。从现金流看，阿里借助天猫建立优质卖家遴选机制以后，经营性现金流入能力显著提升。但从整个产业链观察，阿里平台模式虽然收入不错，但众多卖家经营状况呈"马太效应"，差距明显。相比而言，京东价值链整合模式对上下游效率提升更为明显。从产品流管理看，阿里模式具有规模优势，缺点是对第三方卖家掌控力有限，是先规模后效率的模式；京东则是先效率后规模的模式，在前期是京东在用户体验、用户黏性上更有优势。综合来看，在电商大战中，阿里与京东相比在信息流和现金流方面先行一步，但在产品流方面，不论从产品品质及价格保障、配送速度、售后服务方面，京东的优势很难在短期内撼动。而产品流等综合实力的提升，将最终决定用户体验和对供应链的掌控力，从而确立了其市场及品牌优势。

京东模式在产品流上的优势所体现的其实是互联网思维下产业价值链的优势。在电商崛起之前，起主导作用的是产业链思维，但现在商业大环境已经改变，零售商最发愁的不是抢货，而是怎样刺激销售。制造业的大发展使商品极大丰富成为消费市场的显著特征，新的商业环境下，供求关系由卖方市场转变为买方市场，消费者掌握主动权；市场由供给导向转为需求导向，人们需要什么企业供应什么；更重要和深层次的是，企业的利润模式也发生了变化，从只强调产业链变为要打造产业价值链，这一变化是在互联网创新下得以实现的。

国内在线零售商表现出的利益驱动显然不同，比如支付宝实现的是现金流控制，有的商家侧重信息流，而京东最为引人注目之处在于强调配送物流优势。京东往往采取货到付款形式，如果物流配送不够快，显然将影响其现金流，这是促使京东求"快"而自建物流的重要原因。而进一步看，京东的主要仓储布局在无锡、上海、杭州、厦门、广州、惠州等地，也就是国内制造业最密集的地区，这是基于产业集群的仓储布局，是为了让物流发挥最好的效用。对传统制造企业来说，今后想实现销售的互联网化，货物的运转无疑将越来越重要，因此京东的物流布局正是契合了制造商的需求，这就为产业价值链整合奠定了基础。

事实上，京东自 2009 年以来的一些战略部署表现出越来越明确的价值链整合意图。首先，京东启动了全品类计划，延伸到家电、母婴、鞋服、百货等品类，并推出了 POP 第三方开放平台，截至 2013 年 7 月，开放平台卖家数量接近 3 万，商品品种达上千万。全品类平台降低了用户购物选择成本，"长尾效应"增加了边际购买力。第二个战略是自建物流和配送体系。京东投资百亿元建成七大物流中心、约 125 万平方米的仓储中心和近 1400 个配送站，能提供限时达、次日达、夜间配、定时达等多样化服务。另据悉，京东正在建设"亚洲一号"物流中心，第一个中心设在上海，日处理订单量超过千万。目前，京东每日处理订单的能力为两百万单左右，预留出大量的处理能力显然是要第三方物流来填充。而第三方的加入将令京东形成强大综合物流配送管理能力，一旦该物流体系建成，则意味着越来越多的中小卖家选择京东仓储物流配送。同时，京东也将投资建设大型呼叫中心，将后端服务准备到位。向第三方平台开放配送服务意味着提升整体服务层次，把 60% 的资源开放给合作伙伴，将有助于京东在产品流和现金流两个层面与供应商建立更加一体化的服务。在信息流管理方面，京东已提出"依靠技术驱动战略"。通过对信息系统和大数据平台与主要供应商、厂商建立信息交换机制，从而建立一体化的库存管理体系。由此，自建物流体系这一京东的内部资源可以用来改善供应链的管理绩效，并在产品流、现金流和信息流三个层面与供应商建立起无缝对接关系。所以，京东为物流配送整个布局不仅是为了快，更是为了切入到全产业链、价值链的环节。

2. 案例启示

（1）京东模式是以产品流管理为战略核心，以现金流管理为系统支持，以信息流管理为资源整合方法的纵向一体化在线零售业态，核心是价值链整合。而阿里开放平台模式则可概括为"搭建平台，招商引资"，其更加侧重于现金流和信息流，但由于在产品管理方面介入不深，相关管理目标更加侧重网购交易。（2）京东独特的价值链整合模式，是京东与供应商在"三流"上利益对接，产生利润，牢牢锁定商品流，也通过提升供应链运转效率，将竞争提高到了更高层面，对上下游效率提升更为明显，这样的产业价值链无疑大幅度提升了对制造企业的整合能力。

# 第八章 业态创新导向下的产业升级

## 第一节 业态创新

### 一 业态内涵

"业态"一词本是一个日文汉字，是指零售业的营业形态。20 世纪 80 年代初，"业态"一词传入我国，被引申为零售业的经营形态和类型。日本安士敏（1982）认为：业态是营业的形态，它是形态和效能的统一，形态即形状，它是达成效能的手段。国内学者萧桂森（2004）认为，业态是针对特定消费者的特定需求，按照一定的战略目标，有选择地运用商品经营结构、店铺位置、店铺规模、店铺形态、价格政策、销售方式、销售服务等经营手段，提供销售和服务的类型化服务形态。[①]

综上所述，目前关于"业态"的内涵尚无统一的定义，借鉴已有的研究成果，可以界定"业态"为零售店向确定的顾客群提供确定的商品和服务的具体形态，是零售活动的具体形式。通俗地理解，业态就是指零售店卖给谁、卖什么和如何卖的具体经营形式。一般来说，业态是针对特定消费者的特定需要，按照一定的战略目标，有选择地运用商品经营结构、店铺位置、店铺规模、店铺形态、价格政策、销售方式、销售服务等经营手段，提供销售和服务的类型化经营形态。传统的商业业态包括百货店、超级市场、大型综合超市、便利店、专业市场（主题商城）、专卖店、购物中心和仓储式商场等形式。

随着技术革命产业组织的变革，业态在发展进程中以新的经营方式、

---

① 刘建民：《数字化明天：宁波文化产业新兴业态研究》，浙江大学出版社 2013 年版，第 103 页。

新的经营技术、新的经营手段取代传统的经营方式和技术手段，以及由此创造出不同形式、不同风格、不同商品组合的市场店铺形态去面向不同的顾客或满足不同的消费需求，新兴业态将持续不断涌现。

**二　业态创新的背景**

业态是产业发展层次和阶段的外在化体现，业态创新对产业升级、原创产业培育、经济增长和区域发展将产生巨大作用，业态创新引发的产业变革已经成为经济发展新的推动力。创新型经济背景下，任何一个产业如果没有业态创新，那么这个产业就进入衰落期，这个企业也就失去了竞争力。

（一）业态创新的理论分析

业态创新是市场经济条件下必然出现的现象，这在商业发达的美、日等国家都已经历。下面不妨运用零售轮回理论、真空地带理论和零售生命周期理论对业态创新进行理论分析。

1. 零售轮回理论

1958年，哈佛商学院的麦克内尔教授（M. P. McNair）率先提出了零售轮回理论，成为关于零售业态发展的早期理论。麦克内尔认为，新旧零售业态的变革与交替是有周期性的，且这种周期性恰似车轮旋转一样。这种周期性最显著的表现是：随着零售业态的更替，商品的价格从低到高，再到低，再到高，呈现一种循环交替的变化格局。这一学说试图从理论上来解释这种价格变化的现象，实际上需要一个重要的理论前提，即市场是充分竞争的。在竞争市场中，每一轮零售业态的变化都将经历如下几个阶段。首先，新的业态以低价格、低定位、低利润的姿态进入市场，与旧的、传统的零售业态展开竞争，这样的"三低"姿态一般会使新业态取得较大的成功，但同时也将引来仿效者，从而导致业内竞争的加剧。其次，新业态为了构建新的竞争优势，其竞争的焦点将从价格竞争转向非价格竞争，通过提高服务水平、拓展产品线等来提高价格，从而形成一种高价格、高服务的业态，同时也为更新的业态提供了通过"三低"姿态进入市场的机会。

2. 真空地带理论

零售轮回理论无法解释以高价格、高服务进入市场的业态。为此，1966年，丹麦学者尼尔森（Nielsen）提出"真空地带"理论来补充零售轮回理论。该理论认为零售业态的特征主要涉及店铺设施、店铺选址、商品组合、销售方式、附加服务等综合性服务及与此相对应的价格水平等多个方面，通常来说，服务水平越高，价格也越高。尼尔森利用"消费者偏好分布曲线"分析得出，新业态一般会沿着消费分布的上下两端进入市场，之后的市场竞争将使其移向消费分布的中心，这样就导致了高价格与高服务，低价格与低服务之间形成了"真空地带"。

3. 零售生命周期理论

该理论是美国市场学学者戴维森等（W. R. Davidson）于1976年提出的，认为零售业态和任何产品一样有其生产周期，分为成长早期、加速发展期、成熟期和衰退期。这些理论说明各种业态都有盛有衰，而且每一周期每一阶段持续时间的长短不相同，同时可以解释为什么总是有新型的业态在不断涌现，而且它们的涌现和发展主要受市场营销环境的影响。所以，经营者应当审时度势做出正确的投资决策、经营决策和经营规划，迎接激烈的商业竞争。

（二）业态创新的动因分析

归纳和梳理已有的文献资料，关于业态创新的动因分析主要体现在以下几个方面。

1. 新技术的突破和变革催生新业态

制造、电子、仪器仪表、材料和动力等领域技术重大创新，引领着业态变革。制造领域内出现了3D打印等新的制造模式，材料领域中出现了大量新材料，仪器仪表领域中诞生了遥感、传感、监测等新手段，动力领域有了新能源和新动力设备，电子领域出现了以移动互联网为核心的一系列技术革命。网络数据中心（IDC）、呼叫中心（Call Center）、网络内容服务商（ICP）、网络增值服务商、电信增值服务商（SP）、电子商务、IT外包等新型服务业态不断出现。

2. 社会组织方式的变化也能带来新业态

社会组织方式主要指的是生产组织方式和资源组织方式。例如"众包"就是社会组织方式变革引发新业态出现的典型例子，它颠覆了传统的统一化、标准化生产模式，采取了分布式研发、设计和生产的新模式。

3. 新的市场需求引发新业态变革

随着人民生活水平的提高和生活观念的变化，消费者的需求也随之发生了变化，消费者越来越注重包括产品质量在内的"整体服务质量"，以及在购物过程中所获得的价值体验。需求的多元化趋势直接导致了零售业形态的变化。例如，当消费者需求向复杂化和多层次化方向发展，不单纯是为了购物而购物，而是希望在获得商品使用价值的同时，得到一种意味丰富的休闲娱乐体验时，购物中心的出现迎合了这种需求；当消费者希望以某种独特的方式参与到商品的销售、服务乃至设计、生产的全过程（或其中的某个环节）之中，从中体现个性魅力时，DIY（自己动手做）商店应运而生；当消费者对"时间价值"甚至"生命价值"越来越重视，希望能在单位时间内行使尽可能多的商品选择权、自主决策权时，网上商店越来越红火了。因此，不同业态特点对于消费需求的吸引力成为业态革新的重要动力。

4. 价值链分解产生新业态

传统经济条件下，企业的经营涵盖完整的价值链，其中直线系统的价值链包括研发设计、采购、生产制造、销售、售后服务等环节，支持系统的价值链包括人力资源管理、财务管理、法律事务等环节。而随着新经济条件的发展，专业化的分工越来越细，最终导致企业内部的价值链环节分解、独立出来，逐渐发展形成了新的业态。如在直线系统的价值链里，从研发设计环节分解形成了独立的研发设计企业，从采购和销售环节分解形成了第三方物流企业，从生产制造环节独立分解出了 OEM（代工生产）企业，从售后服务环节分解形成了专业的售后代理公司。在支持系统的价值链里，从人力资源管理环节分解独立出了猎头公司、专业咨询公司，从财务管理环节分解独立出了会计师事务所，从法律事务环节独立出了律师事务所等（如图 8 - 1 所示）。

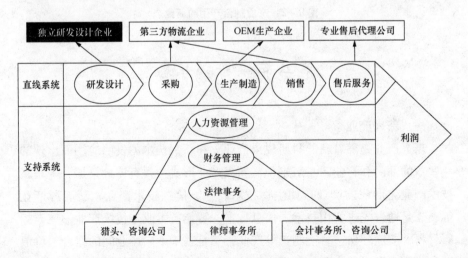

图 8 - 1　价值链分解产生的新业态示意图

5. 产业融合产生新业态

新经济条件下，传统服务业的升级需求导致了高技术产业与传统服务业的融合。传统的零售和贸易企业通过引进互联网等新技术发展出了电子商务新型业态，传统教育是以面对面授课为主的服务形式，通过利用信息新技术发展了远程教育、电子化学习（e - Learning）等新型学习方式，银行业也在与信息技术的融合中发展出了电子银行、网上银行等新业态（如图8-2所示）。

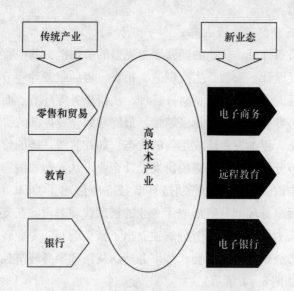

图8-2　产业融合产生的新业态

# 第二节　新兴业态

## 一　新兴产业

新兴产业是随着新的科研成果产业化和新兴技术的发明应用而出现的一些新的部门和行业。一般来说，新兴产业形成主要有三种渠道：一是新技术产业化形成的产业，如生物技术产业、信息技术产业、新能源产业等；二是通过先进实用技术、信息技术、智能技术改造传统产业形成，如新材料、节能环保、智能制造等产业；三是基于不同产业间的组合、价值链分化融合形成的产业，如研发设计、现代物流、合同能源等产业。新兴产业一般具有高风险性、创新性、高成长性、产业融合性以及对新兴技术高度依存性等特征。不同的国家对新兴产业支持重点不同，欧盟重点支持高技术制造业、IT 产业、清洁能源、智能制造、汽车工业等；美国重点支持信息技术产业、新能源、航天技术、海洋高技术、大数据产业等。2012 年，我国提出重点支持发展节能环保、新一代信息技术、生物、高端装备制造、新能源、新材料以及新能源汽车七大战略性新兴产业。新兴产业衍生更多的产业门类、更多的新兴产品，经过归纳和梳理具有成长性的新兴产业有如下门类。

（一）新材料产业

先进熔炼、凝固成型、气相沉积、型材加工、高效合成等新材料制备关键技术和装备产业化，培育发展超导材料、纳米材料、石墨烯、生物基等新材料产业。

（二）新一代信息技术及工业互联网

新一代信息技术、智能通信技术、密度封装及三维（3D）微组装技术产业化，培育发展绿色能源核心芯片、功率/射频器件、高压模拟电路器件、半导体设备、高密度集成电路、智能通信设备、工业以太网、IDC 及配套服务、云计算、数据存储服务、大数据产业等。

（三）智能制造

新一代信息技术与制造技术的融合发展，培育发展高档数控机床、工业机器人、增材制造、智能仪表仪器、伺服控制及气密元器件产业等。

（四）极端制造

极大型、极小型、极精密型等极端制造技术的产业化，培育发展新兴大件装备、纳米科技产业、重型机械装备及液压控制系统等产业。

（五）资源高效利用产业

新能源技术、清洁技术的产业化，培育发展节能及新能源汽车、节能环保装备、分布式能源产业、合同能源产业、清洁产业等。

（六）地理信息产业

现代测绘技术、信息技术、计算机技术、通信技术和网络技术的融合发展，培育发展地理信息系统产业、卫星定位与导航产业、航空航天遥感产业及空间服务业。

（七）健康产业

生物科技、医疗保健等重大技术的产业化，培育发展生物医药、移动医疗设备、保健养生等产业。

（八）"城市矿产"

低碳技术、循环技术、再制造技术的产业化，培育发展废弃拆解、废弃资源再生利用、逆向物流等产业。

（九）智慧产业

创意和数字化技术，培育发展动漫、工业设计、品牌策划推广、科技信息与咨询、数字内容等产业。

（十）海洋产业

海洋高端技术的产业化，培育发展海洋装备制造业、海水综合利用业、海洋生物育种以及健康养殖产业等。

（十一）安全产业

安全工艺技术、防灾减灾、应急救援技术的产业化，积极培育发展先进安全材料、安全传感产品、专用安全产品或部件、应急救援装备、信息安全等产业。

## 二　产业融合新业态

### （一）产业融合的内涵

产业融合最早源于数字技术的出现而导致的产业之间的交叉。早在1978 年，麻省理工学院媒体实验室的尼古路庞特用三个重叠的圆圈来描述计算、印刷和广播三者的技术边界，认为三个圆圈的交叉处将成为成长最快、创新最多的领域。进入 20 世纪 80 年代后，哈佛大学的欧丁格和法国作家罗尔分别创造了 Compunctions 和 Telemetriqu 两个新词来试图反映数字融合的发展趋势，并把信息转换成数字后将照片、音乐、文件、视像和对话通过同一种终端机和网络传送及显示的现象称为"数字融合"。此外，根据欧洲委员会"绿皮书"的定义，融合是指"产业联盟与合并、技术网络平台和市场三个角度的融合"；而尤弗亚（1997）将融合定义为"采用数字技术后原来各自独立产品的整合"。[1] 以数字融合为基础，格林斯腾和卡恩纳（1998）将产业融合定义为"为了适应产业增长而发生的

① Ames E. and Rosenberg N. , "Technological Change in the Machine Tool Industry, 1940 – 1910", in Rosenberg, N. （ed）, *Perspectives on Technology*, Cambridge: Cambridge University Press, 1997, pp. 56 –57.

产业边界的收缩或消失"。① 周振华（2003）认为，随着产业融合在整个经济系统中越来越具有普遍性，它将导致产业发展基础、产业之间关联、产业结构演变、产业组织形态和产业区域布局等方面的根本变化，对整个经济与社会产生综合影响。②

产业融合是不同产业或同一产业不同行业相互渗透、相互交叉，最终融合为一体，并逐步形成新产业的动态发展过程。产业融合是一种扩散性的技术创新，其作用是通过原有的产业边界降低传统行业间的进入壁垒，为企业提供扩大规模、开发新产品和新服务的巨大商机，有利于产生新的产业发展模式、行业规则、管理体制。同时，产业融合并不是几个产业简单地相加。产业边界和交叉处发生技术融合，改变了原有产业特征和市场需求，导致产业之间或同一产业不同行业相互渗透、相互交叉，从而呈现一种新型的竞争与合作关系，逐步形成产业之间产品、业务与市场全面融合的动态发展过程。因此，产业融合内涵因视角不同而有各异的理解。

从原因与过程看，产业融合是逐步从技术的融合到产品和业务的融合，再到市场的融合，最后达到产业融合的实现的过程。从产品服务和产业组织结构看，伴随着产品功能的改变，提供该产品的机构或公司组织之间的边界开始模糊。从产业创新和产业发展看，不同产业或同一产业在不同行业的技术与制度创新的基础上相互渗透、相互交叉，最终融合为一体的，逐步形成新兴产业形态的动态发展过程。

产业融合的基本前提条件就是融合产业间具有共同的技术基础，但技术融合要发展为产业融合，还需经历产品与业务融合、市场融合等阶段，并取决于市场需求、制度和政策环境等因素。因此，创新的推动力、市场需求的拉动力、企业间竞争合作的压力以及政府放松管制的支撑力等是产业融合发展的主要动力。

（二）产业融合的主要方式

产业的融合和创新经过技术融合、产品与业务融合、市场融合的阶段，最后完成产业融合的整个过程，并且这几个阶段前后相互衔接，也可能是同步相互促进的。产业融合的主要方式有三种：

---

① Alfonso G. and Salvatore T., "Does Technological Convergence Imply Convergence in Markets? Evidence from the Electronics Industry", *Research Policy*, 1998, pp. 445–463.

② 周振华：《产业融合：产业发展及经济增长的新动力》，《中国工业经济》2003 年第 4 期。

1. 高新技术的渗透融合

高新技术及其相关产业向其他产业渗透、融合，并形成新的产业。如生物芯片、纳米电子、三网融合（即计算机、通信和媒体的融合）；信息技术产业以及农业高新技术化、生物和信息技术对传统工业的改造（如机械仿生、光机电一体化、机械电子）、电子商务、互联网金融机构等。信息和生物技术对传统工业的渗透融合，产生了诸如机械电子、航空电子、生物电子等类型的新兴产业。还如电子网络技术向传统商业、运输业渗透而产生的电子商务与物流业等新兴产业，高新技术向汽车制造业的渗透将产生光机电一体化的新产业等。高新技术向传统产业不断渗透，成为提升和引领高新技术产业发展的关键性因素，高新技术及产业发展有利于提升传统产业的发展水平，加速传统产业的高技术化。目前，信息技术、智能技术正在以前所未有的广度和深度渗透到制造业的各个环节中，使制造业的产品和生产过程，乃至管理方式发生了深刻的甚至是革命性的变化。

2. 产业间的延伸融合

即通过产业间的互补和延伸，实现产业间的融合，往往发生在高科技产业的产业链自然延伸的部分。这类融合通过赋予原有产业新的附加功能和更强的竞争力，形成融合型的产业新体系。这种融合更多地表现为服务业向第一产业和第二产业的延伸和渗透，如第三产业中相关的服务业正加速向第二产业的生产前期研究、生产中期设计和生产后期的信息反馈过程展开全方位的渗透，金融、法律、管理、培训、研发、设计、客户服务、技术创新、储存、运输、批发、广告等服务在第二产业中的比重和作用日趋加大，相互之间融合成不分彼此的新型产业体系，如制造服务业、工业旅游业、农业旅游业等。

3. 产业内部的重组融合

重组融合主要发生在具有紧密联系的产业或同一产业内部不同行业之间，是指原本各自独立的产品或服务在同一标准元件束或集合下通过重组完全结为一体的整合过程。通过重组型融合而产生的产品或服务往往是不同于原有产品或服务的新型产品或服务。例如，第一产业内部的种植业、养殖业、畜牧业等子产业之间可以生物技术融合为基础，通过生物链重新整合，形成生态农业等新兴产业形态。在信息技术高度发展的今天，重组融合更多地表现为以信息技术为纽带、产业链上下游产业的重组融合，融合后产生的新产品表现出数字化、智能化和网络化的发展趋势，如模糊智能洗衣机、绿色家电的出现就是重组融合的重要成果。

### 三　价值链分解整合新业态

（一）价值链分解整合的内涵

随着竞争压力的加大，社会分工的深化和细化加速了产业价值链的分解与整合，使价值链的增值环节变得越来越多，结构也更复杂。一种产品从开发、生产到营销、运输所形成的价值链过程已很少能由一家企业来完成，除非企业具有非常充分的资金和十分全面的能力。于是价值链开始分解，一些新的企业加入了价值链，并在某个环节上建立起新的竞争优势。这种竞争优势表现为在该环节上具有成熟、精湛的技术和较低的成本。它们的进入使一些大而全、小而全的企业在竞争中处于劣势，迫使它们不得不放弃某些增值环节，从自己的比较优势出发，选择若干环节培育并增强其竞争能力，也即核心竞争能力，重新建立起自己的优势地位。

价值链的不断分解，使市场上出现了许许多多相对独立的，且具有一定比较优势的增值环节。这些原本属于某个价值链的环节一旦独立出来，就未必只对应于某个特定的价值链，它也有可能加入到其他相关的价值链中去。于是出现了新的市场机会——价值链的整合，即可以设计一个新的价值链，通过市场选择最优的环节，把它们联结起来，创造出新的价值。在生产能力相对过剩、市场竞争越激烈的情况下，这种整合的机会也就越多。例如，在家用电脑市场上，尽管竞争十分激烈，但仍然不断有新的电脑商出现，他们根据顾客的需要，选择英特尔的芯片、中国台湾地区的主板、韩国的显示器和中国的硬盘等，把它们组装起来，推向市场，迎合了消费者的需要，获得了新的增值效益。

企业创造价值的过程，是一系列互不相同但又相互联系的增值活动，它包括研究开发、设计试制、原材料与设备采购、产品生产、运输、仓储、营销、服务等环节，形成一个完整的链状网络结构，即价值链。价值链分解已成为一种经营战略，几家甚至多个企业在一个完整的价值链中，各自选取能发挥自己最大比较优势的环节，携手合作，共同完成价值链的全过程，从而最大限度地降低最终产品成本，实现更高的增值效益。企业经营的核心，是用最小的投入获得最大收益，而价值链的分解战略能保证企业获得最大的投入产出比。

（二）价值链分解整合战略的实施

1. 专注于价值链的某个环节，做精做专

企业应重新审视自己所参与的价值过程，从功能与成本的比较中，研究在哪些环节上自己具有比较优势，或有可能建立起竞争优势，集中力量培育并发展这种优势；从维护企业品牌角度，研究哪些是重要的、核心的环节，保留并增强这些环节上的能力，把不具有优势的或非核心的一些环节分离出来，利用市场寻求合作伙伴，共同完成整个价值链的全过程，做精做专。

2. 充分利用外部资源，加速设计新兴价值链

在生产能力相对过剩的情况下，市场上就会存在许许多多相对独立的，且具有一定比较优势的增值环节，对企业家来说，这些都是可利用的外部资源。然而，要让这些分散的环节创造出新的价值，必须要设计出新的价值链把它们有机串连起来。例如，设计汽车后市场、电子终端消费、健康医疗、休闲养生等新兴产业价值链。

3. 大力实施虚拟经营和外包战略

虚拟经营是企业在网络经济与电子商务环境下的一种重要的经营方式。它有利于增强企业在选择合作伙伴、合作领域、合作方式、组织结构等方面的灵活性，企业之间便于借助互联网快速、高效地发布和接收业务数据和信息，既大大降低了风险，又适应了电子商务环境特点，在资源、技术、人员、物流、配送、安全等多方面发挥协同优势。将价值链的非核心环节业务外包给其他企业，特别是中小型企业，能够有效降低产品成本，引进和利用外部资源，确立企业的竞争优势。从战略上看，业务外包可以给企业提供较大的灵活性，尤其是在购买高速发展的新技术、新式样的产品，或复杂系统组成零部件方面更是如此。另外，当多个一流供应商同时生产一个系统的组成部件时，就会降低外包企业的专有资产投资，缩短设计和生产周期。供应商既有相关方面的人才优势，又有专门领域的复杂的技术知识，而且可以不断地更新产品。企业实行价值链的外包战略，把其所研制技术和零部件所要承担的风险扩散到每个供应商身上，就无须承担零部件的研究与开发计划失败的全部风险，也不必为每一零部件系统投资或不断地扩大配件本身的生产能力，从而企业可以全力改善本身核心业务的竞争力。

4. 加速制造业与服务业深度融合

促进制造信息化技术的推广和集成应用，引导企业增加服务环节投入，发展个性化定制服务、全生命周期管理、网络精准营销和在线支持服务等。引导企业由提供设备向提供系统集成总承包服务转变，由提供产品向提供整体解决方案转变。鼓励优势制造业企业通过业务流程再造，面向行业提供社会化、专业化服务。大力发展面向制造业的工业设计、电子商务、物流与供应链、服务外包、产品回收处理及再制造服务业，提高对制造业转型升级的支撑能力。

**四　体验式商业新业态**

随着消费需求的不断升级，体验式消费在商业中被频繁提及，越来越多的消费者已经不能仅仅满足商场购物，而是出现了休闲、运动、娱乐、餐饮、培训等多方面的消费诉求，同时，消费者对于购物环境的要求也越来越高。在这样的背景下，"体验式商业"应运而生。体验式商业是区别于传统商业的以零售为主的业态组合形式，更注重消费者的参与、体验和感受，对空间和环境要求更高层次的商业形式。

（一）体验式商业业态的产生

1. 实体商业"被迫"向体验式商业转型

如今面对电商的压力，包括购物中心在内的众多实体商业向体验式商业转型，成为紧迫的现实。在消费者还不会轻易为体验式商业埋单的背景下，对尚处在概念化的体验式商业提出现实要求，有利于对实体商业盈利模式的优化和改良。

2. 体验式消费成为商业营销新模式

以北京为例，北京购物中心体验式消费功能日益凸显，儿童教育、咖啡、甜品、餐饮类品牌快速扩张，也成为新购物中心的主力业态。由于购物中心体验式消费功能日益突出，2012 年餐饮和娱乐对购物中心物业的吸纳比例显著上升。咖啡和甜品连锁品牌在第四季度积极扩张，星巴克、Costa 咖啡、太平洋咖啡、Godiva 巧克力、许留山等均有拓展新店。此外，气味图书馆、顺电、苹果和 PageOne 等各种类型的家居电子用品品牌，也占据了购物中心更多的商铺空间，并起到提升购物中心顾客购物氛围和趣味的作用。

情景体验式消费街区概念是新的商业地产产品模式，随着信息时代变迁带来体验经济的发展，商业空间经历了百货商店、超级市场、连锁店、

Shopping mall（大型购物中心）的兴衰更迭之后，正日益强劲地朝着情景式体验消费的方向发展。商家通过对其商业现场环境和氛围的营造，使消费者在消费购物的同时享受全方位的"情感体验"式的消费过程。它提供给消费者的不仅是新颖多样的购物休闲方式，更有传统商业无法比拟的优美景观视野及开放的体验消费环境。

（二）体验式商业业态模式

现代商业越来越注重体验式购物环境的营造，体验也越来越趋向于全方位的发展，即不止一种感官参与的体验，而且是多个感官参与的体验，也就是前面所说的三方面感官都参与的体验，是一种全身心投入的体验，根据体验程度的不同，可以分为下面三种模式：

1. 初级体验模式

就是购物 + 餐饮 + 娱乐，它主要强调的是业态的组合，对物业（建筑）特色方面要求不高。典型的案例就是在内地做得很火的万达广场，它基本是购物街（百货）+ 餐饮店集群 + 影院（歌城）的业态组合模式，物业形态没有很多特色可言，全国基本一样，但它基本能够满足一般消费者的初步体验的需求。其实万象城、香港 K11（购物中心）还是没有脱离这个模式，万象城主要增加了大型溜冰场的设施，建筑品质更高些；K11（购物中心）也只是在物业内部增加了很多艺术雕塑，建筑形态上没有什么创意。

2. 中级体验模式

中级体验模式在注重业态组合的基础上，大规模地增加了建筑形态的变化、内部装饰的变化，使业态组合与物业形态有了有机的融合，更多地激发起消费者参与的热情。比较典型的就有朗豪坊的通天梯、天空咖啡屋、未来感的建筑装饰及雕塑等；还有西九龙购物中心的中庭顶部设置的室内过山车，当人们走进购物中心时，就可以看到头顶像闪电一样掠过的顶层过山车，让人备感刺激；还有南京的水游城等，这些物业形态的变化，更加刺激消费者的感官，更加吸引他们的参与，从而增加滞留时间，达成更多消费的目的。

3. 高级体验模式

不仅将视觉、听觉、触觉、味觉都融入了其中，而且还会使消费者感受到一种文化的东西，通常情况下以主题化的面貌出现，它是最能使人感觉到愉悦的全方位参与的购物行为方式。比如澳门的威尼斯人酒店、大运河购物中心、迪士尼乐园都将吃喝玩乐、旅游、休闲、文化、购物充分融入了其中的项目。迪士尼乐园除了使人们享受到视觉的冲击、游玩、美食外，还给人带来了美国文化特质的东西——"快乐、自由、梦想"；威尼斯人酒店也是除了吃、住、玩外，也带给人欧洲经典的文化——"异域、奢华、品位"。总之，高级体验模式触动的是人的"灵魂"，不仅愉悦，而且难以忘怀，使人有再次重游的冲动。

**五　"互联网＋"新兴业态**

互联网正在成为新经济发展的引擎，其创造的全新经济发展模式产生了巨大的经济及社会效益，同时，对传统的经济模式也具有革新甚至颠覆性的影响。

**（一）互联网经济的内涵特征**

互联网经济内涵丰富，它不仅包括互联网软件、硬件产业的发展及其带来新的投资、就业和产出，也包括运用各种互联网技术重组生产、流通所产生的附加值，还包括通过互联网传播引导信息消费、商品消费等其他消费。互联网经济是具有一定创新性、革命性的服务模式所引起的新兴产业形态，即发挥互联网在生产要素配置中的优化和集成作用，将互联网的创新成果深度融合于经济社会各领域之中，提升实体经济的创新力和生产力，形成更广泛的以互联网为基础设施和实现工具的经济发展新形态。与传统经济模式不同，互联网经济体现出以下独有的特征。

**1. 用户至上**

传统经济的企业强调"客户（顾客）是上帝"。这是一种二维经济关系，即商家只为付费的人提供服务。然而，在互联网经济中，只要用你的产品或服务的人就是上帝。因此，互联网经济崇尚的信条是"用户是上帝"。在互联网上，很多东西都是免费的，例如聊天、搜索、电子邮箱、杀毒，不仅不要钱，不仅要把质量做得特别好，甚至倒贴钱欢迎人们来用。正是因为互联网经济是基于免费的商业模式，用户才显得如此重要。很多传统企业都看不懂这种游戏规则，认为这种倒贴钱的行为简直就是疯子。但互联网经济就是这样，如果不能汇聚海量用户，那就很难建立有效的商业模式。所以，在抢夺用户上，互联网公司是绞尽脑汁，使出十八般武艺，发展到极致就是像"搭车软件"，看谁敢砸钱，看谁砸钱多。

**2. 体验为王**

在信息爆炸的现在，在尽可能短的时间内获取尽可能多的信息量成为人们必需的体验。互联网通过微博、微信、推特、抽屉等应用，将大量的信息轻而易举地推送到人们的终端上，只要你点亮屏幕，就可以随意浏览到任何信息，这是非常好的用户体验。电商能够发展起来，正是得益于互联网至上的用户体验，互联网可以把电商的广告、信息等元素推送至潜在客户面前，客户节省了时间，电商打响了自己，这是互联网时代"双赢"局面的一个缩影。在互联网时代，如果你的产品或者服务做得好，好得超出他们的预期，即使你一分钱广告都不投放，消费者也会愿意在网上去分享，免费为你创造口碑，免费为你做广告。在过去，厂商把产品销售给顾客，拿到了钱，厂商就希望这个用户最好不要再来找自己。然而，在这个用户体验的时代，厂商的产品递送到用户手里，产品的体验之旅才刚刚开始。在今天，比广告等各种营销更重要的，是顾客在使用你的产品时产生的感觉。苹果公司很少做广告，但苹果手机每次出新品，都会有大量顾客重复购买。如果你的产品在体验方面做得好，用户每天在使用它的时候都感知到你的存在，这意味着你的产品每天都在产生价值。

3. 免费模式

互联网时代信息、资源等都是没有成本的，任何人都可以通过互联网争取自己所需要的任何资源。电商、学生、商务、医学、法律等几乎所有的领域都能够通过互联网来减少自己的成本以及获取资源的时间。对于免费的东西，人们总是不会吝啬自己的时间去体验一番，然后通过良好的体验模式，人们发现自己渐渐离不开互联网了。

互联网经济强调，首先不是如何获取收入，而是如何获取用户。这正是传统厂商容易误读互联网的地方。很多厂商进入互联网的时候，一上来就想着怎么赚钱，简单地认为只要有了互联网的技术，有了互联网作为分销、推广平台，成功就会水到渠成，这样的认识一定会导致失败。硬件也正在步入免费的时代，但硬件免费不是指白送人，而是指硬件以成本价、零利润出售，然后依靠增值服务去赚钱。为什么互联网硬件可以不赚钱？那是因为硬件不再是一个价值链里的唯一一环，而是变成了第一环。电视、盒子、手表等互联网硬件虽然不挣钱，但是变成了互联网厂商与用户之间沟通的窗口，只要这个窗口存在，互联网厂商就能创造出新的价值链，就能通过广告、电子商务、增值服务等方式来挣钱。最后的结果是只会生产硬件、卖硬件的厂商，如果学不会互联网的思维，它的价值链被互联网免费了以后，可能只能变成代工，赚取微薄的利润，而高附加值的价值链则被提供互联网信息服务的厂商拿走。

4. 颠覆式创新

在互联网上，颠覆式创新非常多，也发生得非常快。不一定要去发明一个可口可乐秘方，也不一定要去弄一个伟大的专利。现在颠覆式创新越来越多地以两种形式出现。一种是用户体验的创新，另一种是商业模式的颠覆。商业模式颠覆，通俗地讲，就是把原来很贵的东西，能想办法把成本降得特别低，甚至能把原来收费的东西变得免费。淘宝、微信、360 等这方面的例子太多了，免费的商业模式，包括互联网手机、互联网硬件，颠覆的威力非常强大。对于消费者来说，要想做一个巨大的消费市场，如果能够降低门槛——一个是钱的门槛，另一个是使用障碍的门槛——就能产生奇迹的力量。人性中最基本的东西是喜欢简单和喜欢便宜。把东西做得特别简单，就能打动人心；把东西做得便宜，甚至免费，就能赢得用户超出预期体验上的呼应，赢得用户。赢得用户了，就为成功打下了坚实的基础。很多时候，从用户的角度出发，从身边出发，观察用户，观察供应链，观察上下游，会发现还有很多很复杂的问题没有被简化，很贵的东西没有更便宜，甚至免费。这里面就一定蕴含着颠覆的机会。

（二）"互联网＋"

"互联网＋"代表一种新的经济形态，即充分发挥互联网在生产要素配置中的优化和集成作用，将互联网的创新成果深度融合于经济社会各领域之中，提升实体经济的创新力和生产力，形成更广泛的以互联网为基础设施和实现工具的经济发展新形态。通俗地说，"互联网＋"就是"互联网＋各个传统行业"，但这并不是简单的两者相加，而是利用信息通信技术以及互联网平台，让互联网与传统行业进行深度融合，创造新的发展生态。这相当于给传统行业加一双"互联网"的翅膀，然后助飞传统行业。比如"互联网＋金融"，由于与互联网的相结合，诞生出了很多普通用户触手可及的理财投资产品；比如余额宝、理财通以及 P2P 投融资产品等；比如"互联网＋医疗"，传统的医疗机构由于互联网平台的接入，使得人们实现在线求医问药成为可能。

2015 年 3 月 5 日，十二届全国人大三次会议上，李克强总理在政府工作报告中首次提出"互联网＋"行动计划。2015 年 7 月，国务院颁布《关于积极推进"互联网＋"行动指导意见》，《意见》明确提出了"互联网＋"的十一个重点行动领域：创业创新、协同制造、现代农业、智慧能源、普惠金融、益民服务、高效物流、电子商务、便捷交通、绿色生态、人工智能。

1. "互联网+"工业

传统制造业企业采用移动互联网、云计算、大数据、物联网等信息通信技术，改造原有产品及研发生产方式。移动"互联网+"工业借助移动互联网技术，传统厂商可以在汽车、家电、配饰等工业产品上增加网络软硬件模块，实现用户远程操控、数据自动采集分析等功能，极大地改善了工业产品的使用体验。"云计算+"工业基于云计算技术，一些互联网企业打造了统一的智能产品软件服务平台，为不同厂商生产的智能硬件设备提供统一的软件服务和技术支持，优化用户的使用体验，并实现各产品的互联互通，产生协同价值。"物联网+"工业运用物联网技术，工业企业可以将机器等生产设施接入互联网，构建网络化物理设备系统（CPS），进而使各生产设备能够自动交换信息、触发动作和实时控制。物联网技术有助于加快生产制造实时数据信息的感知、传送和分析，加快生产资源的优化配置。"网络众包+"工业在互联网的帮助下，企业通过自建或借助现有的"众包"平台，可以发布研发创意需求，广泛收集客户和外部人员的想法与智慧，大大扩展了创意来源。工业和信息化部信息中心搭建了"创客中国"创新创业服务平台，链接创客的创新能力与工业企业的创新需求，为企业开展网络众包提供了可靠的第三方平台。

2. "互联网+"商贸

商贸领域与互联网融合的历史相对较长，多年来，电子商务业务伴随着我国互联网行业一同发展壮大，目前仍处于快速发展、转型升级的阶段，发展前景广阔。（1）B2B 电子商务。近年来 B2B 电子商务在我国保持了平稳较快增长。2014 年，B2B 电子商务业务收入规模达 192.2 亿元人民币，与上年相比增长 28.34%；交易规模达 9.4 万亿元人民币，与上年相比增长 15.37%。同时，B2B 电商业务也正在逐步转型升级，阿里巴巴、慧聪网、华强电子网等多家 B2B 平台开展了针对企业的"团购"、"促销"等活动，培育企业的在线交易和支付。（2）企业自营电商。传统产业拥抱互联网的一种方式就是主动将销售渠道互联网化，并实现"从工厂直达顾客（F2C）"。通过自己建立电子商务平台，企业不仅可以减少渠道环节、降低销售费用，更可以和顾客建立直接联系，了解顾客具体特征，进而为细分客户群体精准开发差异化、个性化产品。海尔公司的

"海尔商城"为消费者提供新品首发、产品定制等差异化服务，并在家电渠道服务行业中率先支持送装同步服务。通过运用移动互联网、大数据等技术，海尔的日日顺物流已经实现全国直接配送到乡镇级客户，目前已在国内1500多个区县实现24小时内限时送达。（3）跨境电商。跨境电商是互联网企业拓展国际市场的重要落脚点。近年来，国内跨境电子商务发展较快，互联网对于出口企业的助力作用越来越明显。截至2014年，我国跨境电子商务试点进出口额已突破30亿元。一大批跨境电子商务平台走向成熟。

3."互联网＋"金融

"融资难、融资贵"是长期制约我国实体经济，尤其是中小微企业发展的"瓶颈"。"互联网＋"金融可以整合企业经营的数据信息，使金融机构能低成本、快速地了解借款企业的生产经营情况，有效降低借贷双方信息不对称程度，进而提升贷款效率。

目前，互联网金融在欧美国家的主要模式大致分为六种：互联网支付、P2P网络借贷、众筹融资、互联网银行、互联网证券以及互联网保险等。总体来看，我国与国外市场的模式结构基本相同，但是相比国外已经形成一定规模的互联网直营银行、直营保险和在线折扣券商等纯线上模式，我国还尚处在起步摸索阶段。在其他模式方面，探究其在发达国家的发展轨迹，有利于国内互联网金融健康持续发展。

（1）互联网支付

目前，在全球范围内比较知名的第三方支付企业有美国的PayPal、Google Wallet，荷兰的GlobalCollect，英国的Worldpay等。PayPal是世界上最大的基于互联网的第三方支付公司。它是美国电子商务巨头eBay于1998年12月成立的子公司，总部在美国加州圣荷西市。目前全球有超过一亿个注册账户。PayPal的定位是跨国交易中最有效的支付工具。当下在全世界范围内，关键的战场是移动支付领域，除PayPal以外，比较大的玩家还有Google Wallet、Square、Stripe等。下面以移动支付领域的佼佼者Square为例，进行移动支付商业模式的介绍。

Square是Twitter联合创始人杰克·多西（Jack Dorsey）于2009年12月在美国旧金山市成立的移动支付创业公司，主要解决个人和企业的移动端支付问题。其两大业务体系为Square Reader读卡器和Pay with Square便捷移动支付。截至2011年12月，使用Square移动支付业务的商家数量已超过 100 万，占美国所有支持信用卡支付商家中的 1/8，并以每月新增 10 万商户的速度增长。

Square 的盈利模式简单明了。其最主要收入来源是向用户收取交易服务费，目前为每笔交易额的 2.75%。2012 年年初，其年交易量达 40 亿美元，实际营收超过 1 亿美元。主要成本在于：（1）交付给各银行的交易佣金；（2）Square 刷卡器硬件成本；（3）团队的开发和运营成本。

Square 提供的基础价值即"移动支付"本身，解决了商家和个人用户直接的资金交易问题；同时，Square 还提供了交易管理、消费者与商家间的交互、移动社交等与支付和日常生活息息相关的价值。

（2）P2P 网络借贷

P2P 网络借贷这一商业模式最早出现在英国。2005 年 3 月，世界上首家 P2P 网络借贷平台网站 Zopa 在伦敦正式上线运营。目前在美国市场上占据前两位的 P2P 网络借贷平台——Prosper 和 Lending Club——分别于 2006 年和 2007 年上线。这种模式由于比银行贷款更加方便灵活，很快在全球范围内得到复制，比如德国的 Auxmoney、日本的 Aqush、韩国的 Popfunding、西班牙的 Comunitae、冰岛的 Uppspretta、巴西的 Fairplace 等。

Lending Club 建立于 2006 年，是目前美国 P2P 网络借贷行业的先锋。Lending Club 为借款人提供网贷平台并让其获得贷款，投资者购买由贷款偿付支持的债券。

Lending Club 的运作模式。作为借款者和投资者的中介，Lending Club 首先对借款人进行信用等级评定，再根据信用和借款期限确定贷款利率，最后将审核后的贷款需求放到网站上供投资者浏览和选择，内容包括贷款总额、利率和客户评级。投资者在网站注册后，根据自己的偏好选择投资对象，并自行决定分配给每个借款方的金额，每笔金额不低于 25 美元。而投资者跟借款人之间没有直接的资金往来，而是购买平台发行的与借款者的贷款相对应的受益权凭证，因此双方没有直接债权债务关系，相当于是一个贷款资产证券化的过程。在投资者确定了投资目标之后，通过指定的银行（WebBank）对借款人发放贷款，银行马上将贷款以凭证形式销售给 P2P 公司，获得投资者为获得受益权凭证而支付给平台的资金。还款时，借款人直接还给 Lending Club 平台，Lending Club 在扣除了管理费和其他费用之后支付给投资者。投资者的受益权凭证可以在一家投资经纪公司（Folio Investing）进行转让和交易；若转让成功，Folio Investing 向卖方收取面值的1%作为手续费。对于借款人而言，付给Lending Club的融资费用由借款人所借款项的等级决定。这笔费用已经包含在借款人的年度融资成本当中，在贷款前一次性支付。对投资者而言，Lending Club主要收取借款人所还金额的1%作为投资者服务费；若借款人未能及时还款，Lending Club对需要催缴的部分征收30%—35%的费用。

Lending Club给贷款人的利率综合考虑了信贷风险及市场情况，其贷款利率计算公式由"基准利率"和"对风险及波动率的调整"两部分组成，后者考量的范围包括借款人的信用分数（FICO信用分）、信用记录、社会安全号等。

此外，Lending Club还充分运用社交平台Facebook上朋友间的信任关系，把Facebook对成员的认证作为附加增信，从而提高信用度和安全度。

（3）众筹融资

当前，国际上具有代表性的股权众筹平台有英国的Crowdcube（全球首个股权众筹平台）、美国的Fundable，非股权众筹平台有美国的Kickstarter和IndieGoGo、拉美的Idea. me等。

在欧美诸多众筹平台当中，成立于2009年4月的Kickstarter最具代表性。它是目前全球最大最成功的众筹平台。Kickstarter早在2010年就实现了盈利。

Kickstarter的自我定位是"全球最大的创意项目融资平台"，是一个非股权类的综合性众筹平台。其众筹的项目分为艺术、漫画、舞蹈、设计、时尚、电影和视频、食物、游戏、音乐、摄影、出版、技术和剧院共计13类。

Kickstarter的商业模式涉及的四个主体分别为融资人、捐助者、Kickstarter平台和第三方支付机构Amazon Payment。

项目融资人发布自己的项目，预设融资额、融资时长以及不同的出资额将会获得的不同回报——这个回报可能是一个产品样品，可能是在项目里添加捐助者的名字，也有可能是一些项目的源代码，但绝不会是资金回报。

捐助者为自己喜欢的项目进行各种层级的投资，可以是10美元，甚至也可以是1万美元。若一个项目在规定的时间内达到了融资人预设的融资额，则融资成功，捐助者会在项目完成后，按照之前的条约获得相应的回馈。反之，若在规定时间内融资额没有达到预定标准，已经捐助进去的钱会返还到各自账户。

Kickstarter 平台会在项目发布前对其进行评估，只有通过审核的项目才能在网站上发表出来。若项目融资成功，Kickstarter 会抽取融资额的 5% 作为收入。这 5% 的佣金收入便是 Kickstarter 的主要收入来源。

Amazon Payment 则是整个交易过程中最重要的资金托管和交易平台。因为捐助者的钱全部打进 Amazon Payment，融资者也只有通过 Amazon Payment 才能把钱转进自己的账户。Amazon 会依照交易额的大小收取 3% 到 5% 的交易费用。在美国，涉及直接货币传输交易时，有的州规定需要获得 Money Transmission License（货币传输证），而 Kickstarter 并没有作为直接的资金托管和传输平台，一定程度上避免了此法律风险。

（4）互联网银行

互联网银行通常指纯线上的直营银行，这些银行一般不通过传统的营业网点和柜台服务，而是通过电话、信件和 ATM，以及后来通过互联网和移动终端来提供银行服务。

ING Direct USA 是荷兰的 ING 集团为了拓展美国的零售银行业务设立的子公司，后来因 ING 集团全球业务收缩，2012 年 ING 集团将 ING Direct USA 以总计 90 万美元（62 亿美元的现金与价值 28 亿美元的 5590 万股股票）的价格，出售给了美国最前十大银行之一的 Capital One。ING Direct USA 目前是美国最大的互联网直营银行之一。ING Direct USA 具有以下特点：（1）目标客户群明确。他们对客户群的定位是熟悉互联网、受到良好教育、收入水平良好、对存款利率敏感、对于价格敏感的客户。他们并不太富有，也不需要太多的金融服务，这类消费群体规模庞大，他们最希望享受的是较高的储蓄回报和尽可能节省时间的交易过程。（2）"薄利多销"的经营策略。主要表现为高息吸存，低息放贷。互联网直营银行相对传统银行有其天然的竞争优势，没有分支机构，无须承担大量的员工支出，以较少的运营支出即可维持良好的经营。因此，ING Direct USA 有能力为客户支付较高的存款利息，同时以较低的利率向客户发放贷款。（3）以有限的资源提供独特的服务满足了这类客户群体的金融需求，使得客户数量快速增长。在开始营业 6 个月后，其客户数量已超过 10 万人。到 2006 年年底，ING Direct USA 的客户规模已经达到 490 万人，不断增加的客户群体为其推行"薄利多销"的经营策略提供了强大的客户资源支持。

ING Direct USA 在产品方面的策略主要有四个方面：（1）针对直销渠道提供有限的产品选择，从而使有限的产品选择集中在储蓄产品和部分贷款产品，客户易于尝试；（2）通过关联，即时从活期账户中获取资金；（3）专注于简化的"自助"银行产品，可由消费者独立管理；（4）没有最低存款额度要求，消除客户对存款最低金额的担心。

（5）互联网证券

美国是开展网络证券交易最早的国家，也是网络证券交易经纪业务最为发达的国家。美国网上证券业务是伴随着互联网的普及和信息时代的到来而迅速崛起的。网上证券交易，主要包括网上开户、网上交易、网上资金收付、网上销户四个环节。

美林证券（Merrill Lynch）、嘉信理财（Charles Schwab）和（电子商务）E*Trade 是美国券商当中非常有特点的三家，它们各自有着不同的个性且都取得成功的经营模式。

E*Trade 于 1992 年创立后不久，就赶上了美国第二波佣金降价潮，并成为美国佣金价格战的先驱。目前其佣金费率属于同服务水平中佣金费率最低的券商之一。目前其佣金费率属于同服务水平中佣金费率最低的券商之一。在客户黏性上，E*Trade 一直是美国点击率最高的券商之一，领先其竞争对手嘉信理财的两倍以上。其特点如下：（1）以网站为中心的营销体系。E*Trade 点击率较高的原因主要有：一是注重网站宣传，E*Trade 网站的行销费用很高。二是 E*Trade 网站的使用界面清楚、易操作，深得客户喜爱。三是 E*Trade 采取金融证券业垂直门户网站的定位，为客户提供了丰富的网络信息，内容涵盖银行、证券、保险及税务等。（2）全方位零售网点的拓展。1997 年起，E*Trade 开始大举扩张其全球市场，与 America Online 及 Bank One 策略联盟，进军澳洲、加拿大、德国及日本；随后又进入英国、韩国和中国香港等国家和地区。与此同时，E*Trade 大举拓展其零售网点，在美国建立了五个"财务中心"，分布于纽约、波士顿、丹佛、比利时山庄和旧金山；并通过全国各地的"社区"（Financial Zones）深入其触角，此外，E*Trade 还有 1.1 万个以上的自动柜台机网络供客户使用。（3）丰富的信息咨询内容。E*Trade 为客户提供丰富的信息内容和研究报告，并与 Ernst & Young 合作提供财经资讯服务。E*Trade 通过买下 Telebank，强化了其金融垂直网络服务策略。除证券信息外，E*Trade 还提供房屋贷款服务、保险产品、退休规划、税务及网上金融顾问服务等。

总体来讲，E*Trade 作为网络证券经纪公司的杰出代表，最主要的竞争优势还是在于较强的技术开发能力，便捷的网上交易通道。由于未设立实体营业网点，因而成本较低。同时，还以折扣方式吸引价格敏感且服务要求不高的客户。E*Trade 仅提供纯低端通道服务，客户所有交易均在网上进行，平均每笔佣金约 10 美元。

（6）互联网保险

美国互联网保险业务主要包括代理模式和网上直销模式。代理模式主要通过和保险公司形成紧密合作关系，实现网络保险交易并获得规模经济效益，优点在于其庞大的网络辐射能力可以获得大批潜在客户；网上直销模式则更有助于直接提升企业的形象，能够帮助保险公司开拓新的营销渠道和客户服务方式。

InsWeb 于 1995 年 2 月在美国加利福尼亚州成立，是全球最大的保险超市网站之一。它是美国互联网保险代理模式的成功案例。

InsWeb 为消费者提供多家保险公司的保险产品报价，消费者可以比较各家保险公司的产品，进而做出购买决定。InsWeb 最初主要提供汽车险的网上报价，随后逐步拓展到定期寿险、住宅保险、健康保险等多种互联网保险产品。InsWeb 以通过出售保险产品而获取的佣金收入为主要营业收入。2005 年，InsWeb 专门建立了 AgentInsider（内部代理）系统，为保险代理人提供了更多、更方便的展业机会。当消费者提交个人信息及投保意向后，InsWeb 会将其作为营销线索转给在网站注册的保险代理人，并向代理人收取一定的费用。与其他网站不同，InsWeb 的注册保险代理人并不需要缴纳会员费。InsWeb 还在其网站上为消费者提供学习中心，提供有关保险的文章、常见问题解答等服务。2011 年下半年，InsWeb 被 Bankrate 收购，而后者于 2012 年又收购保险服务网站 InsuranceAgents，使之与 InsWeb 的 AgentInsider 系统整合，从而使 InsWeb 的服务更加强大。

此外，"互联网+"农业、"互联网+"医疗、"互联网+"交通、"互联网+"公共服务、"互联网+"教育等领域也呈现方兴未艾之势，随着"互联网+"战略的深入实施，互联网势必将与更多传统行业进一步融合，助力打造"经济升级版"。

## 六　案例分析

### （一）价值链分解案例

#### 1. 研发设计服务业

随着各类企业独立地从事研发活动，研发设计环节独立出来，成长为一个新兴产业业态。

（1）集成电路设计公司。中关村是我国集成电路设计企业的重要集聚地之一。我国年销售收入过亿元的集成电路设计企业半数位于中关村。2000 年 6 月，海尔集团投资成立北京海尔集成电路设计有限公司。2001 年成功开发出数字音视频芯片"爱国者一号"，2002 年推出"爱国者二号"，2003 年采用 SOC（系统级芯片）技术的"爱国者三号"大规模上市。2004 年，北京海尔集成电路设计有限公司的销售收入超过 1 亿元，"爱国者"系列芯片在国内市场占有 50% 左右的市场份额。

（2）消费电子的独立设计企业。2002 年 7 月，一家由 14 名员工组成的手机设计企业——德信无线正式成立。2005 年 5 月，成立不到三年的德信无线在纳斯达克成功上市，一举募集资金 1.42 亿美元。在三年的时间里，德信无线完成的手机设计方案达到数十个，国内外众多知名手机大厂都是其客户。在获得丰厚经济回报的同时，德信无线还开发出一套通用手机设计软件平台。目前，德信无线已经成为国内规模最大的专业化手机设计企业。国内领先的手机设计企业还有中电赛龙等几十家。

（3）第三方汽车设计公司。精卫全能公司成立于 2002 年 9 月，主要从事与汽车开发生产相关的技术、技术咨询以及汽车零配件进出口等业务，是国内领先的汽车设计技术与服务的提供商。经过不懈努力，精卫全能已经初步形成了具有自主知识产权的核心技术体系，与国外著名的汽车厂家以及国内汽车行业的优良企业结成了商业合作伙伴关系。目前，精卫全能公司除了在哈尔滨、芜湖、长春、上海、苏州设有事务所或分公司外，还计划在中国香港、中国台湾设立事务所，并将在美国、韩国设立分支机构。

（4）软件研发外包的零包平台。2005 年，由中关村国际孵化软件协会牵头成立了"对美软件外包项目获取平台"（简称零包平台）。零包平台的主要功能是通过在美国按城市招募联络主任，建立美国外包项目来源网络，建立外包工程服务体系，为中关村的软件外包企业提供零包服务，帮助中关村软件外包企业获取外包项目。2005 年 11 月，通过零包平台的牵线搭桥，Eternal Systems 公司与中软资源公司正式签署了总服务协议，双方正式结为合作伙伴。

2. 案例启示

（1）研发设计服务业是产业价值链分解形成的新兴业态，是随着技术水平的不断提高和专业化分工加深而衍生、分化、独立出来研发设计服务业态。研发设计产业是以知识的生产、应用和传播为主要特征的生产性服务业，具有高技术、高人力成本和高附加值等特征。研发设计服务业多处于产业链前端，又位居价值链的高端，研发设计服务业的发展，不仅能够凝聚科技创新资源，加快科技成果转化，提高产业创新能力，而且能够改变服务业内部结构，带动制造业的提升，对优化产业结构、提升国家或城市竞争力具有积极意义。（2）科学设计差异化政策支持体系。劳动分工的演进、产品更替的加速、竞争压力的加剧以及企业内部交易成本的上升，促使企业更倾向于从外部获取技术和服务，以实现成本节约和效率提升。内部化的研发活动必将逐步为效率更高的专业化研发公司所代替，企业研发活动外部化趋势日益明朗，效率较低而成本偏高的自主性研发设计活动的市场份额将不断萎缩。研发设计服务业与传统产业有较大差别，因此不能套用发展传统产业的常规思维，而要在借鉴传统产业发展成功经验的基础上采取新的发展思路。从财政、金融、品牌建设、知识产权保护、人才发展、产业配套服务等方面设计差异化政策扶持体系。注重研发设计服务业质量的提升，有条件、有步骤地优先发展市场急需的研发设计服务业，寻求在战略性新兴产业等某些领域取得突破。引导各地依托基础、资源、区位等优势发展各具特色的研发设计服务业。（3）推进研发设计服务业集聚化发展。研发设计活动具有很强的规模效应和集聚效应，大量的信息流、知识流和人才资源是吸引独立研发机构的重要因素，因此，研发设计服务业一般会按照收益最大化原则布局空间结构，最大限度地利用智力、土地、产业等配套要素优势。建立一批具有技术密集、资本密集等特征的研发设计服务业基地，对研发设计服务业集聚区给予与高技术产业园区相同的政策，实现区域集聚。搭建技术支撑、融资租赁、产品交易、人才汇聚等配套服务平台。通过政策和引导资金，增加政府对基础性研究、竞争前研究和引导性研究的创新投入。（4）大力拓宽研发设计服务业投融资渠道。产业特性决定了研发设计服务业本身就是一个高风险投资行业，从事研发设计服务业一般需要巨额的资金投入，而其收益却明显滞后。同时，研发设计企业多数规模较小，信用等级较低，缺少可作抵押担保的资产等，加大了其融资难度。面对日益升高的商务成本和生活成本，需要建设各具特色的研发设计与金融相结合的平台，构建无形资产的专业评估机构和评估体系、研发设计服务业投融资优质项目资源库，提供金融机构与研发设计服务业的双向互动服务，降低金融业对研发设计服务业投资的风险。不断完善知识产权交易、展示等系统，吸引民间和国内外的风险投资，鼓励各类风险投资基金向研发设计服务业领域投资。

（二）体验消费案例

1. 文化与消费结合

诚品书店是 1989 年在中国台湾创立的，其复合式的经营方式（即书店不只是卖书，而且是包罗书店、画廊、花店、商场、餐饮的复合组织），使其获得广泛的知名度，并且快速地发展起来。位于香港铜锣湾希慎广场的诚品书店占有其 3 层共 1000 平方米的面积，2012 年 8 月开业。内地也出现了许多与之风格相仿的书店，其中广州太古汇——方所书店在整体的风格上与诚品最为相似，只是整个书店处于同一层中，感觉气氛比香港的诚品要更好一点，也许是因为同处一层在一个相对比较封闭的环境中，受外界的影响较小的缘故；在内地与诚品经营风格有几分相似的并且分布最广的应该是西西弗连锁书店吧，比起诚品在规模、业态种类及组合等方面都小和少了许多，自然氛围也会差一些。

2. 案例启示

（1）体验式消费的特点重在体验，重在情感消费。真正能够吸引消费者的"体验式商业"，一定是有着能带给消费者优越感受的体验式业态，吸引消费者对项目建立光顾忠诚度和依赖性，从而拉动项目的客流和销售。要想赢得市场与客户，需要在商业购物环境的设计中增加体验式消费的深度，也更需要根据项目所处的地段环境、自身特点以及客户的偏好等做个性化的设计。（2）加大个性化体验氛围营造。在体验经济时代，不同消费者的需求各异，不同层次的消费者需求以及同一消费者不同阶段的需求也不相同，需求差异性、多样化越来越突出，消费者不仅重视结果而且关注过程，追求个性化和独特性的感受与体验。尽管不同消费者有着不同的利益诉求，但体验式消费却有规律可循。因此，在开展免费体验模式之时，企业可以充分利用这一趋势，让顾客表达个性需求、参与产品的设计和服务过程，分享参与设计、服务的体验乐趣，享受消费产品的美好体验。例如企业可以提供标准化的组装配件，消费者可以参照企业提供的各种风格形式的橱柜目录手册，根据自己个性化的需求选择相应的标准配件，设计和组装橱柜。（3）设置最适合的体验周期。根据消费者购买行为的过程，对一些大宗、复杂产品，要给消费者设置科学的试用周期，这是实现消费者深度体验的保障。以汽车试驾为例，短短的几十分钟，就能试出车子存在哪些问题吗？显然是不可能的。现在多数的体验消费，多是商家的促销手段。国内商家可以借鉴发达国家的一些做法：以选购电器为例，商家会给消费者提供免费试用期，如果消费者使用满意决定购买或试用超过预定期限，商家会从消费者的信用卡里扣除相关费用，而整个电器产品的价格与其他商场的销售价格基本相同。当然，这需要设计新的付费方式和消费者个人信用体系的建立与完善。（4）实施全方位的体验。企业实施体验式消费模式之后，体验场不仅包括硬件设置，也包括软性体验因素，如购买流程、体验经理素质等。只有实施软硬体验因素的跟进，才能确保消费者在终端店面甚至是将产品拿回家体验，依然能享受到一样的"体验场"。为了确保体验效果，企业应当根据产品特性设计"体验版产品"，便于消费者了解其性能。在内部流程和架构上应当以"体验式消费为核心"进行全面梳理，为客户配备专职的"体验经理"，确保消费者获得良好的购前、购中、购后体验。

（三）跨界混搭案例

2013 年，知名咖啡连锁品牌星巴克宣布与快时尚品牌优衣库"联姻"，在服装店里卖咖啡；另一家快时尚品牌 H&M 在旗舰店卖起了家居用品；致力于打造 O2O 模式的美邦也在旗舰店开设了书吧和咖啡吧。这股跨界之风几乎席卷了商业全部领域。日前，招商银行也宣布，要和韩国咖啡连锁品牌 Caffebene 合作推出"咖啡银行"。

台湾诚品书店、广州与成都的方所书店、猫的天空之城都属于这种复合型店铺。原来传统书店看似毫无生机，但集合书店、咖啡、展览、服饰零售及美学生活等多种模式于一身的新型书店却还以市场惊喜，其具备社交化、分散盈利点的跨界经营特征成为互联网时代实体店的最新鲜烙印。这些复合型实体店不仅仅贩卖富有创意的产品，也贩卖独特的生活品位。你可以在这样的店铺里喝着咖啡读一本好书，或者学做一块蛋糕、一件花艺作品，甚至是为自家调制一瓶专属的香氛……有人认为，这些充满了新奇概念和体验的生活方式复合店，是治愈重度网购依赖症患者的一剂偏方。

老字号"永久自行车"最近在上海开了一间咖啡店，店里除了咖啡，当然也陈列着清新复古的"永久自行车"，以及永久与原创品牌"国棉壹厂"跨界合作的骑行服，一边贩卖环保健康的轻生活，一边贩卖怀旧情愫。店长说，如果你是骑着自行车来喝咖啡，还可以得到一份惊喜。永久咖啡店室内装饰的细节处处体现着自行车元素，比如彩色的车轮，以及装饰成兽首的把手与坐垫，以复古与创新的名义推广着自行车文化与轻生活的理念。

英国的快时尚品牌 Topshop，在伦敦牛津街的全球旗舰店除了海量时装配饰，还设有美甲、美容、美发沙龙，以及出售二手古董衣的"跳蚤区"，再加上咖啡快餐与个人化妆的购买指导，打算晚上参加舞会的女孩来这里可以待上一整天。在日本，茑屋家电被誉为日本最美的家电店。它不仅贩售传统的家电，还贩售生活方方面面的物品，致力于打造"购买生活方式的家电店"。走进其卖场，里面设有人文、衣、食、住、设计、旅行六大主题，除家电外，还同时出售杂志、书籍、代步工具等商品。整个店铺分上下两层楼，共 9 个区域，区域之间的过道上陈列着书籍和杂志，一楼还有苹果商店。各种相机、电视、音箱等商品在清一色的木制展示柜的烘托下，你大概很难相信这是一家家电商店，感觉自己走进的是博物馆。茑屋家电希望消费者在购买一件家电的同时，也注意如何让生活更美好。

打保龄球、投掷飞镖、畅玩台球、饮啤酒、品尝台粤美食，这样混搭着运动及美食餐饮的休闲方式你见过吗？这就是运动混搭王——台湾大鲁阁。

案例启示：（1）混搭要思考结合的事物是否能互相融合的同时还能优势互补。无论是企业间的组合，还是多种业态的共同开发，"+"的是优势，容的是方法，补的是短板。只会"+"，不懂容，又不能补，只会强强不强，面临这种局面，决策者应该考虑这三个问题。一是客流共享是否等于销售额倍增；二是业态可以"+"，但成本是否可以"-"；三是混搭后创造了哪些新的附加价值。与你混搭的品牌企业是否能给你带来更多的销售，它们的消费群体对于销售额的贡献力度有多大？同时，渠道成本是否降低或者分担。混搭最重视的是创造了哪些新的价值，毕竟大多数消费者忠诚度是并不太高的，没有新鲜的玩意儿也就很难将客流地变成留客地。(2)跨界混搭必须是基于两者实力相当,互惠互利。如果商场自身没有资源或价值,那么再火热的跨界混搭也只是别人的行业热词而已。商场购物中心相对来说是一个更加开放和包容的场所,它为消费者提供的是一站式的吃喝玩乐购物场景,加之自身就是一个客流集中的地方,线下广告位和线上渠道资源也相当诱人。因此商场在寻求跨界合作方面也具备先天优势。而线上资源开拓也是购物中心应当密切关注的,包括商场App、微信、微博。线上的混搭合作面就更广泛了,金融?汽车?社区?电商?农产品?谁说不可以呢!西安民生百货就玩起了商场积分手机兑换彩票;天津大悦城 App 里玩疯抢节,单日销售额破亿,引爆全城。当商场线上平台用户量增加,用户活跃度提升,黏性增强,对整个商场的运营,刺激消费都是有巨大意义的,在跨界混搭方面也会显现出极其强大的潜力。

(四)"互联网+"医疗案例

1. WellDoc:向保险公司与企业雇主收费

WellDoc 是 2005 年成立于美国的一家专注于糖尿病管理的移动医疗公司。WellDoc 向用户提供手机 App,并在云端建立糖尿病管理平台,与保险公司合作为用户提供糖尿病管理。医生也可以通过电子病历查看患者的状态。WellDoc 通过自身开发的平台和系统帮助用户监测血糖,利用收集到的用户数据和医生建立专门的合作,协助改变用户的生活习惯以达到控制糖尿病的目的。2013 年 WellDoc 公司推出了 App 版本的糖尿病管理软件 Blue Star。这也是美国市场目前唯一一款通过 FDA 认证且需要医生处方使用的糖尿病管理 App。这款产品为确诊患有 II 型糖尿病并需要通过药物控制病情的患者设计,类似于药物治疗。该方案由 WellDoc 拥有专利的自动化专家分析系统提供支持,其中包括实时消息,行为指导和疾病教育,推送至患者的移动设备。2014 年,WellDoc 被福布斯评为"美国最有潜力的公司",并获得新一轮来自默克公司全球健康创新基金(Merck-GHI)和风险投资公司温德姆(WindhamVenture Partners)2000 万美元的投资,至此 WellDoc 总计投资已经超过 5000 万美元。

WellDoc 主要产品形式和功能。Blue Star 是一款可以在移动设备上使用的糖尿病管理软件,专为确诊患有 II 型糖尿病并需要通过药物控制病情的患者设计,类似于药物治疗。患者将他们的药物和碳水化合物的摄入量、血糖等数据输入到安装有 Blue Star 软件的移动设备中,系统对现有药物剂量、血糖波动情况、每餐碳水化合物摄入情况等数据进行分析后，为患者提供自动实时的虚拟指导，包括提醒相关测试、药物、生活方式的调整及膳食建议。同时，患者的数据会被定期发送到患者的医生那里以帮助填补在复诊间歇中产生的信息差距，并促进疾病管理的讨论。

WellDoc 盈利模式。在收费对象方面，WellDoc 长期以来是向保险公司收费。在 Blue Star 上市之前，WellDoc 在市场上的主要产品是一款名叫 Diabetes Manager 的糖尿病管家系统，一个具有移动功能的糖尿病管理平台，该系统的使用费用超过 100 美元/月。由于帮助患者控制糖尿病可以减少保险公司的长期开支，保险公司愿意购买 WellDoc 的产品提供给其客户使用。目前 WellDoc 已停止运营 Diabetes Manager，专注于新产品 Blue Star。Blue Star 上市后，福特、来爱德等公司宣布愿意将 Blue Star 纳入他们的员工处方药福利计划，以减少公司的医疗福利开支。

2. 案例启示

（1）移动医疗的核心竞争力在"品牌＋垂直领域"服务经验：WellDoc 在 2005 年成立，在移动医疗时代到来之前，就已经积累了许多糖尿病管理的经验，且证明其方式确实对控制血糖有效，在医生和保险公司支付方都获得了认可。WellDoc 的产品被纳入保险公司赔付计划的根本原因在于其服务的有效性，以及其品牌来自病人和患者的信任。这两点都是单纯从 App 做起的公司无法做到的。（2）个性化服务是关键。用户可以通过很多 App 来监测血糖或其他指标，但如果没有后续的对于用药和生活方式的建议，那么用户黏性很难产生。而即使有些 App 提出了一些建议，也缺乏病人的个性化管理。怎样在用好大数据的同时，与医生建立起长期持续的合作，决定了产品到底只是一个通信工具还是疾病管理助手。

# 第九章　全面创新改革试验区
# 及创新平台建设

## 第一节　全面创新改革试验区

### 一　全面创新改革试验区建设的背景

建设全面创新改革试验区是经济新常态下，打造创新升级版，推进实施全面创新战略，加快产业持续升级的重要举措。2014 年 8 月，习近平总书记在中央财经领导小组第七次会议上发表的重要讲话中强调指出，要研究在一些省区市系统推进全面创新改革试验，形成几个具有创新示范和带动作用的区域性创新平台。在 2014 年年末全国发展和改革工作会议上，国家发改委负责人提出，抓紧出台深化体制机制改革，加快实施创新驱动发展战略的意见，启动全面创新改革试点，激发全民创新创业创造的积极性。2015 年 5 月，中央全面深化改革领导小组第十二次会议通过的《关于在部分区域系统推进全面创新改革试验的总体方案》，提出在部分区域系统推进全面创新改革试验，改革实验区紧扣创新驱动发展目标，以推动科技创新为核心，以破除体制机制障碍为主攻方向，开展系统性、整体性、协同性改革的先行先试，统筹推进科技、管理、品牌、组织、商业模式创新，统筹推进军民融合创新，统筹推进"引进来"和"走出去"合作创新，提升劳动、信息、知识、技术、管理、资本的效率和效益，加快形成我国经济社会发展的新引擎，为建设创新型国家提供强有力支撑。要加强政策统筹、方案统筹、力量统筹，支持试点区域发挥示范带动作用。2015 年 9 月，《关于在部分区域系统推进全面创新改革试验的总体方案》正式颁布实施。

为此，全国多个地区都在争取进入全面创新改革试验试点行列，北京、上海等市已经加快行动。

**二　全面创新改革试验区建设的策略定位**

（一）发展定位

1. 以推进创新驱动发展转型为根本目的，着眼依靠创新推动发展，依靠改革推动创新。

2. 着眼全面深化改革、科技体制改革、实施创新驱动发展战略体制机制改革等重大部署，试点形成一批可复制、可推广的重大举措。

3. 以科技创新为核心，全面推进经济、科技、教育等相关领域改革，实现重点突破。

（二）建设策略

1. 坚持问题导向、紧扣发展

紧扣经济社会发展重大需求，着力打通科技成果向现实生产力转化的通道；着力破除科学家、科技人员、企业家、创业者创新的障碍；着力解决要素驱动、投资驱动向创新驱动转变的制约，让创新真正落实到创造新的增长点上，把创新成果变成实实在在的产业活动。

2. 坚持系统设计、统筹布局

系统设计创新内容、规划创新目标步骤、创新路径、创新举措；统筹区域创新资源分工协作，强化集成、突出共享，实现创新资源优化配置，发挥创新支撑产业升级的最大潜能。

3. 坚持全面创新、重点突破

把科技创新摆在国家发展全局的核心位置，统筹推进科技体制改革和经济社会领域改革；统筹推进科技、管理、品牌、组织、商业模式创新；统筹推进军民融合创新；统筹推进"引进来"与"走出去"合作创新，实现科技创新、制度创新、开放创新的有机统一和协同发展。

4. 坚持强化激励、人才为先

把人才作为创新的第一资源，更加注重培养、用好、吸引各类人才，促进人才合理流动、优化配置，创新人才培养模式；更加注重强化激励机制，给予科技人员更多的利益回报和精神鼓励；更加注重发挥企业家和技术技能人才队伍创新作用，充分激发全社会的创新活力。

（三）建设任务

1. 探索发挥市场和政府作用的有效机制

把握好技术创新的市场规律，让市场成为优化配置创新资源的主要手段，让企业成为创新的主体力量，让知识产权制度成为激励创新的基本保障。探索建立主要由市场决定要素价格的机制，促使企业从依靠过度消耗资源能源、低性能低成本竞争，向依靠创新、实施差别化竞争转变。发挥市场对技术研发方向、路线选择和各类创新资源配置的导向作用，调整创新决策和组织模式，强化普惠性政策支持，促进企业真正成为创新决策、研发投入、科研组织和成果转化的主体。改革产业准入制度，制定和实施产业准入负面清单，健全产业技术政策和管理制度；提高普惠性财税政策支持力度；探索创业券、创新券等公共服务新模式。

2. 探索促进科技与经济深度融合的有效途径

探索科技与金融在创新发展中实现双向融合路径。探索建设"多层次资本市场＋债券市场＋创业风险投资体系"市场主导型科技金融体系。引导金融资源向科技企业积聚，引导社会资本流向科技企业。通过金融创新来优化风险收益结构，使科技企业的融资需求与金融资源的供给相匹配，产生技术创新与金融创新的叠加效应。

3. 探索激发创新者动力和活力的有效举措

大力发展创新工场、车库咖啡等新型孵化器，做大做强众创空间，完善创业孵化服务。引导和鼓励各类创业孵化器与天使投资、创业投资相结合，完善投融资模式。引导和推动创业孵化与高校、科研院所等技术成果转移相结合，完善技术支撑服务。引导和鼓励国内资本与境外合作设立新型创业孵化平台，引进境外先进创业孵化模式，提升孵化能力。降低准入门槛，加快推进商事制度改革。支持科研院所、国有企事业单位科技人员创新创业，实施科技成果处置权收益权改革，鼓励科技人员走出"围墙"，踏上创新创业之路。

4. 探索深化开放创新的有效模式

探索推进内陆自贸区、保税物流园等外向型经济发展的新模式、新途径。探索产能合作、空港联动、陆港互动的新举措。以更加主动的姿态融入全球创新网络，以更加开阔的胸怀吸纳全球创新资源，以更加积极的策略推动技术和标准输出，在更高层次上构建开放创新机制。

三　全面创新改革试验区建设的现状

目前，国家确定在京津冀、广东、安徽、四川部分地区和上海、武汉、西安、沈阳市先期开展系统推进全面创新改革试验。各个试点区域围绕各自特色，实现重点突破。

（一）上海：建设具有全球影响力的科技创新中心

2015 年 5 月，上海出台的《关于加快建设具有全球影响力的科技创新中心的意见》提出：努力把上海建设成为世界创新人才、科技要素和高新科技企业集聚度高，创新创造创意成果多，科技创新基础设施和服务体系完善的综合性开放型科技创新中心，成为全球创新网络的重要枢纽和国际性重大科学发展、原创技术和高新科技产业的重要策源地之一，跻身全球重要的创新城市行列。

（二）广东：依托珠三角打造深化粤港澳创新合作和率先转型升级的示范先行区

在一批优势重点产业领域形成跨区域的高端创新型产业集群，形成具有国际竞争力的高技术产业带；区域科技创新合作机制更加完备，创新资源开放共享程度明显提高，统一的大型科学仪器共享、技术开发与检测、科技金融等公共服务网络基本建成，形成较为完善的区域性国际化创新体系，力争率先建成全国创新型区域。

（三）河北：依托石保廊（石家庄、保定、廊坊）打造推动京津冀协同发展的新引擎

加大体制机制创新，在开放创新、产业联动、环境共治等方面实现新突破，建设推动京津冀协同发展的新引擎。

（四）安徽：依托合芜蚌（合肥、芜湖、蚌埠）建设国家级自主创新综合配套试验区

建设中西部地区乃至全国的创新型人才高地、创新型企业高地、创新型产业高地；率先进入国家创新型城市行列。

（五）四川：依托成德绵（成都、德阳、绵阳）打造长江经济带开放合作排头兵

探索外商投资试行国民待遇政策举措；加速构建全链条孵化体系；建设装备技术与智能创造创新中心；加速推进成德绵一体化。

（六）武汉：打造全国科技金融深度融合示范区

建设全国重要的金融机构高端后援服务基地；有效支持科技成果转化、高新技术产业化、产学研结合和协同创新发展，为深化科技金融改革创新及金融服务实体经济探索可复制、可推广的新模式和新路径。

（七）西安：打造"一带一路"内陆开放开发新高地

以加速军民深度融合发展为主线，加快打造智能制造洼地；推进创新

链与产业链融合互动,建设产业融合发展示范区;探索发展空港、陆港、保税物流等外向型经济,建设"一带一路"内陆开放开发新高地;在"互联网＋"、大数据、新型健康产业、都市产业等领域构建创新网络,整合形成若干产业创新中心,探索支撑重大工程和产业发展新机制。

**(八) 沈阳:建设国家老工业基地转型升级示范区**

推进传统产业与新兴产业融合互动发展;打造创新链与产业链融合互动示范区;建设全国再工业化产业示范区。

**四 全面创新改革试验区建设的对策建议**

**(一) 新旧试验区实现融合互动发展**

已有的创新试验区(高新区、开发区及国家新区)承担着先行先试、创新发展的重任,在体制机制创新方面积累了一些成功经验。在系统推进全面创新改革试验新的使命中,新旧使命要充分衔接、传承。新建创新改革试验区要充分吸纳已有的创新成果,积极主动推广新的创新成果,实现创新资源、创新经验分享互动,新旧创新改革试验区融合互动发展。

**(二) 协同推进技术和非技术要素创新能力**

统筹科技资源,加大战略性技术、共性技术、民生科技公关,提高技术强国、技术惠民的质量和水平;同时要充分激发各类市场主体在商业模式、组织模式、管理模式、商业业态、体制机制等方面的创新潜能,协同推进技术和非技术要素创新能力。

**(三) 大力推广和复制成功创新范式**

认真评估分析创新改革试验区建设绩效,总结成功的创新经验,形成可推广、复制的创新范式,引领全面创新浪潮。

# 第二节　孵化器

## 一　孵化器的内涵机理

**(一) 孵化器产生的背景**

1959 年,全球第一家孵化器"贝特维亚工业中心"在美国诞生。20世纪 70 年代,随着科技革命浪潮的兴起,大企业适应缓慢,中小企业发展相当活跃。孵化器正是适应这种社会需求获得快速发展。孵化器产生的一个重要原因是初创企业难以承担办公场地的建设成本和昂贵租金而往往缺乏配套完善的办公条件，孵化器的主要功能是为企业提供办公场所和基础设施。因而，孵化器更多地理解为一种为创业企业提供基本办公条件的场地空间，孵化场地和公共设施也被当作孵化器的首要特征和必备条件。1999年，经济合作与发展组织（OECD）对孵化器的理解是：对特定类型公司提供优惠和弹性空间，而同时在空间上聚集供应设施、服务和设备。欧盟对孵化器的定义是：聚集新创立企业的有效空间，通过提供配备好必要设施和管理服务支持的办公空间提升创业企业的发展空间和存活率。可以看出，孵化器主要是为创业企业提供廉价的物理空间、必要的基础设施和基本服务支持，目标是降低企业创业的成本和风险，促进企业创业成功。随着孵化器以及各类科技地产的快速发展，办公场所和基本条件已经不再是企业创业的关键约束，而资金、经验、管理能力以及网络渠道的缺乏对企业创业成长的制约越来越突出。孵化器在完成了基本设施建设后也开始日益关注对企业的服务支持，已从传统意义的科技地产和办公物业经营者转变为创业支持服务的集成供应商者。他们为创业企业提供的不仅仅是设施完善的办公空间，还包括管理、融资、法律、市场、人才、财务、政策等全方位的支持服务，成为帮助企业成长发展和快速嵌入本地化网络的重要支撑平台。

（二）孵化器的内涵

美国孵化器专家鲁斯坦·拉卡卡认为：企业孵化器具有特殊用途的设施，专门为经过挑选的知识型创业企业提供培育服务，直到这些企业能够不用或很少借用其他帮助将他们的产品或服务成功地打入市场。[①] 孵化器是一种为新生中小企业提供有利于存活、发展的创业服务环境和空间环境的新型社会经济组织。由于"孵化器"在推动高新技术产业发展、扶持中小企业、科技成果转化以及培育区域经济增长点方面的突出作用，使其在发达国家得到了快速发展。孵化器又叫高新技术创业服务中心，国际上一般称之为企业孵化器（Business Incubator），是一种新型的社会经济组织。孵化器本意指人工孵化禽蛋的专门设备，后来引入经济领域，是指通过提供研发、生产、经营的场地，通信、网络与办公等方面的共享设施，系统的培训和咨询，政策、融资、法律和市场推广等方面的支持，降低创

---

① ［美］鲁斯坦·拉卡卡（Rustam Lalkaka）、丁亚·拉卡卡（D. Lalkaka）：《科技企业孵化器》，马凤岭译，上海科学技术文献出版社2006年版，第20页。

业企业的创业风险和创业成本，提高企业的成活率和成功率。企业孵化器在我国也称为高新技术创业服务中心，它通过为新创办的科技型中小企业提供物理空间和基础设施，提供一系列的服务支持，进而降低创业者的创业风险和创业成本，提高创业成功率，促进科技成果转化，培养成功的企业和企业家。在我国台湾地区孵化器叫作育成中心，在欧洲一般将孵化器叫作创新中心（innovation center）。

一般的孵化器的服务项目包括网络支持、互联网或信息技术服务、咨询、联系战略合作者、商业计划支持协助获取天使投资或风险投资、联系大学研发机构、帮助可靠的学生实习或就业、管理团队发展、财务管理支持、知识产权支持、法律服务、提供专业实验设施、人力资源管理支持、产品或技术开发支持、与技术相关工艺的支持、国际贸易支持等。

企业孵化器的创立，给社会经济发展带来了积极的影响。企业孵化器通过政策引导和资金导入，帮助一些新成立的、相对较弱的企业和公司成长，增强了中小企业生存和发展能力；通过渠道沟通和平台架设，为风险资金提供优质的投资项目和初创企业；同时也解决了部分社会就业问题。

## 二　孵化器产生的理论渊源

### （一）集成创新理论

创新要素在空间和组织上的分离在一定程度上降低了创新活动的整体效能，因此，通过政府引导和市场机制的共同作用，使创新要素向某一特定区域集中，并通过创新基础平台建设和创新环境的营造促进创新要素的融合，进而强化创新组织之间的交流与合作，增进创新企业与上下游供应者之间的联系，实现研究开发与市场的有机整合，从而大大提高创新活动的整体效能。

### （二）专业分工理论

在超强的市场竞争条件下，为了降低风险和缩短进入市场的时间，企业活动要尽可能实现专业化，专业化使企业的活动向核心业务集中，将那些与企业竞争优势和技术能力不相适应的活动转包给专业供应商。"孵化器"与入孵企业之间正是通过专业化分工，一方面使入孵企业能够专注于核心优势的培育，另一方面又为不同企业之间的协作与互补创造了条件。

（三）企业生命周期理论

企业生命周期分为幼稚期、成长期、成熟期、衰退期。当企业处于生命周期初创阶段的幼稚期时，生存能力、抵抗能力都很弱，市场份额小、管理水平低、破产率高，此时最需要"孵化器"为其提供良好的软硬环境，促使其不断地成长壮大。"孵化器"专门为入孵企业提供初创阶段的各种条件，而入孵企业则可专门从事经营活动，最大限度地节约了入孵企业在初创期的成本，为创新企业成长创造了有利条件。

### 三　孵化器发展阶段及功能演进

（一）孵化器发展阶段

归纳和总结国际社会孵化器发展状况，大致可以分为三个阶段。

1. 孵化器初创阶段

从20世纪50年代孵化器的诞生到80年代。这一段时间孵化器主要是为创业企业提供设施完善的办公场所，并伴有一些政策诠释与代办职能。

2. 孵化器发展阶段

从20世纪80年代到90年代末。这一段时间孵化器作为一种创新政策工具被各个国家和地区政府所推广。很多国家为孵化器配备了专项的创业企业孵化扶持计划，开始有意图地遴选、辅导和支持创业企业。建立起了创业导师工作机制和包括培训、咨询、辅导以及接入其他专业服务支持网络的服务体系。从20世纪90年代后期开始，很多孵化器在实现自身可持续发展后，出现了企业化运营的趋势，并以资本和能力积累为基础拓展和创新服务，形成了对创业企业的特色化专有服务，比如种子投资、贷款支持、市场机会挖掘、技术开发等服务，更进一步深化了对企业的服务和支持。

3. 升级发展阶段

从21世纪初至今。孵化器根据自身的资源和能力优势为企业提供各类增值服务，将入孵与毕业企业以及其所连接的各种专家、大学（研究所）、产业、专业服务机构等作为一种网络资源来开发和运作，在组织、对接和服务的过程中与之建立起紧密的网络关系。这不仅提高了对企业的服务深度，而且创建了一种独特的创业社会关系网络，帮助企业高嵌入区域内的产业链、创新链、资本链和价值链中，解决了初创企业的资源渠道缺乏和社会融入不足的问题。相当一批孵化器的服务提供主体与物业开发运营主体相分离，孵化器日益超越传统的物理空间和设施范畴，成为网络化的专业服务供应商。即通过建立、组织、联系和管理专业服务商网络集成整合资源和服务，为其服务网络覆盖范围内的初创企业提供"一揽子"创业孵化服务。孵化器开始出现虚拟化的趋势，并逐渐形成各种创新创业资源交汇的重要结点和交互网络下的活力创业社区。

（二）孵化器的功能演进

1. 从片段孵化到全程扶植

随着孵化器的发展，其功能开始前向延伸和后向拓展。孵化不再仅仅是狭义地指对新创立企业初创期的培育和支持，还包括以项目孵化为基础促进新企业的创建和对孵化毕业企业的成长期的后续支持服务，从而形成了预孵化、孵化和后孵化的完整孵化链条。根据企业的发展阶段，进一步细分服务和功能已成为当前孵化器发展的一种新趋势，很多国家已经形成了预孵化—孵化—加速或后孵化的功能承接的全程企业扶植体系。比如，芬兰已经建立起了以技工学院（Polytechnics）为基础的预孵化（Pre – Incubation）、商业孵化（Business Incubation）和企业加速（Acceleration）孵化网络体系；法国建立了从创业苗圃、孵化器到科技园的企业孵育体系。当前，我国各地也在积极探索"创业苗圃 + 孵化器 + 加速器 + 产业园"的新的孵化模式。

预孵化又被称为前孵化或"创业苗圃"，是指对潜在企业家的系统化支持服务，包括形成商业想法、建立商业模型、制订商业计划以及支持技术的产业化开发等，帮助其成功创立企业。在功能上，预孵化就要对不成熟的成果进行市场化开发转化，把项目团队培养为企业家，催生新的科技型企业的创立。2005 年，国内华南理工大学创建了首个创新医药"前孵化器"，利用高校科研平台，整合人才计划、科研项目和天使基金等资源对有创业需求的高端人才尚处于构想阶段的技术和产品开发以及商业化过程进行支持，协助他们形成完整的技术路线和初步产品并创建科技型企业；2012 年，广州 13 家大学和科研机构组建了全国首个"前孵化器"战略联盟。2010 年，上海市出台了支持创业苗圃的发展的政策，在企业注册成立之前为其提供免费的办公场地、基本商务服务、创业指导和咨询、融资支持、专业平台等公共孵化服务。后孵化是指对从孵化器毕业企业提供的各类支持其成长发展的服务。企业在完成孵化渡过"死亡谷"后虽然已经能够实现自我成长发展，但快速成长所带来的巨大挑战也使企业存

在较高的失败风险。后孵化器又被称为"加速器"，是续接孵化器的扩展
工作空间与延伸服务体系，通过提供一系列企业成长所需的公共技术平
台、融资、市场、人才、信息、专业管理咨询、合作与网络等资源和服
务，帮助企业突破成长发展过程中的"瓶颈"和障碍，实现加速企业创
新成长的政策目标。2012 年开始，国家科技部火炬中心北京中关村、深
圳、无锡、西安高新区开展科技加速器试点，截至 2014 年，全国已建或
在建的加速器已经超过 500 家。很多有实力的孵化器积极将载体和服务功
能延伸到加速器，对毕业企业进行接力支持。对企业型孵化器来说，后孵
化不仅是一种延伸性服务，而且是收获孵化企业创新价值的关键环节，有
效破解了孵化器公益性与营利性的矛盾。在后孵化阶段，孵化器可以通过
有偿提供高端增值服务增加自身的服务性收入，也可以通过有效服务扶持
凭借服务换股权或早期种子投资的方式分享企业成长的收益，还可以通过
对成功毕业企业的资源挖掘利用为新的创业企业提供更大的成长空间，进
而提升孵化器的服务能力与水平。

　　2. 从有形孵化到虚拟孵化

　　2005 年开始，孵化器的角色和功能开始发生转变，越来越多地强调
提供风险资本和其他无形资源（包括帮助准备商业计划、对接大学研究
所、对接战略合作伙伴、创业导师指导、技术支持服务等），以多样化的
服务创新为基础涌现出形形色色的新型孵化器，而且很多已经脱离了有形
的空间载体，比如"无围墙"的孵化器（Incubator without Walls）、新经
济孵化器（New Economy Incubator）、虚拟孵化器（Virtual Incubator）等。
虚拟孵化是指不受物理办公载体限制的延伸孵化服务，通过建立企业服务
网络为孵化器之外和已经毕业的企业提供融资、咨询、信息、市场对接等
成长支持服务。虚拟孵化器的发展很大程度上得益于互联网技术和新经济
形态的发展。现代孵化器运用互联网技术对孵化服务的内容和提供方式进
行创新，高效连接和组织各类专业服务商建立起更全面系统的服务体系，
为更广泛的企业提供各种在线和离线的支持服务。互联网、电子商务等新
经济行业的专业孵化器也大都采用了虚拟孵化器的形式。虚拟孵化模式强
化了孵化的服务内涵，有力促进了孵化服务的深化发展和质量提升，并以
虚拟网络为基础扩展服务覆盖范围，使孵化器能够快速达到服务企业的关
键规模，实现服务的规模经济效应。

　　从实际的服务内涵来看，虚拟孵化器大致分为以下三大类。一是风险

投资网络型，以对企业早期的种子投资为纽带建立起孵化服务网络，孵化器很大程度上是一个风险投资者，在向企业注入投资的同时提供各种辅导服务和资源支持企业成长，包括美国 Y - Combinator 这样的风险投资基金和荷兰的 Business in Development Network（BiD）中小企业融资网络。二是集成服务网络型，以孵化服务项目为基础遴选一批有潜力的企业，为其提供资助、辅导、培训等服务，并基于信息技术发展在线的服务支持体系，比如 Founders Institute、Endeavor 等。这类孵化器大多是依托政府支持或社会捐助资金设立企业孵化培育项目，以此聚集专家、专业服务和产业资源对企业进行专业化的服务，并以自己的核心服务内容或平台为基础集成整合相关服务，形成"一站式"或"打包式"的创业服务支持体系；也有一些采取了会员制的方式，让会员企业根据需求自己选择使用相关的服务。三是平台网络型，不直接对企业提供专业性服务，只是建立一个聚集和对接资源的平台，通过信息的聚合和适度的信息管理帮助实现技术市场、投融资、产学研合作、人才、信息等方面的交流和对接，比如英国的 West Midlands Collaborative Commerce Marketplace（WMCCM）、芬兰的 Mobile Monday（MoMo）以及现在新兴起的各类创业咖啡馆等。①

3. 从创业场地到创业社区

随着服务内涵的深化和虚拟化，孵化器不再仅仅是创业的空间场地，而是凝聚各类创业资源的新型社会组织网络。这一网络内包括了孵化器的管理人员、顾问专家、在孵企业、毕业企业、大学或研究所、产业组织及其雇员和成员以及风险投资、财务、税务、法律、市场、咨询等专业服务提供者，他们共同构成了一个支持企业创业成长的社区。孵化器从空间载体建设到服务的组织与管理，在缩短了创业相关主体之间的物理距离之后进一步拉近了他们之间的社会距离，实现创业要素之间的有效搜索、连接和互动。因而，孵化器是一个聚集、组织和整合各类企业发展资源的平台，它能够帮助企业高效对接资本、技术、信息、咨询、人才等创业资源，对初创企业的生存和发展起到关键性的支撑作用。同时，孵化器也是创业者、创业企业、创业资本、创业技术和创业服务聚集和交汇的重要结点，它们以推动知识技术的产业化和商业化、创建和促进企业成长以及实现价值和财富的增值为共同目标，在长期的社会互动中结成了新型的社会

① 卢锐：《企业孵化器理论及其发展研究》，安徽大学出版社 2006 年版，第 112 页。

组织结构，即创业共同体。在创业共同体内部，他们交流创业的经验、学习创业的知识、共同探讨创业过程中的问题、互通各类创业相关信息等，逐渐发展起了共同的交流术语、文化传统、社会规则，进而建立起了促进资源交换和激发创造的社会组织环境，有能力帮助初创企业缩短学习曲线并支持其创新成长。

根据社区的功能，孵化器的创业社区又可以进一步细分为技术社区、创业资本社区、产业社区、人才社区、企业家社区、社交社区等。技术社区主要是在专业孵化器内具有技术关联的企业、专家、研究团队以及技术平台共同结成的技术互助交流网络。基于公共技术平台的建设，很多专业孵化器会帮助企业搭建连接相关技术专家、技术服务机构以及行业优势企业等技术创新资源的渠道和网络。而当专业孵化器的专业化程度和企业的数量规模达到一定的程度，孵化企业之间也能够通过思想的碰撞、技术方案的探讨及相互提供技术服务等方式建立有效互动的技术创新社区。创业资本社区是指天使投资、风险资本与创业企业之间的交互活动的社区空间。大部分孵化器都已与风险投资进行了广泛的合作，共同遴选、辅导和监管创业项目。在这一过程中，风险投资之间不仅可以项目交流投资和项目管理经验，而且可以通过共同投资、辅导和监管分担风险；初创企业则能够在投资网络之中获得更为广阔的支持资源。产业社区是指孵化器内企业之间能够形成有机的产业关联与互动，包括纵向、横向的产业合作以及各种非正式的产业信息交流。当前，兴起了大型企业创办孵化器的新趋势，主要培育与其产业密切关联的创业企业。创业企业可以在龙头企业的资源支持下较快成长，而宿主企业也可以将成功的创业企业纳入其产业链条，培育其专业部件、服务等供应商。人才社区、企业家社区和社交社区是一类基于特定群体内人与人之间的非正式交流所形成的活动空间，比如"千人计划"人才论坛、企业家网络、创业咖啡吧等。它既满足了创业者及其企业员工之间的社交需求，而同时在知识经济时代又有可能在无意的交流互动中发现新的技术与市场机遇，创造出新的商业模式和实现新的价值增长。

孵化器主要是搭建了社区互动的平台，在广泛凝聚创业参与者和服务者的基础上，通过积极的网络连接和互动促进增强社区的活力。从组织运作方式看，孵化器社区有网络活动型和互助参与型。网络活动型是通过有意识地组织对接活动来加强创业社区成员之间的连接和互动。芬兰的 Mobile Monday（MoMo）是一个开放的移动互联产业社区，通过建立强有力的品牌认知和同行之间的交互活动平台来促进行业内的合作。它会在每个月的第一个周一组织各类网络连接活动，包括样品演示、分享思想、讨论市场发展趋势等，同时还有一个在线网络平台，可以使其成员随时与全球互联产业专家、企业、朋友联系和交流。互助参与型则表现为孵化器入孵企业之间的互助与自组织服务网络，形成了一种独特的自下而上的孵化服务模式。荷兰的 HUB 将自己定位为一个社会企业家社区，通过遴选一批愿意为社区贡献的创业企业群体，组织结成相互服务的互助网络。除了基础设施，入孵企业所享受的各类孵化服务都是由其他进驻企业自愿提供的。这既降低了孵化服务的成本，又增强了入孵企业对孵化器的主人翁意识。国内的津通孵化器在信息技术行业建立了类似的创业共享社区。它建立了一个积分换服务的平台，入孵企业可以根据自身的能力优势在平台上贡献服务以获得一定的积分，再用积分去换取其他企业以及孵化器提供的各项服务。

### 四　国内孵化器的发展及趋势特征

#### （一）发展现状

20 世纪 80 年代，随着我国科技与经济体制改革的深化和对外开放政策的实施，客观上形成了对企业孵化器的需求。1987 年，我国第一家企业孵化器——武汉东湖创业者中心宣告成立。截至 2014 年，我国企业孵化器已经超过 1600 家，大学科技园 115 家，在孵的企业 8 万多家，就业人数 170 多万。创业投资机构有 1000 多家，资本总量超过 3500 亿元，互联网接入超过 6.3 亿，固网普及率已经达到 50%。2014 年，全国技术交易成交额达到了 8577 亿元，近年来以 15% 的增速增长。全国已经形成了创业苗圃、孵化器、加速器和产业园构成的多层次孵化培育体系，服务体系更加健全，完成了全国地域战略布局，形成了国家、地方与行业协会完整的业态体系。企业孵化器建设和发展进入了新的里程碑，孵化器正朝着形式多样化、功能专业化、投资主体多元化和组织网络化方向发展。

#### （二）趋势特征

1. 形式多样化

在国内，不仅有综合性的创业中心，也有依托清华大学、上海交通大学、重庆大学、四川大学等高等院校建立的多个大学科技园孵化器；还有依托创业中心和高新区建立的多家留学人员创业园，为海内外留学人员和海外华人提供创业的全程服务；并且在美国、俄罗斯、新加坡、英国等国外发达地区建立了海外创业园。

2. 功能专业化

兴建了一批以中小型的软件开发企业为主要培育对象的软件园；上海张江生物医药孵化器、北京医科大学医药孵化器、北京 863 软件孵化器、北京新材料孵化器、陕西杨凌农业专业孵化器、天津塘沽海洋技术专业孵化器等一批专业技术孵化器已经投入运营。

3. 投资主体多元化

除了有政策性孵化器外，商业性孵化器呈现良好发展态势；管理体制已从以事业型为主，向企业型、事业单位企业化管理并重模式转变。一批国有和民营大中型企业、风险投资机构和跨国公司已经在我国创建了企业孵化器。以北京为例，在 25 家孵化器中，大学投资的孵化器占 5 家，国企投资的孵化器占 7 家，民营企业投资的占 1 家，政府投资的占 7 家，国外公司投资的占 2 家，其他孵化器占 3 家。

4. 组织网络化

为了促进孵化器优势互补，协同发展，企业孵化器的工作组织网络也应运而生。1993 年，高新技术产业开发区协会建立了高新技术创业服务中心专业委员会，这是第一个全国性的科技企业孵化器网络（组织）。该组织设立在科技资源比较丰富的中心城市，连接本城市各类型孵化器的城市孵化器网络。此外，我国还积极参与了国际孵化器网络组织的有关活动。

**五 孵化器的运营模式**

（一）孵化器结构体系

一般的孵化器由支撑体系、运营体系、服务体系组成。其中，支持体系主要由政、产、学、研组成；运营体系主要来自孵化企业、运营机制；服务体系主要来自金融支持、信息、中介服务等（如图 9 - 1 所示）。

（二）孵化器的运营模式

孵化器的运营模式可以分解为服务模式和盈利模式两个方面：服务模式是孵化器为在孵企业提供特色服务的方式方法；盈利模式是孵化器自身获取收益的方式方法，这两个方面统一于孵化器的运营模式中。分析和梳理国内孵化器运营模式，大致可分为以下几类：

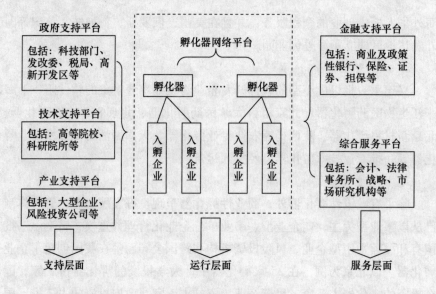

**图9-1 孵化器结构示意图**

1. 技术转移型

这种类型以技术转移为特色，辅以投融资功能，发挥服务联盟的优势。加强产学研的紧密结合，可简化为："技术转移＋投融资＋服务"联盟。这类专业孵化器主要都是依托大学、科研院所建立的专业孵化器，将自身系统的科技成果进行成果转化。

2. 技术服务型

这种类型是孵化器结合在孵企业的技术需求，建立专业技术平台，对企业开展测试、化验、技术培训等多种技术服务。在这类孵化器中，专业技术服务平台发挥了非常突出的作用。

3. 产业链型

这种类型的孵化器一般依托大公司的背景资源，对一个技术领域内上下游资源进行整合，进而形成对研发、中试、生产、销售等整个产业链的孵化，这种孵化模式基本锁定了在孵企业的市场风险，有利于在孵企业快速产业化，可表示为"专业技术平台＋生产基地＋市场网络"。

4. 投融资型

这种类型是以投融资为主要服务内容，又辅以一定的专业技术平台，主要在若干技术领域内投资，因此还是表现出很大程度的专业性，可以简化为"投融资＋专业技术平台"。投融资型孵化器的成功有两个先决条件。一是孵化器具备雄厚的资金实力和较强的融资能力，二是有充足的可供投资的技术项目或创业企业源。在此情况下，孵化器可以通过经验丰富的投融资管理团队，利用资本运作手段开展投融资服务。但此类运作模式为保证投资的安全合理，不会将资金都投向小企业。其特征会促使其很快超越孵化职能。这类孵化器以启迪和博奥联创为代表。

上述四种运营模式并不是孤立存在的，有的孵化器可能同时具备两种以上的运营模式，尤其是综合孵化器在向专业化转型过程中，由于其实力较强，进行了多方探索，形成了复合型专业孵化器，即跨几个技术领域，又采取了灵活的运营方式。

**六　优化提升孵化器发展质量水平的对策**

经济进入新常态，技术与经济一体化日益加剧，创新活跃。孵化器作为培育新生经济增长点的助推器面临新的挑战。孵化器面向市场，实现孵化器形式多样化、服务功能多样化、投资主体多元化、孵化服务网络化、发展模式国际化，才能尽快实现孵化目标，因此加快孵化器转型升级迫切而必要。

（一）大力推进孵化器优化提升的思路创新

孵化器要实现从注重载体建设向注重主体培育转变；从注重企业集聚向注重产业培育转变；从注重基础服务向注重增值服务转变；从注重科技创业孵化向注重科技创新创业的全链条孵化转变；从注重基础建设向可持续发展转变，形成孵化器投资主体多元化、运行机制多样化、组织体系网络化、创业服务专业化、服务体系规范化、资源共享国际化的发展局面。

（二）加大机制体制创新，促进多元发展

分类施策，制定世界一流、区域标杆和具有特色孵化器的评价标准和细则，围绕培育战略性新兴产业和提升区域科技创新创业孵化能力，大力提升经济发达地区或科教资源丰富地区孵化器的质量，推动其他地区孵化器的数量扩张和质量并举。针对不同成长阶段科技企业的需求，建设与之相适应的不同类型科技创新创业孵化载体，从创业苗圃（大学生科技创业见习基地）到孵化器、加速器，再到产业园等，建立完善的科技创新创业孵化链条。建设"创业苗圃＋孵化器＋加速器"的孵化体系，制定和完善管理办法和实施细则，加强规范管理。创新孵化形态。鼓励孵化器采取多种形式发展，探索建立网络虚拟孵化器、微型孵化器、农业科技企业孵化器、创新工场等类型的新型孵化器，辐射更多科技创业者，鼓励有条件的孵化器向外输出孵化服务。鼓励社会资本投资兴办孵化器，在保持孵化器公益性基础上，探索孵化器可持续发展的运营模式。鼓励孵化器实行组织创新和机制创新，采用市场机制运营。采用持股孵化等激励机制，充分调动从业人员的积极性。

（三）拓展功能，提升服务能力

拓宽孵化器服务内容，进一步聚集政、产、学、研、金、介、贸等优势资源，实现技术转移、成果推广、国际合作、人才引进和融资服务等各种创新要素集聚，为科技企业提供全方位、多层次和多元化的一站式服务。建立公共技术服务平台和专业服务体系，不断提升服务质量和水平。健全金融投资功能，积极完善孵化器的投融资功能，鼓励孵化器及其管理人员持股孵化。鼓励孵化器与创业投资机构合作，建立孵化体系内的天使投资网络，实现孵化体系内资金和项目的共享。加大与银行、担保等金融机构的合作力度，积极创新面向科技创业企业的金融产品，缓解在孵企业融资难题。大力扶持各类民营孵化器的发展，力争营造出各类资本积极投资建设孵化器、创业者争先进入孵化器、全社会广泛关注孵化器的良好局面；发挥高新技术产业投资基金的作用，有力推动孵化器的发展。设立高新技术产业投资基金，重点投资孵化器、加速器和各类公益性科技服务体系的建设，以及高科技项目的孵化和产业化；继续发挥各类服务机构的作用，服务支撑孵化器的发展。鼓励各类投融资、知识产权、人才、科技信息、法律、会计等创新创业服务机构与孵化器的对接；加快吸引国际优势创新资源集聚孵化器，形成有利于创新创业的良好氛围。加强创业导师建设。制定和完善创业导师管理办法和实施细则，加强对创业导师的认定和规范工作，建立完善的"联络员＋辅导员＋创业导师"的孵化体系。强化孵化培训工作。建立完善的孵化培训体系，开展对孵化器管理人员、孵化服务人员和创业者三个层次的培训，不断提高孵化器行业从业人员水平和能力，提升孵化绩效。建设孵化从业人员培训基地，加强对从业人员的培训、考核和资质认定。

（四）完善网络，搭建共享平台

建设网络平台。加强孵化器信息化管理和行业之间的联系，促进孵化器之间合作交流，为在孵企业间信息发布、交易和合作提供空间和便利条件。探索建立以孵化器为信誉担保主体的孵化采购交易平台。促进专业合作。加强与大学和科研院所等创新源头的合作，对接生产力促进中心、技术转移中心等其他科技服务机构，形成与技术转移、创业服务、市场拓展和投融资等服务机构合作的互利共赢模式。建立和完善孵化器行业联盟和区域性行业组织。加强区域性行业组织之间的联系和合作。发挥各自优势，加强孵化器对口帮扶。积极创办全国性孵化器的行业协会，加强行业合作，规范行业行为，促进行业发展。推动国际合作。充分发挥国际企业孵化器和留学人员创业园的作用，吸引外籍人士、海外归国留学人员来华创业。鼓励与海外机构和组织合作，通过引进技术、资金、高端管理人才等方式共建孵化器。鼓励支持有条件的孵化器在海外建设国际孵化基地，开展国际企业境外孵化服务。鼓励孵化器及在孵企业开展国际交流、培训及项目合作。

（五）加强理论研究指导，提高发展的预见性

引导支持研究机构、专家学者、孵化器从业者等开展合作研究。支持研究孵化器理论和实践问题，总结孵化器实践发展中的新变化、新特点和新趋势，探索孵化器未来发展路径。

# 第三节 创客空间

## 一 创客空间的内涵

创客空间（Hacker Space）最早于2005年出现在德国柏林，它是一种全新的组织形式和服务平台，通过向创客提供开放的空间和设备，以及组织相关的聚会和工作坊，从而促进知识分享、跨界协作以及创意的实现。创客空间是一个以知识分享、创意交流以及协同创造为主的非营利性组织。在这里的人们有相同的兴趣，一般是在科学、技术、数码或电子艺术方面，人们在这里聚会，活动与合作。创客空间可以看作开放交流的实验室、工作室、机械加工室，这里的人们有着不同的经验和技能，可以聚会来共享资料和知识，为了制作（创作）他们想要的东西。从发展趋势看，创客空间成为技术创新活动开展和交流的场所，也是技术积累的场所，也必将成为创意产生和实现以及交易的场所，从而成为创业集散地。创客们以好玩为主要目的，恰恰是创客的意义所在。当创意及其实现有成为商业模式的可能的时候，创业就是一件顺理成章的事情。一旦有创业的想法，就要去思考商业模式，搭建创业团队。所以，凡是有创业想法的创

客，就要做有心人，并且要坚持。从创意到实现创意是一个质的飞跃，从创意产品到形成商业模式，又是一个飞跃，每一个飞跃都不容易，都意味着有失败的危险。同时，这样去做之后，作为纯粹创客的乐趣也许会减少。国内大多数创客空间属于初创阶段，创意主要来自国外的开源网站，目前还没有形成有显著特色的、可持续发展的模式。

创客空间的概念外延与孵化器略有重叠，但应比后者范围更大（如图9-2所示），此外，它还应包括众创空间、创业咖啡等新型孵化器模式。一方面，创客空间包括那些比传统意义上的孵化器门槛更低、更方便为草根创业者提供成长和服务的平台；另一方面，创客空间不但是创业者理想的工作空间、网络空间、社交空间和资源共享空间，还是一个能够为他们提供创业培训、投融资对接、商业模式构建、团队融合、政策申请、工商注册、法律财务、媒体资讯等全方位创业服务的生态体系。

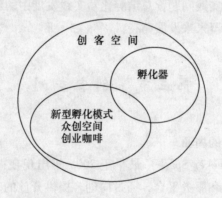

图9-2 传统孵化器、新型孵化器、创客空间三者关系

## 二 全球知名创客空间

美国"创客教父"米奇·奥德曼在他的文章《世界需要创客》里提到过有关创客空间的一组数据：2007年时，全球仅有40个创客空间，大部分在德国，如今这一数字已增长到1300个，遍布世界各地。作为融汇创客奇思妙想的大本营，世界各地的创客空间看似异曲同工却又大相径庭。

（一）德国：混沌电脑俱乐部

全球第一家真正意义上的创客空间 Chaos Computer Club（混沌电脑俱乐部），1981年在德国柏林诞生。它也是全球最著名的黑客组织之一，以揭露重大的技术安全漏洞而闻名于世，从芯片到 PIN，再到智能手机等。作为创客空间，它是一个开放的实验室平台，里面有激光切割机、3D 打印机等基础设备，创客们聚集在这里，分享思想、技术，最终把好的创意转化为新产品。

（二）美国：TechShop 和 Noisebridge

纸板雕塑、纸板椅子、定制的木头家具、竹制自行车、手工打造的滑雪球机器……自从 2006 年正式开张以来，美国最大的连锁创客空间 Tech-Shop 目前在全美已有 6 家门店。创客或者手工爱好者们每月支付 125 美元，就可以成为会员，获得各种软硬件资源的使用权。TechShop 所提供的工具和设备包括焊接设备、金属板材加工设备、示波器和其他电子设备、塑料和复合材料等。TechShop 还会提供所有工具和设备的使用安全准则和基本使用培训。而美国最著名的 Noisebridge 创客空间则由"创客教父"米奇·奥德曼于 2007 年在旧金山建立。与 TechShop 的商业化不同，这家创客空间不收会员费，设置诸多课程和研讨会，目的是推广创客文化。

（三）英国：Access Space

Access Space 是英国持续时间最长的多媒体实验室，位于英国南约克郡的谢菲尔德。最初，该空间是以回收废旧电脑并再利用为主题，所有的公用电脑均为回收再组装利用，并全部安装了开源系统与开源软件。作为创客空间，机械加工设备、电子开发设备、3D 打印机以及激光切割机等也都是 Access Space 必备之物。经过十多年的发展，Access Space 现已涉及艺术、电子、科技、电脑、音乐、摄影等多个领域。

（四）奥地利：Metalab

成立于 2006 年的 Metalab 既是奥地利的第一个创客空间，也是一个维也纳高科技社区的聚会场所，并成为多家互联网创业公司的发源地。Metalab 提供免费信息交流的场所，为技术创意的爱好者、创客、创始人和数字艺术家之间的合作提供了空间。Metalab 的主要项目包括提供基础设施，提供 IT、新媒体、数字艺术、网络艺术和黑客文化等领域的物理空间，提供给有兴趣的人。

三　国内创客空间的发展

2010 年，"创客空间"逐渐在北京、上海、深圳等地兴起。如上海的新车间、北京创客空间、深圳柴火空间、杭州洋葱胶囊、南京创客空间等

（如表 9 - 1 所示）。截至 2014 年，全国创客经济规模估计在 30 亿元人民币左右；2015 年，全国创客经济规模估计在 100 亿元人民币左右。从国内现有创客空间业务模式和形态来看，目前国内现存的创客空间主要有以下几种模式。

（一）活动聚合型

以活动交流为主，定期举办想法或项目的发布、展示、路演等创业活动聚合。例如北京创客空间、上海新车间、深圳柴火空间、杭州洋葱胶囊空间等。

（二）培训辅导型

旨在利用大学的教育资源和校友资源，以理论结合实际的培训体系为依托，是大学创新创业实践平台。例如清华 x - lab、北大创业孵化营、亚杰会等。

（三）媒体驱动型

由面向创业企业的媒体创办，利用媒体宣传的优势为企业提供线上线下相结合，包括宣传、信息、投资等各种资源在内的综合性创业服务。例如 36 氪、创业家等。

（四）投资驱动型

针对初创企业最急需解决的资金问题，以资本为核心和纽带，聚集天使投资人、投资机构，依托其平台吸引汇集优质的创业项目，为创业企业提供融资服务，从而提升创业成功率。例如车库咖啡、创新工场、天使汇等。

（五）地产思维型

由地产商开发的联合办公空间，类似 WeWork 模式。例如 SOHO 3Q、优客工场（UrWork）等。WeWork 模式带来的巨大的商机，让众多地产大佬蠢蠢欲动。2015 年 2 月，潘石屹推出了 SOHO 3Q 项目，主打"办公室在线短租"。原万科集团副总裁毛大庆离职创办"优客工场"，短短一个月时间，在北京"圈地"逾 5 万平方米。随后，原 SOHO 中国副总裁王胜江宣布与洪泰基金联手打造"洪泰创新空间"。绿地、亿达等知名房企开始嫁接"互联网＋"因子，企图打造中国版联合办公租赁空间运营商。而在上海，2015 年 4 月，打着 WeWork 竞争者旗号的 MO. ffice 也在国内落地。

（六）产业链服务型

产业链服务为主，包括产品打磨、产业链上下游机构的合作交流、成立基金进行合投等。例如创客总部等。

（七）创业联合体型

提供综合创业联合体体系，包括金融、培训辅导、招聘、运营、政策申请、法律顾问乃至住宿等一系列服务。例如创业公社等。

表9-1　　　　　　　　　　北京市创客空间状况

| 名　称 | 服务主要内容 | 类型 |
|---|---|---|
| 创客空间 | 创客线下交流互动、创意发布和展示、课程培训、办公场地、设备资源、产业链管理服务等 | 活动聚合型 |
| IC咖啡 | 高科技产业链社交平台，定期进行行业交流会、科技讲座、社交平台、主题沙龙、行业路演等 | 活动聚合型 |
| 硬创邦 | 硬件技术研讨、咨询和互帮互助服务，创客马拉松、工作坊、分享会、联合办公服务、硬件创业周边和加速服务等 | 活动聚合型 |
| 北大创业孵化营 | 系统培训、实践指导、集中孵化、长期服务链、创业社交等 | 培训辅导型 |
| 清华x-lab | 整合校内外资源，提供创意创新创业学习和实践活动（创意活动、创业团队接待日、创业伙伴服务、驻校企业家、驻校天使服务） | 培训辅导型 |
| 北京大学创业训练营 | 训练营（北大学者及创业学家讲授）、创业导师计划、早期创投基金等 | 培训辅导型 |
| 亚杰汇 | 创业教育和培训、创业导师辅导等 | 培训辅导型 |
| 联想之星 | 创业培训、天使投资、开放平台等 | 培训辅导型 |
| 36氪/氪空间 | 媒体平台、免费办公空间、融资服务、其他相关创业配套服务等 | 媒体驱动型 |
| 创业家 | "黑马大赛"、报道宣传、培训交流、创投对接等 | 媒体驱动型 |
| 乐邦乐成 | 创业空间、天使投资、增值服务（税务筹划、融资及改制挂牌、战略咨询、市场推广及渠道、人力资源）、综合支持（财务、知识产权、法律代理）等 | 投资驱动型 |
| 车库咖啡 | 草根创业聚集平台、开放办公环境、创业者互助网络、虚拟孵化（车库创业俱乐部）、交流沙龙等 | 投资驱动型 |

续表

| 名　称 | 服务主要内容 | 类型 |
|---|---|---|
| Binggo 咖啡 | 循环式培养计划和资源整合，全程孵化（天使投资、商业资源对接、跨境孵化、市场推广） | 投资驱动型 |
| 天使汇 | 股权众筹平台，对接初创企业和天使投资人 | 投资驱动型 |
| 飞马旅 | 管理诊断与规范化、品牌传播支持、资源整合支持、资本优化等 | 投资驱动型 |
| 因果树 | 互联网股权众筹平台、融资咨询、投资人推荐、法律咨询、尽职调查、人力咨询、招聘及企业宣传等 | 投资驱动型 |
| 创客总部 | 组合投资支持、全程创业辅导、关键合作对接、日常运营支持、多元办公空间、可选增值服务等 | 产业链服务型 |
| 3W 咖啡 | 全产业链一站式创业服务，互联网垂直招聘、孵化器、天使投资、俱乐部、企业公关、会议组织等 | 产业链服务型 |
| DRC 创億梦工厂 | 推介展示、法律咨询、财务顾问、工商登记、税务申报、专利注册等 | 综合创业生态体系型 |
| 东方嘉诚 | 办公服务、创业辅导、投融资服务、企业级服务等 | 综合创业生态体系型 |
| 科技寺 | 基础硬件、投融资、法务、财务、人力、行政、活动等 | 综合创业生态体系型 |
| 创业公社 | 团队入驻、小微金融、政策申请、集中招聘、培训活动、创业导师、法律服务、基础运营服务等 | 综合创业生态体系型 |
| 极地国际创新中心 | 创业辅导、论坛沙龙、投融资、法务、财务等咨询、工商注册、推荐展示等 | 综合创业生态体系型 |
| 融创空间 | 创业沙龙、自助办公、创业咨询、工商注册等 | 综合创业生态体系型 |
| 虫洞之家 | 传统企业立体式对接、传统行业互联网招拍挂模式、创业项目传播等 | 综合创业生态体系型 |

## 四　创客空间发展的趋势特征

分析和总结当前国内外创客空间发展状况，主要呈现如下特征：

（一）开放与低成本

面向所有公众群体开放，采取部分服务免费、部分收费，或者会员服务的制度，为创业者提供相对较低成本的成长环境。

（二）协同与互助

通过沙龙、训练营、培训、大赛等活动促进创业者之间交流和圈子建立，共同的办公环境能够促进创业者之间互帮互助、相互启发、资源共享，达到协同进步的目的，通过"聚合"产生"聚变"的效应。

（三）融合互动

团队与人才融合，创新与创业融合，线上与线下融合，孵化与投资融合等。

（四）便利化

通过提供场地、举办活动，能够方便创业者进行产品展示、观点分享和项目路演等。此外，还能向初创企业提供其在萌芽期和成长期的便利，比如金融服务、工商注册、法律法务、补贴政策申请等，帮助其健康而快速地成长。

（五）全要素

提供创业创新活动所必需的材料、设备和设施等。

**五　创客空间发展面临的问题**

（一）联合办公空间以及创业咖啡馆的持续盈利是难题

与 WeWork 的模式不同，创业咖啡馆缺乏持续盈利的能力，不是一个纯粹的商业行为。如何减少亏损或者保本运营，让咖啡馆不至于最终倒闭成为这些创业咖啡馆经营者思考的问题。

（二）规模扩张面临的问题

创客空间在规模扩大之后，受限于管理团队自身的认知和管理水平，随即会带来一系列问题。

（三）场地成本普遍较高，难以盈利

创客空间在扩展的同时面临成本压力，创业服务机构希望获得政府财政扶持的意愿比较强烈。

**六　创客空间发展的政策支持**

（一）国家支持政策

2015 年 3 月，《国务院办公厅关于发展众创空间推进大众创新创业的指导意见》提出：到 2020 年，形成一批有效满足大众创新创业需求、具有较强专业化服务能力的众创空间等新型创业服务平台；培育一批天使投资人和创业投资机构，投融资渠道更加畅通；孵化培育一大批创新型小微企业，并从中成长出能够引领未来经济发展的骨干企业，形成新的产业业态和经济增长点。重点抓好八个方面的任务。

1. 构建一批低成本、便利化、全要素、开放式的众创空间

实现创新与创业相结合、线上与线下相结合、孵化与投资相结合，为广大创新创业者提供良好的工作空间、网络空间、社交空间和资源共享空间。

2. 降低创新创业门槛

深化商事制度改革，为创业企业工商注册提供便利。对众创空间等新型孵化机构的房租、宽带接入费用和公共软件等给予适当财政补贴。

3. 鼓励科技人员和大学生创业

加快推进中央级事业单位科技成果使用、处置和收益管理改革试点，完善科技人员创业股权激励机制。推进实施大学生创业引领计划，为大学生创业提供场所、公共服务和资金支持。

4. 支持创新创业公共服务

支持中小企业公共服务平台和服务机构建设，促进科技基础条件平台开放共享，加强电子商务基础建设。完善专利审查快速通道，对小微企业核心专利申请予以优先审查。

5. 加强财政资金引导

发挥财政资金杠杆作用，通过市场机制引导社会资金投入，培育发展天使投资群体，支持初创期科技型中小企业发展。

6. 完善创业投融资机制

开展互联网股权众筹融资试点。规范和发展服务小微企业的区域性股权市场。鼓励银行业金融机构为科技型中小企业提供金融服务。

7. 丰富创新创业活动

继续办好中国创新创业大赛等赛事和创业培训活动。建立健全创业辅导制度。鼓励大企业建立服务大众创业的开放创新平台。

8. 营造创新创业文化氛围

积极倡导敢为人先、宽容失败的创新文化，树立崇尚创新、创业致富的价值导向，大力培育企业家精神和创客文化。

（二）区域性支持政策

1. 广州市支持政策

（1）打造一批有示范性、在全国有较强影响力的特色众创空间，纳入示范建设的特色众创空间，可享受最高500万元资助。（2）将按照众

创空间实际场地面积以每年每平方米 1000 元的标准,给予众创空间运营机构连续三年的场地租用进行补贴。同时,对众创空间配套建设并主要为创客服务的公共技术平台,按照其建设投资额(主要指相关设备器材费用)的 30% 给予一次性补贴,补贴额最高不超过 300 万元。(3)鼓励众创空间聘用创业导师并吸纳大学生入驻;创业导师服务满一年、考核合格和经市科技创新主管部门核准的,按照每一位导师每年 3 万元的标准给予众创空间运营机构补贴,最高不超过 30 万元。众创空间新接纳大学生(含高校及科研院所在册或毕业不超过两年的大专生、本科生及研究生)创新创业,且在该众创空间创新创业满一年的,按照每人 3 万元的标准给予众创空间运营机构补贴,专项用于为大学生提供创新创业指导服务,年度补贴最高可达 150 万元。(4)鼓励众创空间、科技企业孵化器、科技中介服务机构、国内外创客组织等为创客开展创新创业交流及培训活动,对组织开展的区域性、全国性和国际性的创业大赛、创业大讲堂、创业训练营等公益性活动,按实际发生合理费用给予事后补贴,补贴额最高可达 300 万元。

2. 南京市支持政策

(1)支持发展众创空间的手段不断丰富。启动实施了科技企业孵化器的"跃升和孵鹰"计划,既重视孵化器本身服务能力的提升,也看重孵化培育中小企业成长的成效。(2)出台支持社会资本参与科技创业创新载体建设政策文件。支持各类社会资本参与众创空间的建设,社会资本参与众创空间建设的载体迅速增长。(3)建设各类服务平台载体。共建有科技公共服务平台、开放实验室、院士工作站,高校与地方共建有战略性新兴产业创新中心、高校协同创新中心。一系列创新服务平台的建设为全市各类创客的创新创业活动提供了较好技术服务支撑。

3. 深圳市支持政策

(1)对符合条件的创客个人、创客团队项目,给予最高 50 万元资助。同时,深圳规定创客人才可按照《深圳市人才安居办法》的规定享受相关优惠政策,各区可为创客提供公共租赁住房。(2)推出"科技创新券"。对符合条件的创客空间,将发放科技创新券,用于创客购买科技服务,单个创客空间年度发放创新券的额度,最高可达 100 万元。(3)在深圳新建、改造提升创客空间,或引进国际创客实验室的,最高可获得 500 万元资助。同时,为支持各类机构应用互联网技术,实现创新、创业、创投、创客联动，线上与线下、孵化与投资相结合，构建开放式的创新创业综合服务平台，对符合条件的服务平台，将给予最高 300 万元的资助。政府建设的科技基础设施以及利用财政资金购置的重大科学仪器设备，按照成本价向创客开放。（4）设立"创客专项资金"。对创客空间、创客项目、创客服务、成果转化和创客活动给予支持。利用财政资金的引导功能和杠杆效应，全面撬动银行、保险、证券、股权基金等资本市场各种要素资源投向创客发展。设立创客母基金，支持社会资本发起设立创客投资基金。将通过阶段参股、收益让利、风险补偿和投资保障等方式，引导创投机构投资创客项目。

**七　案例分析**

（一）创客总部

创客总部是由北大校友、联想之星创业联盟成员企业于 2013 年 12 月发起成立的专注于移动互联网和互联网金融领域的孵化器，以产业链服务和天使投资为特点。创客总部的常规服务是办公场地的提供，但更加侧重于产业链服务，主导创业者的能力成长和业务发展。创客总部的着力点在于产品的打磨和产业链服务。

创客总部对入驻的初创团队提供服务和帮助的落脚点，主要在以下几个方面：一是产品和模式。帮助其判断在复杂的中国国情与市场中，定位是否足够精准，商业模式在国内是否可行，未来用什么样的方式去获取用户和盈利。二是市场和运营。如何找到最初的用户，如何通过最初的用户磨合产品，快速迭代产品，建立运营体系，一方面给团队建议，另一方面会想办法给他们寻找资源。三是治理结构。帮助创业者分析创始人之间的股权和激励应如何配置，创始人团队如何搭配，以及在未来可能会引进的人才和核心员工。四是天使投资，创客总部于 2014 年下半年成立了一只天使基金，此外还找了 6 家合投基金，主要用来投资入孵的企业。

盈利模式。创客总部对自己的盈利模式定位是"产业链服务 + 天使投资"，关联产业相关的服务，重点做产品。创客总部对入孵团队的评审标准由自己来制定。主要看三点：方向（该领域未来是否有机会）、团队（主要看主导的创业者）、产品（切入点）。

从入孵团队规模来看，2014 年，有 338 家申请，录取 114 家。创客总部认为规模十分有必要，因为其能够带来氛围和协同效应，人多之后相互之间的协作和配合会多起来。

（二）车库咖啡

近几年，咖啡类众创空间如雨后春笋般出现，位于北京中关村创业大街中心的车库咖啡作为其中的先行者，自 2011 年 4 月开始营业，迄今已经走过三个春秋。车库咖啡把进驻其中的早期创业者或团队分为三种：第一种是流动创业者，车库咖啡 800 平方米的总面积当中有 60% 都给了这部分创业者，据车库统计，每年平均流动 6 万人次，每天 150—200 人次；第二种是常驻团队，目前能够满足 10 个团队的需求，桌椅和办公位固定，这类团队的人员和项目均比较稳定，流动性小，能够自行维护日常的办公秩序；第三种是被车库咖啡称作"认证机制"的团队。该认证体系是车库咖啡在经营第二年开始启动的，至今一共服务过 300 支团队。这些团队目前在全国范围内进行招募，通过车库的认证并加入其会员体系之后，车库会给团队提供内部的、精准的资源活动分享服务。对于认证标准的制定，车库认为并不一定非要以最终是否能获得融资和明确市场方向为依准，只要项目已经有了，并且运营比较正常，团队稳定。此外还有一些附加条件，比如是否已经注册为法人单位，但如果团队特别大，还未注册也可以酌情放宽要求。盈利问题一直都是困扰创业咖啡馆的难题。车库咖啡在经过多年探索发展之后，目前的盈利点主要在以下几个方面：除正常的工位收入以外，还来自于餐品提供、会务举办、活动场地提供、广告与自媒体、各地的创业培训和创业交流、协办和参与创业大赛等；此外，其凭借自身多年在创新创业服务平台运营模式的经验积累和深入观察，车库咖啡把这些经验进行总结和梳理，为其他的创业咖啡馆或创业服务平台做咨询服务。在对团队投资方面，车库咖啡对创业团队没有持股，也不设专项基金。

（三）创业公社

创业公社是一家有国资背景的创新型孵化器，由京西创业投资基金和北京股权交易中心共同出资设立。创业公社于 2013 年 5 月开始运营，总部位于北京市中关村石景山园区，同时已经开始向北京周边区县扩张。创业公社定位于对移动互联网、智能硬件、文化创意和节能环保等新兴领域进行团队服务。

创业公社的核心运营思路：通过完整的创业服务体系树立品牌，以吸引更多的优质创业企业入驻，在形成企业数量规模之后，去和闲置物业洽谈，获得较低的价格，把它变成创业公社，最后再给创业团队办公。然而目前在石景山总部的场地是由政府提供，对创业公社而言并无租用成本。创业公社对入驻团队也秉持开放的态度，并不设过多门槛。同时，受中关村管委会委托，创业公社运营名为"雏鹰计划"的优质项目池，目前有60多家企业，累计获得过的融资已超过 7.5 亿元。

创业公社受中关村管委会委托，运营中关村雏鹰人才基地，符合条件的企业可以获得不超过 30 万元补贴，目前已有近 60 家雏鹰企业创业公社的盈利模式也是"办公场地租金＋增值服务"，2014 年，部分创业企业实现了盈利。从 2014 年的情况来看，场地和服务收入的占比大约为 7：3。创业公社认为，从趋势来看，增值服务的部分发展很快，未来几年服务收入超过办公租金收入将是必然。

服务内容层面：除场地的基础运营之外，主要有金融服务（包括股权和债权）、垂直行业领域的导师顾问、帮助企业招聘、法律咨询（知识产权、合同梳理等），申请政策（解决创业者对政府政策了解不足的信息不对称问题）、线下培训、定期的分享会和沙盘演练、项目路演等。对于交流的形式，创业公社的理念是不对交流形式做固定的限制。在投资层面，创业公社当前的做法是用其提供的服务换取企业 2%—5% 的微股权，目前已获得近 20 家企业的微股权。在已服务团队的层面，累计服务过的团队超过 500 家，目前实际入驻的企业有 100 多家，还有一些提供服务但在其他场所办公的团队。

# 主要参考文献

[1] 赵玉林：《创新经济学》，中国经济出版社 2006 年版。

[2] [英] 克利斯·弗里曼：《工业创新经济学》，北京大学出版社 2004 年版。

[3] [英] 乔·蒂德、约翰·贝赞特：《创新管理：技术变革、市场变革和组织变革的整合》（第 4 版），牛芳等译，中国人民大学出版社 2012 年版。

[4] 马洪、孙尚清主编：《中国经济结构问题研究》，人民出版社 1981 年版，第 89 页。

[5] 孙尚清、马建堂：《中国产业结构研究》，山西人民出版社、中国社会科学出版社 1988 年版。

[6] 马建堂：《周期波动与结构变动》，《经济研究》1988 年第 6 期。

[7] 马建堂：《试析我国经济周期中产业结构的变动》，《中国工业经济研究》1990 年第 1 期。

[8] 孙尚清、马建堂等：《经济结构的理论、应用与政策》，中国社会科学出版社 1991 年版。

[9] 李泊溪、谢伏瞻等：《对"瓶颈"产业发展的分析与对策》，《经济研究》1988 年第 12 期。

[10] 江小涓：《中国推行产业政策中的公共选择问题》，《经济研究》1993 年第 6 期。

[11] 江小涓：《体制转轨中的产业政策：对中国经验的实证分析及前景展望》，上海人民出版社、上海三联出版社 1996 年版。

[12] 杨沐：《产业政策研究》，上海三联书店 1989 年版。

[13] 杨治：《产业经济学导论》，中国人民大学出版社 1985 年版。

[14] 李江帆：《服务消费品的生产规模与发展趋势》，《经济理论与经济管理》1985 年第 2 期。

[15] 郭克莎：《中国：改革中的经济增长与结构变动》，上海三联书店 1993 年版。

[16] 孙自铎：《结构调整思路：由产业升级转向产品、技术升级》，《江淮论坛》2003 年第 3 期。

[17] 傅耀：《产业升级、贸易政策与经济转型》，《当代财经》2008 年第 4 期。

[18] 张耀辉：《产业创新：新经济下的产业升级模式》，《数量经济与技术经济研究》2002 年第 1 期。

[19] 隆国强：《全球化背景下的产业升级新战略——基于全球生产价值链的分析》，《国际贸易》2007 年第 7 期。

[20] 马建会：《产业集群成长机理研究》，博士学位论文，暨南大学，2004 年。

[21] 梁宏：《产业集群技术创新能力构建及其治理研究》，博士学位论文，华中科技大学，2004 年。

[22] 曾咏梅：《产业集群权变嵌入全球价值链的模式研究》，博士学位论文，中南大学，2010 年。

[23] 张辉：《全球价值链下地方集群转型和升级》，经济科学出版社 2006 年版。

[24] 张辉等：《全球价值链下北京产业升级研究》，北京大学出版社 2007 年版。

[25] 罗勇、曹丽莉：《全球价值链视角下我国产业集群升级的思路》，《国际贸易问题》2008 年第 11 期。

[26] 刘友金等：《全球价值链视角下的产业升级与工业园区发展战略》，《科学决策》2009 年第 1 期。

[27] 吴建新、刘德学：《全球价值链治理研究综述》，《国际经贸探索》2007 年第 8 期。

[28] 池仁勇等：《全球价值链治理、驱动力和创新理论探析》，《外国经济与管理》2006 年第 3 期。

[29] 江静、刘志彪：《全球化进程中的收益分配不均与中国产业升级——基于商品价值链视角的分析》，《经济理论与经济管理》2007 年第 7 期。

[30] 孙宝强：《产业升级理论研究中的争论与反思》，《天津商业大学学

报》2011 年第 4 期。

[31] 柯颖、王述英：《模块化生产网络：一种新产业组织形态研究》，《中国工业经济》2007 年第 8 期。

[32] 史忠良：《产业经济学》，经济管理出版社 2005 年版。

[33] 李随成、王崇寿等：《敏捷生产管理模式实施途径研究》，《工业工程与管理》2000 年第 6 期。

[34] 费志敏：《敏捷制造模式下的快速产品开发》，《经济管理》2002 年第 14 期。

[35] 霍春辉：《动态复杂环境下企业可持续竞争优势研究》，博士学位论文，辽宁大学，2006 年。

[36] 徐宏玲：《模块化组织形成及运行机理研究》，博士学位论文，西南财经大学，2007 年。

[37] 吕彦昭：《基于价值链理论的我国商业银行竞争优势研究》，博士学位论文，哈尔滨工程大学，2011 年。

[38] 钱东人、朱海波：《论实施供应链管理的战略意义》，《商业研究》2008 年第 15 期。

[39] 徐晋：《平台经济学》（修订版），上海交通大学出版社 2013 年版。

[40] ［瑞士］亚历山大·奥斯特瓦德、伊夫·皮尼厄：《商业模式新生代》，王帅译，机械工业出版社 2011 年版。

[41] 陈劲：《集成创新：一类新的创新模式》，《科研管理》2000 年第 5 期。

[42] ［美］菲尔·麦肯尼：《创客学——苹果公司也在偷师的创新课》，苏西译，世界图书出版社 2013 年版。

[43] ［美］克里斯·安德森：《创客：新工业革命》，萧潇译，中信出版社 2012 年版。

[44] ［美］李杰（Jay Lee）：《工业大数据：工业 4.0 时代的工业转型与价值创造》，邱伯华等译，机械工业出版社 2015 年版。

[45] 卢锐：《企业孵化器理论及其发展研究》，安徽大学出版社 2006 年版。

[46] ［美］杰夫·豪：《众包：大众力量缘何推动商业未来》，牛文静译，中信出版社 2009 年版。

[47] 王征、王新军：《总部经济研究》，山东人民出版社 2007 年版。

[48] 黄泰岩、李鹏飞:《模块化生产网络对产业组织理论的影响》,《经济理论与经济管理》2008 年第 3 期。

[49] 余东华:《价值组织形态演进与模块化价值网络的形成》,《经济问题探索》2010 年第 3 期。

[50] 盛革:《模块化价值网及其知识管理研究》,《外国经济与管理》2009 年第 4 期。

[51] 姚凯、刘明宇等:《网络状产业链的价值创新协同与平台领导》,《中国工业经济》2009 年第 12 期。

[52] 原毅军:《经济增长周期与产业结构变动研究》,《经济研究》1991 年第 6 期。

[53] 路甬祥等编:《中国战略性新兴产业研究与发展》,机械工业出版社 2013 年版。

[54] 曾楚宏、朱仁宏等:《基于价值链理论的商业模式分类及其演化规律》,《财经科学》2008 年第 6 期。

[55] 盛亚、吴蓓:《商业模式研究文献综述兼论零售商业模式》,《商业研究》2010 年第 6 期。

[56] 荆浩、陈静等:《创业板中小企业商业模式创新效率评价》,《商业研究》2010 年第 11 期。

[57] 许庆瑞:《全面创新管理——理论与实践》,科学出版社 2007 年版。

[58] 王明夫:《中国商业原生态实战案例》,机械工业出版社 2008 年版。

[59] 程宏伟、冯茜颖等:《资本与知识驱动的产业链整合研究——以攀钢钒钛产业链为例》,《中国工业经济》2008 年第 3 期。

[60] 许正:《工业互联网:互联网 + 时代的产业转型》,机械工业出版社 2015 年版。

[61] 李克:《中国经济转型,产业升级》,北京理工大学出版社 2011 年版。

[62] 胡大立:《基于价值网模型的企业竞争战略研究》,《中国工业经济》2006 年第 9 期。

[63] 孙林岩、孔婷等编:《中国服务型制造案例集》,清华大学出版社 2011 年版。

[64] 张家港市科学技术局编:《企业转型升级创新案例》,东南大学出版社 2011 年版。

［65］［韩］成先英（Sun Young Sung）、崔镇男（Jin Nam Choi）：《创新变革之道：突破企业转型升级困境》，李征龙译，机械工业出版社2015年版。

［66］腾讯科技频道著：《掘金：互联网+时代创业黄金指南》，机械工业出版社2015年版。

［67］王爱玲：《企业孵化器的盈利模式研究》，《科技管理研究》2009年第2期。

［68］Gereffi, G., "International Trade and Industrial Upgrading in the Apparel commodity Chain", *Jouranl of International Economics*, 1999 (48).

［69］Dieter Ernst, "Catching – Up, Crisis and Industrial Upgrading, Evolutionary Aspects of Technological Learning in Korea's Electronics Industry", *Asia Pacific Journal of Management*, 1998, 15 (2).

［70］Kaplinsky, R., "Globalization and Unequalisation: What Can be Learned from Value Chain Analysis", *Journal of Development Studies*, 2003, 7 (2).

［71］Porter Me, *The Competitive Advantage*, New York: Free Press, 1985.

［72］Kogut, B., "Designing Global Strategies: Comparative and Competitive Value – added Chains", *Sloan Management Review*, 1985, 26 (4).

［73］Gereffi, G. A., *Commodity Chains Framework for Analyzing Global Industries*, Working Paper for IDS, 1999b.

［74］Henderson, J., "Danger and Opportunity in the Asia – Pacific, In Thompson, G. (eds.), Economic Dynamism in the Asia Pacific, London: Routledge, 1998.

［75］Humphrey, J. and Schmitz, H., *Governance in Global Value Chains*, IDS Bulletin, 2001, 32 (3).

［76］Humphrey J., Schmitz H., "How does Insertion in Global Value Chains Affect Upgrading in Industrial Clusters," *Regional Studies*, 2002 (36).

［77］Kaplinsky R. & Morris M., *A Handbook for Value Chain Research*, Prepared for the IDRC, 2002.

［78］Kaplinsky. R & Morris. M., "Governance Matters in Value Chains", *Developing Alternatives*, 2003, 9 (1).

[79] Andrew White, *Value Chain Management*, *Collaboration and the Internet*, Logility Inc. , 1999.

[80] N. Viswanadaham, "The Past, Pressent, and Future of Suply – Chain Automation", *IEEE Robotics & Automation Magazine*, 2002, (6) .

[81] Andreas I. , Nicoblaou, "Adoption of JIT and EDI System and Perceptions of Cost Management System Effectiveness", *Management Science*, 2000, Vol. 43, (6) .

[82] A. Brandenburger and B. Nalebuff, *Co – opetition*, New York: Doubleday, 1996.

# 后　记

　　一个新时代的到来，往往伴随着一场巨大的思想解放与观念变更，伴随着理论和实践大创新、大变革。创新型经济、创客型经济时代大幕已经拉开。你、我、他（她）都需要做一个"破壁者"，找到经济筑底调整过程中新的拉动点，发掘出经济腾飞新的契合点。目前产业升级的"创造性破坏"已经走在路上，期待"内生性繁荣"的诞生。

　　本书是在我近年来承担的国家、省部级课题研究基础上形成的一项阶段性成果。本书撰写过程中得到我的家人、同事、出版社同志的帮助和支持。我的爱人张月宁，陕西省社科院经济所姜涛副研究员，刘晓惠助理研究员、冉淑青助理研究员为本书的内容策划与文稿校对付出了大量的心血；陕西省社科院办公室高康印主任，中国社会科学出版社市场部王斌主任、编辑部侯苗苗为本书的编撰出版发行倾注了无限精力；陕西省工信厅罗永刚副处长和郭天翔助调为书稿的撰写提供了案例资料。

　　在此，谨向关心和帮助我的各位领导、专家深表谢意，对一如既往支持我事业的家人、朋友、同事深表感谢。

　　产业升级永远在路上，我的研究也仅仅只是一个开始，成果的成色、分量尚待持续完善和提高。敬请同行批评指正。

吴　刚

2015 年 8 月 16 日于西安